業界別 物流管理とSCMの実践

李 瑞雪／安藤康行【編著】

ミネルヴァ書房

はしがき

　本書はまだ構想段階にある時に，新型コロナ感染症のパンデミックが人間社会を襲った。マスクなどの防疫資材の品切れや海上コンテナ輸送の需給逼迫，半導体供給不足による自動車産業の減産など物流・サプライチェーンに関わる問題はクローズアップされ，人々の耳目を集めた。物流は無事機能する時には当たり前と思ってその存在すらあまり意識しない人でも，いざ問題が起きて機能不全に陥ると，その役割の大きさを痛感せざるを得なくなる。

　しかし別の角度からこの状況を捉えることもできる。昔のペストやスペイン風邪に匹敵するほどのパンデミックにもかかわらず，世界経済は一時の低迷を余儀なくされたものの，大混乱や致命的な後退がなく強靱さを示している。様々な犠牲を伴いながらも人々の生活水準は概ね維持された。これができたのは，物流がきちんと機能し経済活動と日常生活を支え続けたことに一因があると言って過言ではなかろう。実際，厳しいロックダウンが実施された地域でも，物流従事者が必ずエッセンシャル・ワーカーに指定され平時以上に働き続けた。

　むろん物流はコロナ禍に関わらず重要である。とりわけ，経済のグローバリゼーションとＥコマースが急拡大する中，適切な物流・サプライチェーンの戦略とネットワークがビジネスのパフォーマンスを大きく左右するほど経営におけるキーファクターの一つとなったという認識が着実に広がっている。物流・サプライチェーンは単にモノを運んだり貯蔵したりする活動ではなく，体系的で高度な専門知識に裏打ちされた運営が必要不可欠であり，従って，その担い手となる高度な物流人材が企業に渇望されるようになってきている。

　しかし，物流人材の育成と供給に関するビジネス界の要請に対して，日本の大学は必ずしも満足のいく対応ができていない。国土交通省の物流分野における高度人材の育成・確保に関する調査研究（2019-2020）によると，物流・サプライチェーン分野について総合的・体系的なカリキュラムを提供する日本の大学は6校のみ，数百校で物流・サプライチェーンのコースが設置されている米国や中国と比べて，極めて少ないという。

筆者の奉職先の法政大学を含めて，日本の多くの大学では物流・サプライチェーンに関する科目を開講しているものの，その多くが単発的なもので，体系的なプログラムになっていない。1人か2人の研究者の提供する単発的な科目だけでは，産業界の求める物流人材を育成することは当然難しい。物流人材を巡る産業界の需要と教育機関の供給の間で，大きなギャップが存在し続けており，採用難が多くの企業を苦しめている。

　近年になって，このギャップを少しでも埋めるべく，産業界は大学に寄付講座を提供する形で，物流教育に支援の手を差し伸べている。例えば，日本物流団体連合会や日本マテハン協会は毎年，複数の大学と提携して，物流・サプライチェーンマネジメント分野の特殊講義を提供している。筆者の所属する法政大学経営学部は2017年から同様の寄付講座を受け入れており，受講学生数は延べ500人を超えている。本書の共編者の安藤康行氏は，日本マテハン協会の寄付講座の運営にオーガナイザーとして尽力している。

　こうした寄付講座は，多くの学生の関心と興味を引き付けた。講師として登壇する物流実務家の方々は，教養レベルの物流知識に留まらず，それぞれの業界における物流の特性や課題，改革，イノベーションの取り組みなどを講義内容に盛り込み，豊かな管理経験と現場経験から裏打ちされた実践知のレクチャーを臨場感溢れる形で提供なさるため，概念や理論に偏りがちな既存の物流授業と相互補完する効果を出している。

　これらの寄付講座は複数の企業や機関から派遣される講師陣によるオムニバス形式を採用しており，各講師の作成・配布するスライドを講義資料として使用するのが一般的であるが，受講生からは効果的な予習・復習をサポートするテキストブックがほしいといった要望が多く寄せられた。また，講師陣は別々で作成した講義資料に，内容の重複や矛盾も少なからず見受けられる。こうした課題を改善するために，寄付講座の講師陣を中心に，大学の物流・サプライチェーン実践知講座に使用できる教材を作成する必要があると考え，本書を企画するに至った。

　本書は12章から構成され，筆者を含め12人によって執筆を分担した。そのうち，10人は物流・サプライチェーンに関する豊富な実務経験の持ち主であり，それぞれの業界の物流プロフェッショナルである。第6章担当の金艶華先生は

筆者と同じ研究者に属するが，大学院生時代から一貫して医薬品業界の物流を観察してきており，細部にわたる実態を把握している。

　日本企業の物流管理に関して総論的に解説する第1章に続いて，第2章から第7章までは，食品，住設，建材，自動車，医薬品，小売の各業界における物流管理の説明に充てる。第8，9，10章の3章では物流専門事業者の視点からトラック運送業，国際物流，物流器機の知識ポイントと要素技術の整理を行う。そして，第11章では業界を問わず汎用性の高い物流現場管理の知識とノウハウにフォーカスする。最後の第12章では，物流・サプライチェーンの本質とダイナミズムを理解するための基本軸たる理論とフレームワークを簡潔に解説して本書を締め括る。

　主に大学と高専の学生を本書の読者層と想定しているが，物流企業と荷主企業の物流部門において新人研修プログラムの資料としてもぜひ採用していただきたい。本書は現場から生まれた実践知に焦点をあてるが，紙幅の都合で一部の業界における物流しか取り上げられず，執筆者の経験からの制約によって解説した知識の偏りも避けられない。各業界の物流・サプライチェーンをより体系的により深く知りたい人に各章末に挙げた推薦図書と合わせて読むことをお勧めしたい。

　本書の中で，物流，ロジスティクス，サプライチェーンマネジメントの3用語は頻繁に出てくる。物流の教育と実務において最も基本的な概念だからである。しかし，これらの概念の関連と相違に対して困惑を感じる人は少なくなかろう。実際，これまで受講生から最も多く受けた質問の一つは，この3概念の関係性に関する疑問である。読者の皆さんの混乱をできるだけ避けるために，ここでこの3つの概念の違いをごく簡単に整理しておきたい。もっとも，この3概念の意味合いについて様々な見解があるが，以下の説明はあくまでもそれぞれの背景や輪郭を粗く素描することで概念間の関係性を分かりやすくまとめるにとどまる。

　物流は英語の Physical distribution（以下，PD）を訳したものである。はじめ，「物的流通」と訳されたものが「物流」に略されたのである。PD は商品流通の物理的な側面を指し，商取引の側面を意味する「商流」と対比する概念で，顧客との売買を物理的に完成させるための包装，保管，荷役（マテハン），

輸配送，関連情報の処理などの活動を含む。1980年代以降，PD はアメリカなどではロジスティクスの概念に吸収され次第に使用されなくなったが，日本では物流という用語は定着し，ロジスティクスとの違いが曖昧なまま，同義語として使われることが多い。

　ロジスティクス（Logistics）はそもそも後方支援を意味する軍事用語で，1960年代以降ビジネス用語として転用された。川上のサプライヤーから川下の顧客までのモノ・サービス及び情報の移動や保管などを含むフローを指す。川上から川下への流れに沿って，インバウンド・ロジスティクス，構内ロジスティクス，アウトバウンド・ロジスティクスの3領域に分けられる。具体的な活動として，輸送管理，倉庫業務，荷役，包装（荷姿），受注処理，物流拠点網の計画・設計，在庫の統制と管理，需要予測，顧客サービス（注文充足率や納品リードタイムなど），資材調達，仕掛品の搬送と保管，国際物流，静脈物流，ロジスティクス・コスト管理などが挙げられるが，これらの活動をシステム化して顧客の要求を満たすことが指向される。

　サプライチェーンマネジメント（Supply Chain Management，以下，SCM）は1980年代初頭 Keith Oliver という人物が初めて唱えたとされるが，コンサルタント会社の唱道によって普及を果たした概念である。SCM は企業内及び供給連鎖にある企業間で，主要なビジネス・プロセスを連結し，競争優位をもたらす高収益性のビジネスモデルならしめるマネジメント手法である。主要なビジネス・プロセスとは調達・生産・納品・返品の計画と実行を指し，また計画と実行を支援する活動も SCM に含まれる。

　ロジスティクスの同義語のように SCM を使う人がいるが，生産の計画と実行のプロセスを含む点と，競争優位の獲得を主要目的とする点が SCM とロジスティクスとの違いと言える。大きな影響力をもつ米国 SCM 専門家協会（The Council of Supply Chain Management Professionals：CSCMP）が定義しているように，ロジスティクスはサプライチェーンのプロセスの一部であり，モノ・サービス及び関連情報のフローにより焦点を当て，顧客の要求をコスト効果的に満たすことを主たる目的とする。SCM は調達・生産・納品を一貫したプロセスとして捉え，全体の最適化を狙う。

　ごく簡単に言えば，SCM はロジスティクスより広い領域をカバーするが，

両者の違いが次第に曖昧になっているのも事実である。実際，CSCMP の前身は米国ロジスティクスマネジメント協会（The Council of Logistics Management：CLM）で，2005年に改名したのである。さらに遡ると，1985年に米国物流管理協会（The National Council of Physical Distribution Management：NCPDM）は1985年に改名して CLM となった。この組織の名称変遷からも，物流，ロジスティクス，SCM の3概念の関係性を窺え得る。

　やや安易にまとめてみると，物流とロジスティクスはほぼ同義語として使うことができる。SCM はロジスティクスと重なる部分が多いが，より広くて高い次元の概念であり，機能部門間及び企業間のコラボレーション（協働）とインテグレーション（統合）をより強調するコンセプトと言える。

　繰り返しとなるが，3概念について必ずしも見解の統一はなく，企業や地域によってはやや異なる意味合いをもって使用しているケースがある。具体的なコンテキストの中で用語の内包と外延を正しく捉えなければならないことを留意しておいていただきたい。

　2021年9月

李　瑞雪

業界別　物流管理とSCMの実践

目　　次

はしがき

第1章　日本企業の物流管理
　　──変遷と諸外国と比較した特徴 …………………………………………… 1
　1　物流からロジスティクスへ　1
　2　経済成長を支えた物流の内転化／系列化　7
　3　眠りを覚ました Just-In-Time の発想　9
　4　人手不足と DX 物流によるソリューションの進化　12

第2章　食品業界の物流管理
　　──食品を安心安全に届ける「低温物流」 …………………………………… 17
　1　低温物流の全体像　17
　2　低温物流の各機能　23
　3　低温物流のこれから　28
　4　ニチレイロジグループの低温物流　30

第3章　住設業界の物流管理
　　──住宅建築現場に向けたサプライチェーン ……………………………… 35
　1　住設業界の物流概要　35
　2　住設サプライチェーンの現状　40
　3　住設サプライチェーンの課題と取組み　44
　4　社会的責任と事業展望　49

第4章　建材業界の物流管理
　　──建材サプライチェーンの最適化 ………………………………………… 58
　1　建材業界の物流概要　58
　2　既納への対応，そして窓メーカーへ　63
　3　建築資材物流の課題と将来設計　72

第5章　自動車産業の物流管理

　　　——日本産業の基幹となる大量物量の効率化 ………………………79

　1　自動車産業の概要　79

　2　自動車産業の生産管理と物流のこれから　83

　3　自動車産業の変化と物流　104

第6章　医薬品業界の物流管理
　　　——経営環境の変化と物流戦略の転換 …………………………………108

　1　医薬品物流の概要　108

　2　収益環境の悪化が物流に与える影響　112

　3　製薬企業の物流業務のアウトソーシング　114

　4　医薬品卸売企業の物流の効率化と高度化　116

　5　病院・調剤薬局物流の一元管理と共同化　119

　6　新型コロナウイルスワクチンの物流システム　123

第7章　小売業界の物流管理
　　　——私たちの生活を支える小売業の物流改革と物流センター設計 ……128

　1　小売業とは　128

　2　小売業の企業戦略と物流の現状　132

　3　小売業における物流センター設計の手順とポイント　138

第8章　輸送システムと輸送管理
　　　——日本の経済活動を支える輸送とその技術 …………………………145

　1　基本情報　145

　2　歴史といま　148

　3　輸送システムの設計と最適化技法　156

　4　課題・将来設計　162

第9章　国際物流と3PL
　　　——情報・サービス・ソリューションの提供 …………………………172

　　1　はじめに　172

　　2　国際物流の背景とは　175

　　3　グローバルサプライチェーンにおける 3 PL の役割　179

　　4　本章のまとめ　189

第10章　物流業界を支えるマテハン機器
　　──サプライチェーン合理化のキーテクノロジーへ ……………………192

　　1　マテハン機器とシステム・インテグレーション　192

　　2　マテハンの進化　200

　　3　マテハンの未来　209

第11章　物流現場管理
　　──役割明確化と作業標準化で生産性を向上するしくみ ………………217

　　1　物流における現場管理　217

　　2　物流における標準化　223

　　3　物流標準時間の導入　228

第12章　物流の統合とロジスティクス／サプライチェーン戦略の
　　類型──トレードオフの克服に向けて …………………………………238

　　1　横方向の物流と縦割りの企業管理構造の矛盾　238

　　2　トレードオフ克服を狙う物流統合：物流段階進化説　241

　　3　ロジスティクス戦略類型：効率性 vs 応答性　245

　　4　物流統合を超えて：延期と投機の組み合わせ　248

　　5　再び統合が課題：共同物流　254

　　6　DX 時代のロジスティクスとサプライチェーン　258

　あとがき　263

　索　引　265

<table>
<tr><td>第1章</td><td>日本企業の物流管理
変遷と諸外国と比較した特徴</td></tr>
</table>

　この章では，日本における企業の物流管理について，自動車産業の物流の実例を参考にしながら説明する。内容は一般的な物流教科書に見られるような，物流の機能（輸送・保管・荷役・包装・流通加工・情報）に沿ったものではなく，第2章以降に紹介する，各業界別の物流管理を理解する上で参考になる日本の物流の特徴を諸外国との物流の違いを織り交ぜながら，その変遷と共にわかりやすく解説する。

諸外国と比較しての大きな違いをまとめると以下の3つになる。
　　①輸送距離が短い
　　②物流の内転化／系列化～子会社化
　　③きめ細かい物流サービス

キーワード
輸送距離　リードタイム　海外進出　物流子会社　系列化　JIT 供給
物流労働力不足　DX 物流　標準化

1　物流からロジスティクスへ

　物流とロジスティクスの関連性や違いは，すでに様々な教科書で述べられている。また本書のまえがきで述べているので，ここで改めて紹介するのは避けておくが，日本における物流管理の発展を考えた場合，多少触れておく必要があるので，述べておく。そもそも「物を運ぶ」という概念は古代から日常の生活の中で，社会性を維持していくためには欠かせない行為である。生産地から消費地に「モノ」を運ぶというのは，経済原則からも当たり前のことで，その延長線上で様々な物流管理の改善・改革が行われて来たのである。
　ロジスティクスは強いて言えば「戦略」という意味が辞書にあるように，た

図1-1　自動車産業の物流の活動範囲

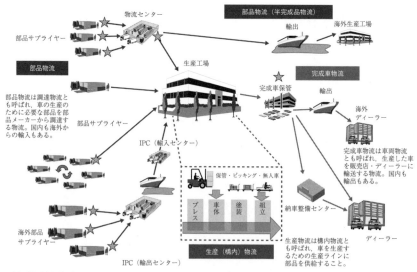

（出所）筆者作成

だ単に運ぶというよりは，目的を遂行するための一手段として物流を重要視したことから発展してきた考え方である。その意味では，このような思考が求められたのは，地理的な条件も一つの大きな要因となっている。すなわち短い距離を運ぶのであれば，さほど物流が重要な役割を果たさないが，距離が長くなればなるほどロジスティクス的な思考が重要となってくる。

　国内の物流に目を向けると，確かに日本列島は縦に長いが，周りを海に囲まれており横軸で考えると，諸外国と比較しても広大な距離を運ぶ必要性は少ない。内陸まで1,000km〜2,000kmほど運ばなければならない欧米と比較してもこの距離の差は歴然である。

　これを自動車産業（図1-1）で考えてみると，戦後特に高度経済成長の時期に大きく発展するわけだが，大量生産を特徴としていることからも，自動車の生産工場を中心に，サプライヤーと呼ばれる部品メーカーが集まり，あたかも企業城下町という体をなしている。その間で，生産物流（調達物流とも呼ばれる）と呼ばれる部品の輸送・供給が行われるが，その運搬距離は過去のデータから推測すると平均で50km〜100kmくらいである。この意味では運ぶ距離の

短さ故，ロジスティクスという概念が，欧米諸国より発展しにくいという事情がうかがえる。

　ただ今では自動車産業に携わる人たちは当たり前のようにロジスティクスという言葉を口にする。何がきっかけになったのだろう。それはやはり1980年代に始まり，90年代には大きく伸長した，海外生産が大きなターニングポイントとなっている。

　それまでは完成車の輸出・販売という形で，海外進出を果たしていたが，貿易摩擦，経済摩擦の影響により，完成車の生産そのものを海外移転せざるを得ない状況になった。ただ先に述べたように，完成車の原価の70％〜75％はサプライヤーの部品価格であり，その部品を調達することが物流管理の大きな役割である。組み立て工場は海外に移転されても，サプライヤーが海外進出するには時間差があるため，その間をつなぐ物流，すなわち日本から海外進出拠点への部品を輸送するという，本当の意味でのロジスティクスが各社とも求められた訳である。

　80年代以前にも，すでに海外進出を遂げていた自動車会社もあったが，規模は小さくやはり大量の部品を運ぶことになったのは80年代〜90年代にかけてである。海外への物流には海上コンテナを利用するわけであるが，特に米国に進出した企業は，海上輸送に加えて，日本国内では経験したこともない，長距離の鉄道輸送との組み合わせが必要となっている。

　輸送日数でいえば，国内がせいぜい関東から九州に運ぶのが3日〜4日の輸送リードタイムとすれば，少なくとも16日〜18日と5倍から6倍の輸送日数がかかり，さらに輸送期間における物流品質の維持など物流エンジニアリングの側面でも，取り組むべき課題は多く発生した。生産計画〜部品発注〜部品納入〜梱包・出荷〜海上輸送〜鉄道輸送〜工場での部品の受け入れ，という一連の物流を滞りなくやることが求められることにより，従来の"ただモノを運ぶ"という物流管理から，遠くにある生産・販売を計画通り行うためのロジスティクスの発想が大きく進歩した一つのきっかけになっている。

　特に運ぶ部品を間違える，いわゆる"異品"もしくは数を間違える"異数"などは，それをリカバリーするための物流コスト（基本的には空送で対応する）は国内で対応するためにかかる費用の約10倍と膨大な金額となるため，この面

での物流上の改善の取り組みがなされた。例えば，部品の素性を知らせるための「部品ラベル」もすべての部品メーカーと車両生産工場の間で標準化され，また生産のタイミングがわかるような，生産ロット単位での管理も行われ，追跡可能な仕組みも同時にシステム化された。また数量を間違えないための「ポカヨケ」と呼ばれる「現場管理」方式も公式に採用された。

　また部品を包装するやり方（＝荷姿）も大幅に改善され，海上コンテナという世界的にも唯一の標準モジュールの輸送手段に合わせるためにもユニットロードの標準化が大いに進捗した。すなわち日本のJIS規格で示されているパレットサイズでは欧米では規格としては通用しないため，グローバルスタンダードとしてのISO規格に準じた荷姿サイズにすることで，海外拠点，特に現地の輸送業者とは合意できた。

　結果として，輸送効率の良い荷姿になったことにより，この後説明する国内の荷姿を考える上でも大いに参考となっている。いずれにしても国内物流だけでは気づくことがなかった，ロジスティクス的発想は着実に物流管理のレベルを向上させた。この辺りはまた第5章の「自動車業界の物流管理」の中で詳細に説明する。

　海外拠点への進出が90年代以降も加速していくに合わせ，グローバル物流の占める割合が，国内を凌ぐようになり，逆にこのような物流の取り組み／考え方が国内にも応用できないかとなった。このことが，ある意味自動車産業の物流の構造が，ロジスティクス的思考に代わっていった大きなきっかけの一つであると言える。逆に言えば，もしこのような物流の構造的な変化や経験がなければ，欧米で取り組まれているようなロジスティクスについては，言葉や概念としては理解していたとしても，本当に必要な物として定着したかは不明である。なぜなら国内物流だけを見ていれば，運ぶ距離は欧米大陸と比較しても圧倒的に短く，かかる日数は平均で1〜2日。異常があっても即リカバリーできるような状況で，なかなかこのような管理のやり方を必要な物として実現するのは難しい。

　このように，自動車業界はロジスティクス化の洗礼を受けることにより，物流管理の中に取り入れて行ったわけであるが，業界によっては必ずしも，そのような経験や変化に遭遇していないところが多く，このことが今後説明する業

表1-1　1台当たり平均調達距離と物流費及びトラックの輸送効率

	平均調達距離	台当たり調達物流費（指標）	トラック回転率（平均／日）（8時間稼働／日）	輸送効率（km／時間）
日本生産工場	約50km	1.00	2.4回	約30km／時
欧州生産工場	約100km	1.02	2.3回	約60km／時

注：平均調達距離の算出方法は，車1台を作るためのΣ各部品単位の物量×距離÷Σ物量
で算出した。
　トラック回転率の算出方法は月間のトラック総量÷使用したトラック数及びサンプリ
ングとして一週間の運行実績から算出。

（出所）筆者作成

界別の物流管理の方法に差が出ている一つの要因である。

　この後の章から各業界別の物流を紹介するが，その説明の中で，距離が短い
ゆえに物流管理の発展を阻害している場合もあるということを理解しておいて
ほしい。

　国内物流で距離が短いというのは運ぶ者にとって，欧米諸国と比べても非常
に有利な条件であるというのは説明した。しかしながら，視点を変えて，物流
コストに与える影響ということで見てみると必ずしも単純に喜んでいられない
ということがわかってきた。

　私が過去に調べた国内と海外の単純比較をもとに説明する。

　まず車1台を作るためには，いろいろな部品を取り付けるが，約1,000点〜
1,300点ぐらいの購入部品（調達部品）が必要である（部品をこれ以上できないほ
ど分解すると，約3万点とも言われている）。これは車両の原価ベースで約70％〜
75％に相当し，当然サプライヤーから調達するわけだが，1台を作るための物
量をそれぞれの部品メーカーから調達する距離で換算し，平均輸送距離Km／
m³／台という指標で，国内自動車メーカーと海外（欧州）を比較したところ，
国内では約50kmに対して，海外では約100kmとほぼ2倍の差であることを算
出した。（表1-1）

　これは欧州のサプライヤーは特定の自動車会社だけに部品を供給しているわ
けではないので，どうしても工場立地の考え方が，各自動車会社へ供給するた
めに均等な位置を選択しやすいことで，結果として会社に近接することが少な
く，またそもそも大陸は地理的にも大きいため，距離が遠距離になるというこ

図1-2　OECD諸国のガソリン1ℓ当たりの価格と税（2020年第2四半期）※税負担額順

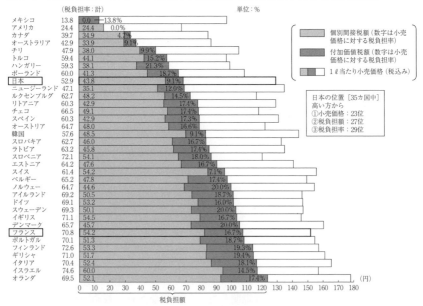

（税負担率：計）　　　　　　　　　　　　　　　　　　単位：%

国	税負担率:計	個別間接税額	付加価値税額率
メキシコ	13.8	0.0	13.8%
アメリカ	24.4	24.4	0.0%
カナダ	39.7	34.9	4.7%
オーストラリア	42.9	33.9	9.1%
チリ	47.9	38.0	9.9%
トルコ	59.4	44.1	15.2%
ハンガリー	59.3	38.1	21.3%
ポーランド	60.0	41.3	18.7%
日本	52.9	43.8	9.1%
ニュージーランド	47.1	35.1	12.0%
ルクセンブルグ	62.7	48.2	14.5%
リトアニア	60.3	42.9	17.4%
チェコ	66.5	49.1	17.4%
スペイン	60.3	42.9	17.3%
オーストリア	64.7	48.0	16.6%
韓国	57.6	48.5	9.1%
スロバキア	62.7	46.0	16.7%
ラトビア	63.2	45.8	17.4%
スロベニア	72.1	54.1	18.0%
エストニア	64.2	47.6	16.7%
スイス	61.4	54.2	7.1%
ベルギー	65.2	47.8	17.4%
ノルウェー	64.7	44.6	20.0%
アイルランド	69.2	50.5	18.7%
ドイツ	69.1	53.2	16.0%
スウェーデン	69.3	50.1	20.0%
イギリス	71.1	54.5	16.7%
デンマーク	65.7	45.7	20.0%
フランス	70.8	54.2	16.7%
ポルトガル	70.1	51.3	18.7%
フィンランド	72.6	53.3	19.3%
ギリシャ	71.0	51.7	19.4%
イタリア	70.4	52.4	18.1%
イスラエル	74.6	60.0	14.5%
オランダ	69.5	52.1	17.4%

凡例：
個別間接税額（数字は小売価格に対する税負担率）
付加価値税額（数字は小売価格に対する税負担率）
1ℓ当たり小売価格（税込み）

日本の位置［35カ国中］
高い方から
①小売価格：23位
②税負担額：27位
③税負担率：29位

0 10 20 30 40 50 60 70 80 90 100 110 120 130 140 150 160 170 180 （円）
税負担額

注1．IEA「エネルギー価格と税」から2020年第2四半期のデータを入手できる国（コロンビア及びアイスランドを除くOECD37カ国中35カ国）のみを記載。
　2．個別間接税は，エネルギー税，炭素税である。
　3．我が国の消費税に区分している。なお，アメリカの小売売上税は上記のグラフ上区分表示されていない。
　4．我が国の個別間接税は，揮発油税，地方揮発油税及び石油石炭税である。なお，ガソリンに係る日本の石油石炭税の本則税率は2.04円／ℓであるが，地球温暖化対策のための課税の特例により，2.8円／ℓとなっており，本比較では，これを基に計算している。
（備考）邦貨換算レートは，2020年6月中適用の基準外国為替相場及び裁定外国為替相場（日本銀行）。

とが理由の一つである。ただ1台を作るために支払う台当たりの調達物流費を比較すると，実は日本であっても，欧州であっても，ほぼ同じ物流コストであることも判明した。すなわち距離では大幅な差がありながら，なぜこのような結果になっているのだろうか。

　輸送コストは基本的には労務費と車両の固定費と諸経費で構成されている。労務費のレシオ差（**図1-2**）はあるものの2倍の差を埋めるようなものではなかった。

　車両の価格は欧州の方が大型車両のため，若干の固定費負担が大きく逆にコスト差を開く方向である，諸経費も大部分はガソリン代であるが（**表1-2**），これも単価的に欧州が大幅に安いというものでもなかった。

　しかも1日当たりの輸送車両（トラック）の回転率を見ると，輸送距離が長い割には，ほぼ同じとなっている。これはドライバーの拘束時間にも関連し，

表 1 - 2　製造業平均時間当たり労務費

製造業平均	時間当たり労務費¥/時間	為　替
日　本	2,409円	
フランス	2,137円（17.81€）	€＝120円
アメリカ	2,298円（20.89＄）	＄＝110円

（出所）2017年データブック国際労働比較（労働政策研究・研修機構）

欧州の方が輸送距離を考えると圧倒的に高い効率であった。逆に言えば国内を見た場合，トラックの回転率 (表1-1) を上げることに対しての阻害要因があるのではと考えた。わかりやすいのは道路渋滞である，これはインフラの違いに大きく影響する。

　もう一つはこの後紹介することになる物流サービス性との関係である。JUST-IN-TIME に代表される，"欲しい時に欲しい量を届ける"という発想が物流コストとなってこのような差を生みだしている。もちろん JIT 供給はそれ以外の部分で大きな効果を生み出しているので，一概には，先ほど述べたトラックの回転率の効率化の阻害要因とはもちろん言えないが，"距離が短い"ゆえに出てきた発想と言えないこともない。

　この件については，また別の節で詳しく説明することにする。

2　経済成長を支えた物流の内転化／系列化

　海外の企業と仕事をしていて気づくことの一つに，物流子会社の考え方がある。海外の場合，特に欧米の場合は，物流を専門とする企業が荷主に対してサービスを提供するのが一般的で，荷主は見積もりという行為を通して，最適な業者を選択する，いわゆる物流購買の考え方が主流である。一方日本では (特に自動車業界) 物流子会社を育成し活用することが多く見受けられる。この一つの大きな要因としては，高度経済成長期に物流サービスの供給能力が不足していて，頼もうにも依頼する業者が少なかったということもあるが，それ以上に業界それぞれ独自のやり方があるため，より物流サービスの要求が専門的になったことも理由の一つである。

　特に自動車産業の場合は，高度経済成長期には生産が昼夜にわたって行うた

めに，大量の貨物を24時間体制で流動させる必要があり，それに対応する供給体制を準備するためには輸送業者もほぼその業務にかかりきりとなる，専門化しやすい状況が生まれている。その結果として輸送そのものは大量で，しかも効率の良いユニットロード化された物流システムが構築できた。

　一つの例としては，トラックが工場に到着した際に，荷姿がユニットロード化されているということは，フォークリフトで荷役することが前提となるが，多数のトラックが同時に到着することが多く発生し，荷卸しするフォーク作業員が対応できずに，滞留するケースが発生する。この問題を解消するために，自動車業界では自主荷役というやり方を導入した。これは工場のフォークリフト作業者に卸してもらうのではなく，むしろトラックの運転手がフォークリフトの免許を持ち，工場に駐機しているフォークリフトを使い，荷卸しをするやり方である。これにより荷役待ちの滞留時間を減らせ，トラックの回転率も向上する。

　初期の段階では，部品メーカーも系列化しており，決まった場所から決まった物量を決まった時間に安定的に輸送することが求められており輸送ネットワークは構築しやすかった。それを可能にしたのが，工場の生産計画と部品供給計画，ひいては部品メーカーの生産計画が綿密に連携していることである。これにより配送計画も予定通り実行することができた。この内容は第5章でさらに詳しく説明することにする。

　物流の内転化（業務そのものを社内に取り込むこと＝内製化と同じような意味），系列化こそが，生産を拡大していた高度成長期の生産を支えるための重要な物流システムであったのは間違いない。しかしながら，このようなやり方にも大きな転換が必要となってきた。すなわち完成車の輸出規制により，国内生産から海外生産へシフトすることにより，生産量の減少と合わせて物流量の減少である。特に物流企業にとっては規模の縮小は大きなインパクトとなっている。効率も低下し，結果として物流費のアップにつながる。

　ここに至って，内転化の限界が見えてきたことにより，欧米並みの「物流購買」という考え方が導入されて来た。もちろんそのためには，ユーザーニーズを正しく理解し，それぞれの業界に合わせた物流サービスの提供を行える物流事業者が数多くあるというのが前提となる。しかしながら，大規模の物流事業

者はあるものの，細分化，専門化している業界ごとのユーザーニーズをフルスペックで満足させる業者を選択するのは簡単ではない。

　これらの日本物流の特徴としての課題を解決するためには，一部の業界で始まっている，内転化／系列化された物流事業者と大手物流事業者とのコラボレーションが重要な要素となる。例えば日産自動車の場合だと，部品物流を主業務として，生産工場を支えていた㈱バンテックは現在日立物流の一員として引き続き自動車物流に特化した業務をこなしている。

　今後，よりそれぞれの業界の専門的な知識・経験を持った物流事業者がユーザーである各メーカーと共に標準化のプロセスを構築し，より汎用的な前提条件を確立することにより，大手との組み合わせ，若しくは他業界も巻き込んだ大きな物量にまとめ上げることによりさらに進んだ物流管理を構築していくことが必要である。

3　眠りを覚ました Just-In-Time の発想

　第1節の中でも触れたように，日本における物流サービスは欧米と比較してもかなりきめ細かく細部にわたり整えられている。その一つの要因が“運ぶ距離が短い”という前提条件によるところが大きいということはすでに述べた。

　そもそも物流サービスとは何か？　教科書によれば「物流サービスとは，物流活動において付加される価値である。例えば，迅速性，正確性などであり，顧客のニーズに対応するものである」と書かれている。すなわち本来の運ぶという行為に加えて，顧客ニーズを満足させるための付加価値ということになる。

　これを自動車業界の生産（部品調達）物流で考えれば，顧客に相当するのは自動車会社の生産工場（主には完成車の組み立て工場）であり，ニーズの大半は，生産を計画通りに進捗させるために，部品メーカーからの部品が必要な時に納品・供給されるということに他ならない。

　ここで，考えなければならないのは，生産の計画とは何かである，これが一度立てたら変わらないものであれば，難しくはないが，大きく年間計画／月間計画／週間計画／日別計画と目的により，タイミングによりそれぞれ立案され遂行される。年間は基本的には製造能力（これは人員計画も含めて）を検討する

ものであり，月間は原料や材料，人員計算などに用いられる。週間になると部品の供給タイミングの情報が付加され，日別で確定となる。これらが全く変更なく業務遂行されれば，生産・物流管理は簡単である。

　しかしながら市場は刻々と変化し，販売は生き物である。計画は都度変化していく，それに対応するための工夫を物流管理としても考えなければならない。目的が「必要な時に必要な部品を供給する」であるので，最も簡単な方法は安全在庫と呼ばれる部品を事前に用意し保管しておき，計画の変更に合わせて部品の入れ替えを行うことである。この方式は何も自動車業界に限らず，ほとんどの製造業は採用している。しかしながら，車を買っていただく消費者のニーズが多種多様となった今日では，車種の激増により，部品の種類も増えて，安全在庫で対応するにはかなりの保管スペースとそれ以上に，もしニーズがなかった場合，使わない部品として廃却することになるので大きなコストロスとなってしまう。

　また時を同じくして，「在庫は悪」であるという考え方が，欧米でも主流になったこともあり，在庫を持たない物流方式，すなわち「必要な時に，必要な物を供給する」という Just-In-Time の発想がクローズアップされて来た。この考え方が，日本でいち早く具現化できたのは，輸送距離が短いという，日本の物流条件が大きく寄与している。また物流子会社という日本特有の協力関係の下，送り手である部品メーカーと受け手である自動車生産工場そして何よりも実際に物を運ぶ物流事業者の間の意思疎通が図りやすいビジネス環境があったということも大きく影響している。

　JIT と呼ばれるこの方式の導入には，考え方はシンプルであるが，いろいろな課題が山積していた。

　まずは必要な時というのはいつか？　理論上では車の生産ライン上でその部品を組み付けるタイミングに供給のリードタイム（部品を検収場からラインまでの搬送する時間の意味）を足して作成される「部品納入時間」が基本となる。部品メーカーはその時間に合わせて部品を作り輸送する。いわゆる「時間指定納入」という物流サービスを導入する必要がある。これにより生産は部品のショーテージ（不足）を起こすことなく，計画通りの生産を維持することができる。

　次に必要な物の概念であるが，これは生産で必要となる部品だが，前に記述した様に一つの車種で1,000点～1,300点ぐらい購入部品があるので，複数の車種を同じ生産ラインで組み立てている場合，種類は場合によっては5,000～1万種類くらいになる場合も多い。また本来は1個あればいいわけであるが，輸送や搬送の効率を考えると，ある程度数量をまとめる必要がある。

　この二つの目的である，必要な「時間」と「物」を達成することと，逆にトレードオフの関係にある輸送効率の維持を上手くバランスを取りながら，JITの考え方を実現したのが，日本の自動車産業である。

　具体的にはどのようなことが行われたのだろうか？　まずは生産計画の精度を高めることに挑戦した。計画が変わる大きな要因は販売が変化することである。そこでより直近の販売実績に基づき予測すること，併せて市場の動向も組み合わせて，予測精度の向上を図った。これにより計画の振れを極力減らすことができた。

　また部品の種類を極力減らすことにより，計画変動に対する量の影響を減らすことにつなげた。例えば，同じような機能を持つ部品を車種のグレードに合わせて，設計することが顧客の満足度向上のために求められているが，必要以上に部品のヴァリエーションを増やすことを控え，汎用となる機構や機能には，仮に違うグレードの車種であっても共通の部品を極力設定するような設計上の工夫がなされた。これにより，相対的に一度に必要となる部品の数量が増えることにより，ユニットロードの数量を輸送効率の良い数までまとめることができて，在庫と輸送効率の相反する課題に対してバランスをとることができた。

　部品価格に着眼した，パレート分析（ABCD分析）も行った。部品価格の高い部品は在庫になると，その総金額も高くなり，金利だけ考えても負担が大きい。そのためできるだけ近い距離から運ぶことで，輸送リードタイムを短くしまた変動が起きた時の対応コストを低く抑える工夫をした。併せて，部品のサイズが大きい物も，運搬するコスト単価が高くなるため，組み立て工場に近接して調達できるような工夫をした。このような全体のバランスをとることにより，JITに伴い発生する輸送効率の悪化が輸送費に大きく跳ね返らないような工夫もした。

　このように，進化してきたJITであるが，近年は維持することが徐々に難

しくなってきている。一つには「時間指定納入」という考え方が，生産効率重視にあまりに重きを置きすぎたため，ケースによっては，時間より早く到着して，指定された時間を守る。という想定された以上の負担を物流事業者にかけている事案も散見されてきたため，現在のドライバー不足の状況下においては必ずしも許される範囲が狭められている。輸送能力が不足することが叫ばれている現状では，荷主も一緒になった改善が必要となってきている。このような日本の物流業界における状況の変化が次に述べる物流改革のきっかけにつながってくる。

4　人手不足とDX物流によるソリューションの進化

　産業界は今労働力不足という大きな問題に直面している。特に物流業界は令和3年発行の「総合物流施策大綱2021年度〜2025年度」（いわゆる物流大綱）にも書き記されている通り，「我が国の総人口は2008年をピークに減少局面に入っており，2050年には約1億人にまで減少する見通しである。人口減少を年齢階層別に見ると，2015年から2050年にかけて，生産年齢人口は約2,400万人，若年人口は約520万人減少し，その結果，高齢化率は約27％から約38％へ上昇すると見込まれている。生産年齢人口の減少は労働力不足に拍車をかける可能性があり，今後は，高齢者をはじめ，より多様な働き手の確保が求められる」。

　これを物流業界で考えるとすでに2017年の段階でもトラックドライバーの不足が懸念されており，2027年には2017年現在と比較して，需要増と供給（ドライバー）減により約24万人のギャップが生まれるとの予測がされている（図1-3）。

2027年にはトラックドライバーの労働力の需要はECの発達・小ロット化・長時間労働の実態改善が進み13万人分の需要増化が進み，少子高齢化・過酷な労働環境等による不人気の継続が進み，11万人の労働人口の減少が進み，計24万人のドライバーの不足が見込まれると調査結果が発表された

　それを回避するためには，もちろん国策としての「国土交通省」や「経済産業省」を中心とした，規制緩和や労働環境改善への取り組みがあり，また物流業界を中心とした，様々な改革・改善が行われている。（表1-3）

図1-3　物流トラックドライバーは，10年後に24万人不足する見込み

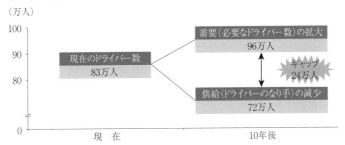

（出所）2017BCGより筆者作成

表1-3　労働力確保のための取り組み

労働力確保のための方策	取り組み例	対　象
業界への関心喚起	社会科見学の実施	子供，若者
若手人財の確保	インターンシップ／企業説明会	学生
労働環境の改善	作業環境の改善	従業員全般
福利厚生の充実	託児所／保育所の設置 社内販売の実施	従業員全般
作業の効率化	動線・レイアウトの工夫 自動化／省力機器の導入	従業員全般
作業量の変動への対応	作業量に応じた配置 人材派遣会社の活用	派遣社員 パートタイマー
モチベーション向上	研修教育の実施 表彰制度，昇進	従業員全般
多様な層の活用	在日外国人の活用 高齢者(熟練社員)としての活用	派遣社員 定年退職者

（出所）筆者作成

　しかしながらそのような，いわゆる当事者を中心とした取り組みだけでは，現状を打開できるには不足していると考えざるを得ない。そこで近年では「ホワイト物流宣言」にもみられるように，「モノづくり」側からも，運び手である物流業を支援し，何とか「運べない物流」の条件緩和を目指そうという動きが活発化している。

　その流れの一つとして近年注目されているのが，物流のDX化である。Digital Transformationという言葉が示すように，近年物流のデジタル化，自動化は単なる設備だけではなく，情報交換から予測の精度の向上まで，ありとあらゆる物流業において大きな影響を与えている。

このように物流業界だけではなく ALL-Japan として，改革改善に取り組もうとしていることは，非常に意義のあることであり，今後の労働力不足を考えた場合，避けて通れないプロセスである。

　このような中で，日本の物流の特徴として言われていることがもう一つある。それは標準化の遅れである。

　例えば，自動車産業の場合，部品を調達するためにも「部品番号」といういわゆる ID となる数値があるが，自動車会社が異なると，桁数も違うということがある。これにより，複数の自動車会社に納品している部品メーカーは違う体系の管理システムが必要となる。

　また納品ラベルも違うということもあり，デジタル化する際には，専用のシステムが必要となることが多い。これを物流業界で捉えると各業界，若しくは各企業別にシステムが個別になっており，先ほど紹介した DX 化の大きな障害となっている。

　確かに個別の仕組みができるのは，各企業の成長・拡大の段階で最適な方法・システムを入れた結果としてこのような個別最適な状態になっている。その意味では各企業の創意工夫が活かされていると言えないこともない。しかしながら昨今のような「輸送供給能力」の減少が見込まれる中ではいかに効率よく，また無駄を少なくした物流システムを構築していくのかを考えた時には，このような標準化の遅れは大きな課題である。

　この後，第2章以降では，ここで紹介したような日本における物流の特徴，すなわち①距離が短い②物流子会社／系列化③きめ細かいサービスを背景として，それぞれの業界が取り組んできた，また検討発展してきた物流管理について各専門家の方から紹介させていただく。この章で述べた内容を加味しながら読み進めていただきたい。

（安藤康行）

コラム▶▶物流コスト

　ここでは一つ「物流コスト」について考えてみたい。よく経営者の方に物流はいかがですか？と尋ねると，「いやあ物流コストが高くて」という回答が返ってくることが多い。逆に言えば，物流＝物流費＝付加価値を生まない経費，とでも考えているのではと思えるほど，経営者層の物流に関する関心事は「物流コスト」に集中している。今回せっかく業界別の物流管理に関してまとまった本を出すことになったので，ここでは業界別の物流コストの比較を紹介してみたい。

　製品も違うし，ものづくりの工程も違うのでただ単純に物流コストの比較はできないので，「売上高当たりの物流費比率」という指標の比較を通して，どの業界が最も物流費に対する影響を受けやすいか，逆に言えば物流改善への取り組みを重要視しているかを紹介したい。**表1-4**は2015年版の数値であるが，JILS（日本ロジスティクスシステム協会）の貢献により，毎年このような調査を行っていただいているので，ある程度のトレンドも見ることが可能だ。

　この表によれば，全業種平均が売上高当たりの物流費比率が4.63％，すなわち1,000億円の売上があれば約46億円の物流費がかかっているということが推測できる。例えば同じ食品でも（この後第2章で紹介する）要冷の場合9.08％と常温輸送に比較して，70％程度物流費の比率が高くなる傾向がみられる。

　また医薬品は2.98％と全業種の中でも，電気機器と並ぶ物流費負担の低い業界だが，過去のデータと比較してみると（1990年～2000年当時は1.06％）約倍になっており，特に物流管理費の比率が高まっており，この辺りは同じく第6章の中でもいろいろな課題が紹介される。さて輸送用機器であるが，2.38％と平均よりは低いものの，年間の売り上げが数兆円～数十兆円となるとかかる物流費は数百億円～数千億円となり物流業界には大きな影響を与えていると考えられる。ただこれも過去の数値と比較すると，約4％～5％の時期もあったので，負担比率は減少しているとも言えないこともない。原因としては，物流効率化などの改善も大きいが，本文中にも出てきたように，地産地消ではないが，生産拠点の海外移転や，併せて部品メーカーの海外進出などにより，輸送する距離や物量が相対的に減ったことなども要因として考えられる。このように，物流コストの売上高に占める比率をトレンドで見ることにより，産業構造の変化や，物流効率化の取り組みなどが見えてくることがある。ちなみに2020年時点では，全産業の平均は約5.38％となっており，年々増加傾向となっている。これも構造的な部分での物流費の値上がりなどが，効率化を上まっていることを示していると言えないこともない。

表1-4　売上高物流費比率各業種比較表

単位：％

業　種	輸送費	保管費	その他（包装費など）	物流費合計	売上高物流費比率
食品（常温）	71.34	14.34	14.32	100	5.32％
食品（冷温）	63.60	11.61	24.79	100	9.08％
樹脂・ゴム	52.90	25.01	22.09	100	5.19％
医薬品	36.10	17.15	46.75	100	2.98％
鉄鋼	89.88	6.78	3.34	100	5.35％
電気機器	51.19	23.47	25.33	100	2.09％
輸送機器	69.11	8.13	22.76	100	2.38％
全業種平均	56.59	16.28	27.13	100	4.63％

注：輸送費は調達／社内／販売輸送費，保管費は資材／製品保管費，その他は包装費／荷役
費／物流管理費など

（出所）（公社）日本ロジスティクスシステム協会「2015年版　物流コスト調査報告書」より著者作成

演習問題

1　日本の物流環境に合わせて発展してきた物流管理のやり方について，具体的な例を挙げて，その長所と短所を説明しなさい。

2　今後の労働力不足の中で，物流業界も影響を受けることが予測されている。物流業界として考えている方策に関して，効果の面と実効性の面から検討して，自分の意見を述べなさい。またこれ以外にも考えられる方策を考えまとめなさい。

参考文献

ショシャナ・コーエン，ジョセフ・ルーセル（2015）『戦略的サプライチェーンマネージメント』英治出版。

『2017年データブック国際労働比較』労働政策研究／研修機構。

『ロジスティクス管理　3級（第3版）』社会保険研究所。

推薦図書

千住静雄・伏見多美雄『経済性工学』社団法人日本能率協会。

塩野七生（2001）『すべての道はローマに通ず』（ローマ人の物語10巻）新潮社。

<table>
<tr><td>第2章</td><td>

食品業界の物流管理
食品を安心安全に届ける「低温物流」

</td></tr>
</table>

　この章では食品業界の物流管理，なかでも流通過程で温度管理を必要とする低温物流（コールドチェーン）について解説する。新鮮な食品や長期保存が可能な冷凍食品は，適切な温度管理によって安全・品質が担保される。この章では適切な温度管理を行う設備やその機能，また消費者のニーズに合わせた提供をするための付加価値機能について，業界最大手で原料から最終製品までを全般的に取扱うニチレイロジグループの低温物流を事例に解説をしていく。

キーワード

川上・川中・川下物流　食品自給率　コールドチェーン　ニーズに応える付帯サービス・設備　業務革新

1　低温物流の全体像

⑴　食品物流のコールドチェーン

　商品が生産され，消費者の手に渡るまでの物の流れを川の水の流れに例えて，商社やメーカーにおける原材料調達の段階を川上物流，中間流通の段階を川中物流，量販店などの小売業や外食店舗で最終消費者に届ける段階を川下物流と分類されている（図2-1）。

⑵　低温物流の歴史

　ニチレイロジグループのルーツは製氷事業である。昭和20年代～30年代半ばまでは製氷事業が中心であり，冷蔵倉庫業は生産された製氷を保管する補完的な位置付けであった。電気冷蔵庫の普及に伴う製氷業の衰退が予想されたため，昭和30年代後半から40年代初めにかけて冷蔵倉庫の大型化に着手し，遠洋漁業

図2-1　食品物流のサプライチェーン

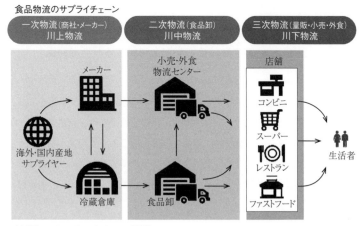

（出所）ニチレイロジグループ提供

　の拡大や国民の食生活の向上に合わせた畜肉類，乳製品，冷凍食品等の需要拡大に対応して，ニチレイロジグループでは，昭和38年に10万トン未満だった設備能力を，昭和55年に50万トン，平成14年に100万トン，現在は150万トンにまで拡大している。取扱商品も時代と共に変遷している。昭和50年代前半までは，水産物を主とした原材料が中心であったが，200海里問題や食生活の「魚離れ」の影響もあり，次第に畜産物が増加していった。その後，輸入自由化の流れと内外コスト差を反映し，冷凍食品等の製品輸入が年々増大したのである。

　また，市場全体がデリバリー機能重視型に変わり，広く温度管理された仕分スペースと出荷待機場，精度の高い仕分システム，効率の高い共同配送システム等の機能が重要になってきた。それに合わせ，昭和60年頃から中小スーパーマーケットの共同配送事業などを拡大し，平成5年大手スーパーマーケットの通過型物流センター（TC）を関東・関西に開設した頃よりTC事業を拡大し，現在では大手量販店が専用の物流センターを持つことが常識となっている。

(3)　低温物流の分類

①食品の温度帯区分

　低温物流における温度帯区分は，倉庫業法により表2-1のように分類され

ている。一般的に冷凍とはF1級
（-20℃～-30℃未満）を指し，一般
的な冷凍食品を始め魚介・畜肉・ア
イスクリーム・パン生地などが保管
されている。冷蔵とはC3級（＋
10℃～-2℃未満）を指し，鮮魚・畜
肉・乳製品・練製品・野菜などが保
管されている。C3級はさらに温度
帯ごとに細かく分類され「チルド」
「氷温」「パーシャル」などと呼ばれ

表2-1　倉庫業法における温度帯区分

冷蔵倉庫の級別	保管温度
C3級	＋10℃～-2℃未満
C2級	-2℃～-10℃未満
C1級	-10℃～-20℃未満
F1級	-20℃～-30℃未満
F2級	-30℃～-40℃未満
F3級	-40℃～-50℃未満
F4級	-50℃以下

（出所）倉庫業法を元にニチレイロジグループ
作成

ることもある。F2級以下（-30℃以下）は超低温を称され，主にはマグロ・
エビなどが保管されている。低温物流ではそれぞれの商品に適した温度帯での
管理が要求され，その温度帯で保管・配送がされている。

②物流施設の分類

低温物流における物流施設は，在庫型のDC（Distribution Center），通過型の
TC（Transfer Center），流通加工施設のPC（Process Center）に分類される。

DCとは，在庫を持つセンターで「在庫型センター」とも言われる。主に海
外からの輸入貨物を取り扱う「港湾型」と，主に国内メーカー・卸・外食など
を取り扱う「内陸型」に大別される。通関前の外国貨物を取り扱える倉庫を
「保税倉庫」と言う。

TCとは，在庫を持たないセンターで「通過型センター」とも言われる。特
定の量販店や外食を単独で扱う「専用型」と複数顧客を同時に扱う「パブリッ
ク型」に大別される。

PCとは，肉・魚・青果などの加工（カット）・盛付け・包装・値付けなどを
行うセンターで生鮮加工センターとも言われる。量販店へのサービス提供がメ
インになることから，TCに併設されることが多い。

DC・TCについては，第2節(1)(4)で詳細を説明する。

③輸送モードの分類

低温物流の輸送モードも一般的な物流と同様，陸上輸送（自動車・鉄道），海
上輸送（フェリー・コンテナ船），航空輸送（飛行機）に大別されるが，冷凍機が

コラム ▶▶低温物流豆知識①

冷蔵倉庫はどうやって冷える？

　現在私たちが使っている冷蔵庫やクーラーなど何かを冷やす機械は，ほとんどが「気化熱」を利用してる。気化熱とは，液体が気体になる，つまり気化（蒸発）するときに吸収する熱のこと。蒸発熱とも言う。

　例えば，お風呂上がりに濡れたままでいると，体が冷えてしまうが，これは体についた水滴が蒸発するときの気化熱によるものである。また，アルコールをしみこませた消毒綿で腕を拭くとヒンヤリするが，水よりも蒸発しやすいアルコールは，腕についたところからどんどん蒸発して熱を奪っていくため，その部分がヒンヤリ感じるのである。

図2-2　冷蔵倉庫の冷える仕組み

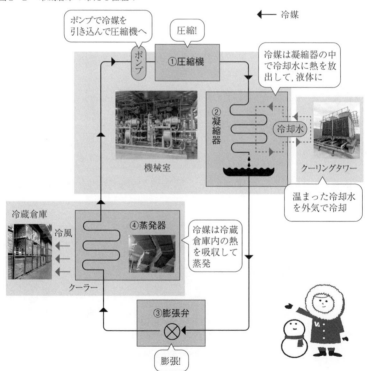

（出所）ニチレイHP　こおらす「冷やす」チカラを知ろう！

　冷蔵倉庫では，この「気化熱」を利用して冷蔵倉庫内の熱を吸収している。冷

媒という物質を使い，まずは①圧縮機で高圧ガスを製造する。②凝縮器にて冷却水で高圧ガスを冷却することで熱を放出し高圧の液体にする。次に③膨張弁で噴射することにより冷媒は低圧の液体となる。この液体が④蒸発器（クーラー）を通る際に冷蔵倉庫内の熱を吸収して蒸発（気化）し，低圧ガスとなり①圧縮機に戻っていく。この循環（冷凍サイクル）により冷却を行うのである（図2-2）。

原理は家庭にあるクーラーや冷蔵庫と同じである。

搭載され温度管理されていることが特徴である。少量多品種の配送が多い食品物流では圧倒的にトラック輸送が多いが，CO_2排出量が多いことと，ドライバー不足が深刻なことにより，鉄道輸送・海上輸送へのモーダルシフトやダブル連結トラックによる効率的な配送への移行が進んでいる。

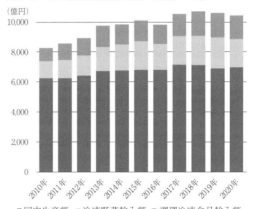

図2-3 国内冷凍食品消費量推移（金額ベース）

■国内生産額 ■冷凍野菜輸入額 ■調理冷凍食品輸入額

（出所）日本冷凍食品協会HP PDF「令和2年（1～12月）冷凍食品の生産・消費について（速報）」（2021年6月21日閲覧）

（4） データで見る低温物流

①総合食品自給率

日本のカロリーベースの総合食料自給率は，37％である（2020年度）[(1)]。カロリーベースとは，食品に含まれる基礎的な栄養である「カロリー（熱量）」をものさしにして，食料品全体の自給率を計算すること（例えば米100 gは356kcalに相当）。食料自給率が37％と低いということは，輸入依存度が高いということである。輸入された食料は，適切な温度管理と共に通関などの手続きが必要となるため，主要港湾地区には食品の輸入・通関・保管設備（冷蔵倉庫）が不可欠である。

②商品構成の変化

共働き世帯や単身世帯の増加によるライフスタイルの変化に伴い加工冷凍食品の需要が増加している（図2-3）。国内冷凍食品消費量は10年間で126％の伸

図2-4　品種別入庫トン数の推移

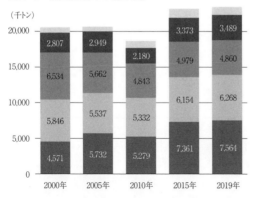

（千トン）

■冷凍食品　■畜産物　■水産物　■農産物　□その他

（出所）日本冷蔵倉庫協会会員専用HP　PDF「2019年版冷蔵
　　　　倉庫の諸統計（国土交通省HP発表『倉庫統計季報』
　　　　より）」（2021年6月25日閲覧）

図2-5　年間平均在庫率と貨物回転数

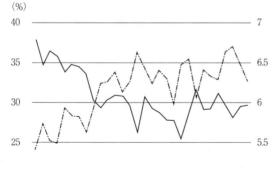

（%）

―― 年間平均在庫率（%）　---- 貨物回転数（回／年）

（出所）日本冷蔵倉庫協会会員専用HP　PDF「2019年版冷蔵
　　　　倉庫の諸統計（第8・9号様式による国交省データ：
　　　　国土交通省HP発表『倉庫統計季報』より）」（2021年
　　　　6月25日閲覧）

長。冷蔵倉庫における品種別入庫トン数においても20年前と比べ1.6倍となり，加工食品の需要が大きく伸びている（図2-4）。国内冷凍食品消費量は今後も伸長すると予測されている。それに伴い，より川下物流の多様化への対応が必要となる。

③物流作業負荷の増加（在庫率，回転率の推移）

上記の商品構成の変化に伴い，容積当りの重量が軽い加工食品の増加で重量ベースの在庫率は下降。また，より消費者に近い加工食品の増加で，商品の回転率は上昇している（図2-5）。このことは多品種少量化と合わせ，より細かい作業の必要性や作業頻度の増加で，より人手の必要な作業が増加するという課題を生み出している。

コラム▶▶低温物流豆知識②

　１トン＝1,000Kg ではない

　冷蔵倉庫の規模は，「設備能力○万トン」と表される。しかし，この「トン」とは実は重量の単位ではなく容積の単位である。冷蔵倉庫の在庫率は，在庫商品の重量を基準として扱われるが，容積当たりどのくらいの重量が在庫されているかは比較が難しいため，容積を重量の単位で表すようにした歴史がある。

　かつて冷蔵倉庫の主たる取り扱いが鮮魚だった頃，鮮魚用大トロ箱（トロール漁船用の鮮魚箱）に鮮魚が約40kg 入れられていた。この大トロ箱を保管するに当たり，１m³に10箱保管可能であったため，１m³＝400kgを基準として，容積１m³＝0.4トンという単位が生まれたという。よって，倉庫の面積×有効高さ（梁下まで）×0.9（10％を柱やクーラー設置場所として除外）で計算された容積をトン換算して設備能力を表している。現在では鮮魚より軽い加工食品が主たる在庫商品となっているため，重量で表す在庫率は低下している。

　ニチレイロジグループ最大の船橋物流センターの設備能力９万7,774トンは，一般的な容積単位では24万4,435m³ということになる。また，ニチレイロジグループの国内設備能力150万トンは，一般家庭の冷蔵庫（400ℓ）に換算すると1,200万台分，25mプールに換算すると１万7,900個分となる。

2　低温物流の各機能

(1)　冷蔵倉庫とは

　冷蔵倉庫では水産品・畜産品などの素材から冷凍食品などの製品までを，適切な温度管理のもと入出庫・保管することが主な業務である。冷蔵倉庫は入出庫・保管といった主なサービスの他に，お客様のニーズにお応えするために様々な付帯サービス・設備を提供している。

①港湾型冷蔵倉庫のサービス

　食料自給率の低い日本の食品輸入を支える港湾型冷蔵倉庫のサービス

・コンテナヤードから冷蔵倉庫までの保税運送「ドレージ」

・コンテナからの荷下ろし作業「デバンニング」

・輸入品の数量確認・破損確認「検数・検品」

・サイズ・日付分け「仕分け」

・検疫への立会い（農林水産省）「動物検疫」

・輸入手続き手配「通関」

・通関前商品（外国貨物）の保管場所「保税蔵置場」

②荷主の多様なニーズに対応した流通加工サービス

　冷蔵倉庫では，荷主の多様化するニーズに対応する機能も必要である。

・品質を保持したまま凍結する「急速凍結」

・食品製造の前工程を担う原料の「解凍」

・大容量で輸入された商品を小分けにする「リパック作業」

・店舗の要望に合わせた「仕分け作業」

③食品の安全・安心を守る設備，環境に配慮した設備

　冷蔵倉庫は食品を扱うため，安全・安心を配慮した設備が必要である。

　また，環境負荷低減を考慮した設備も必要となる。

・不審者の入室を管理する「顔認証入退室設備」

・食品ロスを防ぐ「賞味期限管理システム・先入先出管理システム」

・CO_2排出係数の少ない環境配慮型「自然冷媒冷凍装置」

・省エネに配慮した「人感検知型 LED 照明」（冷凍環境下では蛍光灯点灯まで10
　分以上を要するため，常時点灯していたが，即時点灯の LED 照明に人感センサーを
　組合せることで大幅な電気使用量を削減している）

・冷蔵倉庫の屋上を活用した「太陽光発電」

(2)　川上の低温物流（商社の物流，食品メーカーの物流）

①商社の物流

　商社の業務（商流）は，世界各地から食料品（原料・加工品）を輸入（調達）
し，国内の食品メーカーや食品卸へ販売（供給）することである。商社の物流
は次のような手順で進んでいく。海外で調達される商品の多くは，現地の工場
や倉庫で海上コンテナにバンニング（コンテナに荷積すること）され，コンテナ
ヤードまで運ばれる。コンテナヤードに集積された海上コンテナは，巨大なガ
ントリークレーンによってコンテナ船に積み込まれ，2週間から1カ月程度の
航海を終えて日本へ運ばれ，日本のコンテナヤードに陸揚げされる。陸揚げさ

れた海上コンテナは，トラックに牽引されて主に港湾地区の冷蔵倉庫に運ばれる。このように海上コンテナをトラックで牽引して移動させることをドレージという。

　また，通関手続き前の外国貨物を陸送することを保税運送といい保税運送には税関からの許可が必要となる。冷蔵倉庫までドレージされた海上コンテナはコンテナ番号とシール番号のチェックが行われた後，開封され商品が下ろされる。品名やサイズごとにパレットに積みつけられた商品は，検数担当者によって数量や仕分けミスがないかをチェックされ，倉庫内に蔵置される。これは申告通りに適正な輸入が行われているかの重要なチェックとなる。輸入畜産品の多くは伝染病予防の観点から検疫が義務付けられているため，動物検疫所の立会いのもと冷蔵倉庫内の指定検査場で検査が行われる。動物検疫所の検査に合格すると通関手続きが行われ，問題がなければ税関から輸入許可が下りることとなる。許可が下りて国内で流通可能な状態になると，商社から食品メーカーや問屋などに商品が売り渡され，川中川下の物流段階へと進んでいく。

②食品メーカーの物流

　食品メーカーは，海外や国内産地から原料を調達し，自社あるいは委託先の工場で製品を製造する。そしてそれらの製品を問屋や量販店などに販売している。食品メーカーが工場で使用する原料には，輸入原料と国内原料の2つがある。輸入原料を使用する場合，商社が利用している冷蔵倉庫から直接工場に原料を搬入することもあれば，食品メーカーが利用している工場近くの冷蔵倉庫で一旦保管をしてから工場に搬入されることもある。国内産地から原料を調達する場合も同様で，国内原料ベンダーが利用している冷蔵倉庫から直接工場に搬入されることもあれば，食品メーカーの工場近くの冷蔵倉庫を経由することもある。通常食品メーカーの工場は原料や製品のすべてを保管できるだけの大規模な冷蔵倉庫を持っていないため，近隣の冷蔵倉庫を在庫拠点として利用し，そこから得意先である量販店や外食の在庫拠点に出荷をしていく。

　食品メーカーの物流を支えるために，冷蔵倉庫では入出庫・保管の機能だけではなく，工場の生産機能の一部を担う「解凍」「凍結」を行ったり，農産加工品等の大量搬入品を小袋詰めする「リパック」作業などの付帯機能も提供している。

(3) 川中の低温物流（食品卸の物流）

①食品卸の物流

　食品卸は，国内外の生産者や食品メーカーから商品を仕入れ，小売業や外食産業などに対して販売するビジネスを行っている。食品卸はメーカーと小売業の間に立ち，それぞれの要求に応えるべく様々な役割を担っている。メーカーにはより多くの商品を大量に売りたいという要求があり，小売業には安く必要な分だけ仕入れたいという要求がある。その要求のバランスをとることはもちろんメーカーに対しては消費者が求めている商品の情報を提供し，小売業に対しては軽加工や高品質な物流などの付加価値サービスを提供している。このように食品卸が様々な機能をメーカーや小売業に提供することで，物流の効率化を図り物流コストが削減されると同時に消費者により安全で安価な商品を届けることが可能となる。通常食品卸は保管型物流センターを取引先である量販店，中小外食店舗やコンビニエンスストアの物流センターがあるエリアの近くに設置している。そのため，全国展開している食品卸は，全国にエリアデポを設置し，リードタイムの短い納品にも対応している。

　食品卸のニーズに応えるために，冷蔵倉庫では様々な機能を果たす必要がある。細かい仕分け作業に対応するためには，ソーターやハンディターミナル・音声仕分け機器などを導入して対応をしている。また店舗への納品伝票の発行を代行したりする場合もある。

(4) 川下の低温物流（小売業の物流，外食産業の物流）

①小売業の物流

　川下にあたる量販店の物流では，日配品・冷凍食品などの加工食品に加えて，鮮魚・精肉・青果などの生鮮三品を取り扱うという特徴がある。これらの食品の品質を維持するために適切な温度管理を行いながら輸送し納品することが必要となる。また食品には賞味期限と消費期限があるため，その管理も物流を組み立てる上での重要な要素となってくる。川下の物流においては量販店への納入商品を集約して一括納品を行うために TC（トランスファーセンター）と呼ばれる通過型物流センターを設置するのが基本である。この通過型物流センターでは，各店舗が要求する商品をサプライヤーから集荷し，検品と店舗別仕分け

を行い店舗に定時一括配送をしている。例えば，多くの業者がバラバラに店舗に納品を行っていたとする。50社がそれぞれ50店舗に納品した場合，ルートの数は50社×50店舗＝2,500ルートとなる。それを通過型物流センターに一括して納品し，そこで行き先店舗ごとに仕分け決められた時間に商品を届けた場合は50社＋50店舗＝100ルートで行うことができるようになる。こうした通過型物流センターを介した一括納品の導入によって配送ルートの最適化が図られる。

　TCを利用した一括納品では，仕入先・量販店本部・店舗だけでなく消費者にもメリットがある。仕入先にとっては，物流費の低減・債権管理の簡素化など。量販店本部にとっては，仕入コストの削減だけでなく，物流コストの可視化や品質管理の向上が期待できる。また店舗展開の自由度も高まる。店舗にとっては，納品車両の大幅削減がバックヤード業務の軽減と要員管理の計画化につながり顧客サービスが向上する。そして消費者にとっては，物流コスト低減による商品価格の低下，品質管理の向上による商品鮮度の向上，運行車両の削減による環境負荷低減などのメリットが発生することとなる。

②外食産業の物流

　外食産業の物流は大きく二つに分類することができる。中小外食産業では食品卸の商流・物流機能を活用する場合が多くある。これは多岐に渡る食品メーカーとの取引を商流・物流共に食品卸を活用した方が，品揃え等自由度が高まるためである。一方，大手外食産業では自社の物流センターを設置することで食品卸物流のメリットや小売業の物流のメリットを自社で享受することが可能となる。ここでは，大手外食産業の物流について説明をする。

　外食産業の物流センターでは，店舗で扱う食材のみならず，包装資材なども一括で取扱うために3温度帯（冷凍・冷蔵・常温）で運営される特徴がある。それぞれの店舗で必要な食材・包装資材等は各ベンダーより入荷されセンター内に温度帯別に保管される。センターでは在庫商品と日々入荷される通過商品（主には野菜・卵等の生鮮品）を組み合わせることにより物流最適化を実現している。ベンダーからの在庫商品の入荷は主にケース単位で行われるが，店舗からはケースではなくピースで発注される商品も多いため，ソーターやDPS（デジタルピッキングシステム）を利用して細かい仕分けに対応する必要がある。

　店舗配送は自動配車システムなどを用い効率的な配送ルートが組まれている。

配送においても，3温度帯（冷凍・冷蔵・常温）に対応した車両を利用し，店舗の駐車スペースに合わせた車格の車両が用いられる。自社チェーン店のみの商品を運ぶ専用物流や，他の外食チェーンと混載する共同物流などを使い分けて効率化を行っている。

(5) 低温物流輸送網（ネットワーク）

　生産者から物流拠点へ，物流拠点から小売店，飲食店舗へ，つなぎ合わせて結んでいるのが低温物流輸送網である。車両乗務員の細やかな管理のもと全ての業務において安全第一な輸配送サービスを追求している。その中でも低温物流特有の事情がある。

① 積込前に車両庫内をしっかりと冷却するため，約1時間の予冷（あらかじめ冷凍機を運転し冷却すること）が必要。
② 扉の開け閉めの際の冷気の流出や外部の暖気の流入を防ぐためのリアカーテンの設置。
③ 庫内をムラなく冷気を循環させるために工夫した貨物の積み方。
④ エンジン停止時でも冷凍機を運転できるように，サブエンジン（冷凍機用エンジン）の搭載やスタンバイ装置（外部電源に接続できる装置）が必要。
⑤ 2温度帯設定のための間仕切りと前室貨物の取り扱いのためのサイドドア設置。

　また，低温物流輸送網には，全国主要拠点を結ぶ大型車中心の幹線輸送と，エリア内をきめ細かく網羅する小型車中心の地域内配送サービスがある。両者を組み合わせて，全国のお客様の商品を消費者の皆様のもとへ効率的にお届けできるのである。

3　低温物流のこれから

　本節では，人手不足や労働時間規制などが進む中，「持続可能な低温物流」を実現し，消費者へ安心・安全な食品を届け続けられるための施策を説明する。

図 2-6　冷凍食品物流共同化事例（概要）

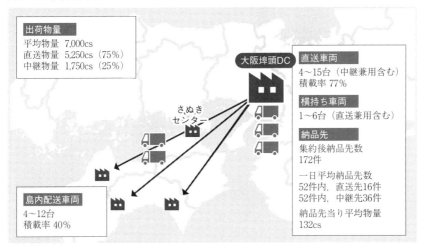

出荷物量
平均物量　7,000cs
直送物量　5,250cs（75％）
中継物量　1,750cs（25％）

大阪埠頭DC

さぬき
センター

島内配送車両
4〜12台
積載率 40％

直送車両
4〜15台（中継兼用含む）
積載率 77％

横持ち車両
1〜6台（直送兼用含む）

納品先
集約後納品先数
172件

一日平均納品先数
52件内，直送先16件
52件内，中継先36件

納品先当り平均物量
132cs

（出所）ニチレイロジグループ提供

(1)　3 PL 機能の強化

　荷主各社は，過去独自の物流改善を進めてきた。しかし，人手不足や労働時間規制だけでなく，BCP 対策や環境問題をはじめとする社会課題解決に向けて，自社内だけの取り組みでは効率化に限界が見えてきている。そこで，3 PL（Thind Party Logistics）を活用した物流共同化などに取組む事例が増えている。

　ニチレイロジグループも冷凍食品業界や外食店舗配送などの分野において，共同保管・共同配送など 3 PL 提案機能を強化して取り組んでいる。具体例として大手冷凍食品メーカー 3 社の共同物流を実現している（図 2-6）。この取り組みでは車両台数の削減や積載率向上による環境負荷低減だけでなく，1 台の車両の納品軒数を減らすことで，車両庫内温度上昇の原因となる扉の開け閉めの回数削減で品質向上にも寄与している。このような事例をもとに，他地区また他冷凍食品メーカーとも共同物流の展開を広げている。

(2)　業務革新の推進

　現在の労働集約型の運営では，将来の人手不足や労働時間規制に対応するこ

図2-7　冷凍・冷蔵自動運転フォークリフト

（出所）ニチレイロジグループ提供

とは困難だと考えられる。ニチレイロジグループでは，熟練の経験に頼ること
からの脱却「誰でもできる化」や無人・省力化機器の導入を，業界共通ツール
として導入すべく業務革新を進めてる。ここでも低温物流特有の課題がある。
　－20℃以下の冷蔵倉庫と，＋5℃程度に確保された仕分場などをフォークリ
フトなどの機器が行き来するため，結露が発生してしまう。一般的に常温環境
で利用可能な機器は，結露対策が不備なためそのまま冷蔵倉庫で使用すること
は困難である。そこで，各機器メーカーと共同で結露対策をした機器を開発し
ている。例えば自動運転フォークリフト（AGF：Automated Guided Forklift）（図
2-7）。開発段階から，再現が難しい冷蔵倉庫環境で実験を繰り返し開発し実
用化に向けて取り組んでいる。

4　ニチレイロジグループの低温物流

(1)　ニチレイロジグループとは

　業界最大手のニチレイロジグループ，冷凍食品メーカーであるニチレイは消
費者の皆さまに身近な存在にあると思うが，その冷凍食品の物流を支えるだけ
ではなく，国内外の多くの食品メーカーの原材料から製品の保管・配送を担う
低温物流事業者である。ニチレイグループ以外の食品の取扱いが約92％あり，
世界中で生産された美味しい食品は，私たちの手で保管仕分け配送することで
店頭に届き，いつでも同じように皆様の食卓に並ぶ。安心安全に安定して食品
を供給できる電気・ガス・水道と並ぶ社会にとって重要なインフラの一つを担

う企業グループである。

(2)　ニチレイロジグループの低温物流ネットワーク

　在庫型冷蔵倉庫DC（ディストリビューションセンター）は北海道から沖縄まで全国約80カ所を展開し，低温物流インフラを支えている。通過型冷蔵倉庫TC（トランスファーセンター）は，15社の小売業向けに全国35拠点のTCを運営し，消費者の皆様に安心安全な食品を効率的にお届けしている。また，それらをつなぎ消費者へ安全安心な商品をお届けする輸配送網として，約100社の協力会社と共に毎日およそ7,000運行で全国各地をきめ細かく結んでいる。DC・TC・輸配送の三位一体の低温物流ネットワークで，川上・川中・川下の食品物流インフラを支えている企業体である。

(3)　ニチレイロジグループの業務革新

　前述の通り，業界全体でも業務革新に迫られているが，業界最大手のニチレイロジグループでは多くの実証実験を含め取り組んでいる。その一例を紹介する。

①AIを活用した賞味期限読取

　食品物流においては，「賞味期限」管理が非常に重要となる。在庫商品を賞味期限ごとに管理し，先入先出で出荷することにより食品ロスの削減につなげると共に，残りの賞味期限の短い商品が消費者に届かないように在庫管理をしている。その「賞味期限」は段ボールに直接印字されている場合が多く，目視で確認したものをハンディターミナルに入力したり，紙に記載してシステムへ入力したりしていたため，誤入力や誤記載の可能性があった。ニチレイロジグループでは，検品作業を紙からタブレットに移行するにあたり，タブレットで撮影した「賞味期限」画像を，AIによる画像解析で日付部分の抽出や画像処理を自動的に行い，OCRによる文字認識の元，さらにAIにて精度を判定する仕組みを構築した。これにより約95％の商品の「賞味期限」を自動入力しミスの削減につなげることができた。

②物流センターのサテライトオフィス

　ニチレイロジグループでは，物流センター初のサテライトオフィス

図2-8　サテライトオフィスイメージ

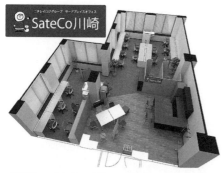

（出所）ニチレイロジグループ提供

図2-9　タブレットを活用したAIによる賞味期限
　読取

（出所）ニチレイロジグループ提供

「SateCo川崎」を2020年9月にオープンした（図2-8）。多くの貨物と情報を取り扱う物流センターでは，従来物理的に離れた場所で業務を行うことは難しいと考えられていた。ニチレイロジグループは物流のデジタル化を推進し，倉庫内作業でのタブレット導入（図2-9）や業務のペーパーレス化などの取り組みを進めてきたことで，一部の業務では，場所にとらわれない柔軟な対応が可能となった。物流センターは交通不便な場所にあることも多く，長時間のバス通勤の解消や，異なる複数の部署の従業員が交流することで，今までにはない新しい発想が生まれる効果も見込んでいる。将来的には，物流センターでは実施が難しい在宅勤務も可能になると考えている。

③無人化機器による効率化

　冷凍・冷蔵環境での人手不足が深刻化する中，「運ぶだけ」「積むだけ」などの単純作業は機械化を進めている。人はより判断を必要とする業務に従事し，人間と機械の双方の特性を活かした最適な作業体制の構築を進めている。その一例として，パレットで入荷された商品のコンベアへの投入作業はAIを搭載したデパレタイズロボットに任せている。生産工場と違い多種多様な商品が入荷される物流センターでは，マスター管理が必要なロボットは適用が難しかった。画像認識技術とモーションプランニングAI搭載のデパレタイズロボットを導入することでこの問題を解決している（図2-10）。また，ピッキングの終わったパレットの搬送も無人搬送機（AGV：Automatic Guided Vehicle）に任せ

ている（図2-11）。これも「運ぶだけ」という単純作業をAGVに任せることにより，物の滞留による人の手待ち時間なども削減できる効果がある。ニチレイロジグループでは先行してこれらの機器を冷凍・冷蔵環境下で使うことで，業界の省力化・無人化に寄与している。

④VR（Virtual Reality：仮想現実）を利用した安全教育

　物流現場はフォークリフトが行きかい，約1トンのパレットに積載された貨物が保管されていて，不安全な行動からの事故も発生している。安全品質研修センターの設置により，現場で働く作業員への教育は徹底しているものの，事故を再現・体験することは不可能である。そこでニチレイロジグループでは，VR（Virtual Reality：仮想現実）を利用し（図2-12），作業時の危険行為による事故を疑似体験することで，安全意識の向上に努めている。

図2-10　AI搭載デパレタイズロボット

（出所）ニチレイロジグループ提供

図2-11　無人搬送機（AGV）

（出所）ニチレイロジグループ提供

（北川倫太郎）

演習問題
1　食品物流のサプライチェーンを川の流れに例えて分類し，それぞれに該当する荷主の業種を記載しなさい。
2　主要港湾地区に多くの冷蔵倉庫が立地しているが，その理由と求められる機能について記述しなさい。
3　冷蔵倉庫には，入出庫や保管といった基本機能以外にも顧客のニーズに対応した様々な機能がある。そのサービスが最終消費者にどのように役立っているか記述しなさい。

図 2-12　VR を利用した安全教育画像イメージ

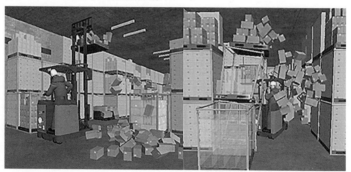

（出所）ニチレイロジグループ提供

注
(1)　農林水産省 HP 「食糧自給率とは」（2021年 8 月27日閲覧）　カロリーベースの食料
　　自給率＝（国民 1 人 1 日当たり国産熱量［843kcal］）／（国民 1 人 1 日当たり供給熱
　　量［2,269kcal］）＝37％

推薦図書
森隆行・横見宗樹・石田信博（2013）『コールドチェーン』晃洋書房。
水産タイムズ社編（2017）『首都圏の食を支える冷蔵倉庫——冷蔵倉庫を「あるく、み
　　る、きく」』水産タイムズ社。
野口英雄，俵信彦（監修）（2004）『低温物流の実務マニュアル指針——経営戦略・マネ
　　ジメントとの連動』プロスパー企画。

<table>
<tr><td>第**3**章</td><td>住設業界の物流管理
住宅建築現場に向けたサプライチェーン</td></tr>
</table>

　住設業界の物流は商流とともに大変複雑である。今後の着工減少に伴ってどうサプライチェーンを効率化していくか，またドライバー不足の中，物流ホワイト化問題にどう取り組んでいくか，さらに住宅建築業界全体で見ると大工・施工職人の減少も課題となっている。これら複合する構造的な課題をどう捉えて住設サプライチェーンの物流をどのように最適化しているか，について理解を深めてもらいたい。

キーワード

住設業界　住設サプラーチェーン　住設業界マーケット　在庫生産型　受注生産型　建材・住設物流研究会　荷主と運送事業者の協力による取引環境と長時間労働の改善に向けたガイドライン／建設資材物流編　物流最適化

1　住設業界の物流概要

⑴　住設業界，住宅設備機器とは

　今日の建築材料の市場規模は，2兆800億円（矢野経済研究所　2019）で，商流とともに住設建材物流も大変複雑である。本章では，LIXIL 及び建材住宅設備機器メーカーの視点から，住設建材の物流・サプライチェーンの課題と効率化に向けて取り組んできた事例を紹介する。

　戦後の400万戸ともいわれる住宅不足の中で，高品質な住宅の大量生産を目指して1946年（昭和21年）に「工場生産住宅協会」が発足，木質系プレハブ住宅が誕生し，短期間に高品質な住宅を供給するために，工場生産化（プレハブ工法）が進められた。その住宅建築とともに住宅設備機器も発展してきた。住宅の部材・部品数は1棟あたり1万点に上ると言われている（大和ハウス工業調べ）。

表3-1　住宅設備機器の産業標準化法に基づく
　　　規格区分一覧表

規　格	商品区分
JISA4401	洗面化粧ユニット
JISA4416	住宅用浴室ユニット
JISA4419	浴室用防水パン
JISA5704	FRP浴槽
JISA0017	キッチン設備の寸法
JISA4420	キッチン設備の構成材
JISA4422	温水洗浄便座
JISA5207	衛生器具－便器・洗面器類

住宅建材の定義は様々で，建築基準法上の分類（法37条　指定建築材料）や日本標準産業分類（総務省）によるもの，建設業許可の業種区分（建設業法29種区分）による分類なども考えられるが，ここでは住宅設備機器のうち「トイレ（便器)」「温水洗浄便座」「キッチン」「洗面化粧ユニット」「浴室ユニット」「水栓金具」の水回りの住宅設備機器（以降　住宅設備機器）を取り挙げるものとする。（防火設備や空調・電気設備などを除く）

　これら住宅設備機器の産業標準化法に基づく規格区分（日本産業規格　JIS)は表3-1の通りである。

　この住宅設備機器の主な国内参入メーカーは，LIXIL，TOTO，パナソニック，クリナップ，タカラスタンダード，ノーリツ，リンナイ等が挙げられる。

(2)　住宅プレハブリケーションと住宅設備機器

　日本の住宅建築は大きく変化をした。戦後の１世帯１住戸の確保を目的とした住宅から，居住環境の向上を目的とした間取りへの変化し，１人１室へと展開をした。1951年に誕生した集合住宅「公営51C型」では，それまでの寝る場所と食事をする場所が同じ寝食転用型ではなく，寝る場所と食事をする場所を分けた寝食分離型を採用した。後にダイニングキッチンと市場に定着したこの寝食分離型には，キッチンやトイレは住居内にあるが浴室は住居内にない。

　2008年の総務省統計局の調べでは，浴室のある住宅の割合（浴室保有率）は95.5％で，1981年以降建築された住宅では99％以上と，ほとんどが浴室のある住宅となっている（以降は調査対象から除外されデータ更新なし）。

　住宅内の浴室普及率が高まった1955～1964年（昭和30年代）に発売されたのが，FRP（ガラス繊維強化プラスチック）製の浴槽で「ポリバス（1958（昭和33)年発売)」と呼ばれた。それまでの浴槽は，木製・陶器製・ホーロー製・タイル貼りが主流で施工性が悪かったが，ポリバスは耐久性が高く軽量で施工性が

図3-1　ほくさん　バスオール

（出所）エア・ウォーター株式会社（左）／エア・ウォーター物流株式会社 HP 会社案内「当社の
　　　歩み」

良く，住宅建設の工期を短縮することが可能であったため，従来の浴槽に変わ
りポリバスが普及した。

　1963年（昭和38年）国内初の住宅設置用浴室ユニット「ほくさんバスオール」
を北海酸素（現エア・ウォーター株式会社）が発売（図3-1）。この後付けが可能
な浴室ユニットは，浴室がない集合住宅のキッチン横やベランダに設置された。

　工場で生産された浴室が施工現場まで輸送され設置される住宅用浴室ユニッ
トは，従来の工法では約１カ月かかる建設工期を大幅に短縮させる効果があり，
住宅建設の浴室施工並びに住設物流を大きく変遷させた。浴室住宅用浴室ユ
ニットが誕生する前の在来工法では，建築現場まで各部材を工程ごとに個別に
輸送して施工する。「土台」→「下地」→「配管工事」→「防水工事」→「浴
槽」→「水栓金具」→「内装機器」→「ボイラー等の設置工事」→「タイル仕
上げ工事」の工程を，左官・浴槽工（浴槽設備施工技術士 2007年廃止）・配管
工・大工等の施工士が工程順に工事を行う形態で，その工程ごとに必要な部材
を個別受注・個別配送するのが通例であった。住宅用浴室ユニットは，必要な
部材が工場でアッセンブリし施工現場に一括で輸送され，組立てられる（図3-
2）。昨今の住宅用浴室ユニットの組立ては施工士１～２名により納材日当日
に組立てを完了することが可能である[1]。

　このように住宅設備機器のプレハブ化とサプライチェーンとは密接につな
がっており，住宅用浴室ユニットのサプライチェーンでは，それまでの機器や

図3-2　在来工法の浴室イメージ

（出所）LIXIL　提供

施工部材ごと・メーカーごとの「個別受注・個別配送」から住宅用浴室ユニットメーカーの「一括受注・一括配送」となり，工務店の受注業務と現場への納材回数も大幅に削減する。

　そして，この商品のほとんどが邸別受注生産方式で，建設会社（元請け）と施主が商品カタログから仕様やオプションパーツを選択しメーカーに発注，既定の製造期間を経て流通店の倉庫や施工現場にダイレクトに配送する仕組みである。つまりデマンドベースのモノづくりとなっており理論上の製品在庫はゼロである。

（3）　マーケットと商流

　住設業界のマーケットは「新築マーケット」と「リフォームマーケット」に分けられる。「新築マーケット」とは，敷地に新らたに住宅を建設するものであり，国土交通省の分類では「戸建て住宅（持ち家・分譲）」「貸家」「分譲マンション」に分かれる。国土交通省の発表による2020年度の住宅着工数は年間81万2,000戸，対前年8％の減少となっている（図3-3）。

　今後の国内新築マーケットは人口と世帯数の減少とともに減少し，2030年度には65万戸，約20％減少すると予測されている（野村総合研究所）。

　「リフォームマーケット」とは，既築住宅（ストック）の営繕・増築・改修・模様替え需要であり，居住ストック住宅の戸数は約5,362万戸（国土交通省2018），消費者がリフォーム投じる資金，すなわち市場規模は約6兆7,000億円／年である（筆者調べ）。

　新築減少に伴ってストック住宅のリフォームマーケットが注目されており，各メーカーも競って様々な商品やサービスを打ち出し，消費者の多様なニーズに適応し，需要喚起に注力している。

　次に住設・建材業界の商物流について説明する。図3-4はLIXILが主として扱う商材ごとに見た商流と物流の模式図である。あくまで模式であるため実際はもっと複雑に入り組んでいるが，住宅一棟分の住設・建材商品が施工現場に納入されるまでに多段階で多様な商流を介している。

図3-3　着工推移予測　（野村総合研究所　公表データ）

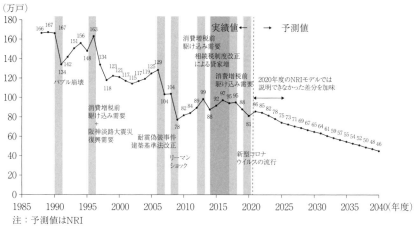

注：予測値はNRI

（出所）実績値は国土交通省「住宅着工統計」

図3-4　商流図

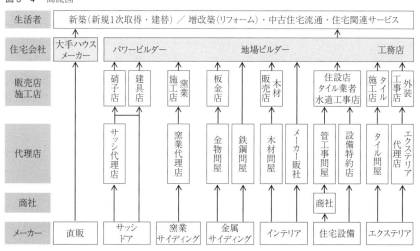

（出所）筆者作成

2 住設サプライチェーンの現状

(1) LIXIL のサプライチェーンと物流体制について

総合住設建材メーカーとして LIXIL は事業群ごとに幅広いサプライチェーンを有しており概ね，建材系の主要商品は，サッシ・ドア・エクステリア・インテリア，住設系の主要商品はトイレ・水栓金具・洗面化粧台・システムキッチン・浴室商品・タイルである。

生産工場は国内39カ所，海外41カ所，物流センター（DC：Distribution Center）は全国に13カ所，通過型物流センター（TC：Transfer Center）は112カ所である。

物流に関してみるとサプライチェーンの流通段階ごとに完結する多段階納材が主流であるが，メーカーが施工現場へダイレクトに納入する現場直送も行われている。特に住設機器類は現場ダイレクト納入のケースが50％超えており比率が高い。

この現場直送の状況と課題については次節で詳述するが昨今の商品の大型化や物流業界のドライバー高齢化・不足という環境面からサプライチェーンの上流に位置する企業（メーカー・流通店）からの現場直送が徐々に増加傾向にある。

(2) 住設サプライチェーンについて

商品の生産方法は一般的に在庫生産型（MTS）[(2)]と受注生産型（MTO）[(3)]に大別することができる。在庫生産型は，物流センターに在庫して顧客の希望納期に合わせて出荷配送する。受注生産型は，顧客からの注文を受けてから生産し希望納期に合わせて出荷配送する。

物流は調達物流・生産物流・販売物流に分けられるが，ここでは住設商品の販売物流について説明する。

住設物流の販売物流における配送モードは，①流通店の店頭配送　②住宅メーカー配送　③施工現場直送　の3つのモードからなる。③については，配送のみで完了するケースとメーカー施工機能を使って施工まで一貫受注するものもある。

図3-5　タイル・トイレ・洗面商品の物流体制

中部地区の3物流センター体制
（生産拠点が中部地区に集中）
※全国78カ所のTCを経由して配送

生産工場	愛知・岐阜・三重に9拠点
配送先	流通店倉庫 施工現場（50％）

（出所）LIXIL 提供

　物流拠点（DC）配置は，サプライチェーン上で物流の上流となる工場の機能（工場のロケーションや生産方式など）によって決まる。LIXILの事例を用いて説明する。

①トイレ・洗面・タイル商品のサプライチェーン／生産地集約型DC＋TCによる全国供給システム

　生産拠点が愛知県周辺に集中しており，その集散基地として知多物流センター（愛知県知多市）があり，地域在庫拠点は保有せず，ここから全国の届け先にダイレクトに出荷している。なお二次配送を行うTCは78カ所ある。

　外装荷姿はLIXILの規格パレットに製品を積載したパレット輸送を基本としているが二次配送ではバラ積みとなるケースも多い。

　シャワートイレ等の衛生機器，洗面化粧台，タイル等の商品は中部地区に生産拠点が集中している。パーツ部品や陶器製造は海外サプライヤーからの輸入もあるが最終製品は国内工場で組み立て生産している。

　主力品であるシャワートイレ等の衛生陶器類は，最終製品の約4割は注文後即日生産・出荷という供給体制であり，製品在庫は約9日である。

　基幹の知多物流センター（愛知県知多市）は在庫保管拠点というより，中部地区工場で生産された商品の集散基地としての機能が強い。幹線輸送網は約200台／日の大型トラックが全国に約1,700トン（3,000㎥）の製品を，ここから全国78カ所のTCを経由して流通店の倉庫あるいは施工現場等へ配送を実施し

図3-6　タイル・トイレ・洗面商品の積み込み状態

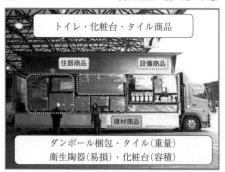

トイレ・化粧台・タイル商品

住器商品　　設備商品

建材商品

ダンボール梱包・タイル(重量)
衛生陶器(易損)・化粧台(容積)

（出所）LIXIL 提供

ている（図3-5）。

　基本的なリードタイムは受注オーダー締切り日（N）の翌々日配送（N＋2）であるが，愛知県から輸送距離の長い九州，東北，北海道等はN＋3～N＋5としている。またどうしても急ぎで手配が必要となるものはオーダー締め切り日当日出荷翌日配送（N＋1）としている。

②浴室商品のサプライチェーン／邸別生産・邸別出荷の完全一貫パレチゼーションシステム

　浴室商品は施工現場で最終的に組み立て完成させる工事付き商品であり，出荷時の構成部材は壁パネル，天井パネル，防水パン（フロア材），ドア，窓枠，浴槽，水栓金具，換気乾燥機，組立部材から構成され1セットの部品点数は数百となる。

　物流センターは生産工場と直結した専用拠点となっており，一貫した邸別オーダー生産～邸別出荷体制が確立できている。受注邸単位に生産・アッセンブル（組み立て）される商品は生産ライン上で配送に使用する専用コンテナに積載され，トラック積み込みの半日前までに自動倉庫に格納される。トラックは走行距離・走行時間から集荷時間帯が指定され，指定時間帯に入構することでほぼ待機時間なしで積み込みが開始されるシステムとなっている。またトラックへの積み込みは倉庫から邸別に自動搬出された専用コンテナで積み込む（図3-6）。この積み込みに要する時間は約15分で，LIXIL の中で最も標準化が進んだ事業となっている。

　配送は全出荷の約90％が施工現場への直送となっており，荷受けを行う施工

図3-7　浴室事業の物流体制

全国4物流センター体制
※すべて生産工場に併設し生産〜物流の
一貫サプライチェーン

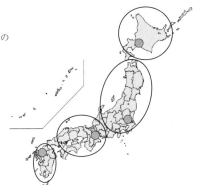

生産工場	北海道・茨城・三重・佐賀4拠点
配送先	施工現場（90％）

（出所）LIXIL 提供

士との待ち合わせるため配送時間は指定される。到着後ドライバーは専用コンテナに格納された商品を荷ほどきしながら施工士に受け渡しし，空コンテナを回収し作業は完了となる（図3-7も参照）。

　③システムキッチンのサプライチェーン／工場直結の邸別生産・邸別出荷体制

　システムキッチンは収納キャビネットやカウンタートップ，食洗器やレンジフードなどの機器類で構成され，1邸につき20〜30梱包／2〜3㎥となる。

　浴室商品同様に物流センターは生産工場と直結した専用拠点である。邸別にセットアップされた商品を配車車両別にバース出荷される。こちらはトラックの積載効率を優先し現在のところバラ積みが基本となっている。そのため出荷バースでの積み込みは2トン車で約60分となっている。

　配送は浴室商品同様に全出荷の約90％が施工現場への直送であるが，専用の施工士が施工する場合と大工が施工する場合があり，それぞれが荷受けを行う。現場の依頼でドライバーが邸内搬入まで行うケースもあり，大型カウンター等の場合は2マン（ドライバーと補助員の2名）配送等による搬入サービスも実施している。

　システムキッチンの施工は邸内の造作仕上げ工事との兼ね合いも多く，納入当日の施工とならない現場もあり，その場合は屋内に仮置きされる（リビングルーム和室等に一旦格納）（図3-8も参照）。

図3-8 システムキッチン事業の物流体制

全国5物流センター体制
※生産工場に併設(2拠点)
※各拠点からエリア配送

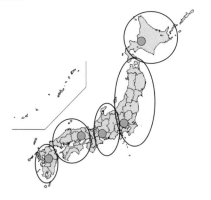

生産工場	埼玉・岐阜・兵庫 3拠点
配送先	施工現場(90%)

(出所) LIXIL 提供

3　住設サプライチェーンの課題と取組み

(1) 課題と取り組みについて

　物流顧客サービスの考え方の一つに7Rの原則（7R　method）がある。企業にとって物流の目標はまさにこの7Rの実現である。そして物流機能は多くの専業パートナーとの業務連携によって成立するため，昨今のドライバー不足という物流環境下での7R実現への取り組みには，パートナーとの信頼関係と協働目標に基づいた実践が極めて重要である。

　その観点での課題は以下のとおりである。

①施工現場の変動性・不確実性への対応
②出荷の日波動の大きさからくる物流需給バランスのひっ迫
③物流規程の見直し，流通店との物流慣習の改善，サービス有償化
④物流パートナー（輸送業者）とのコラボレーション

①施工現場の変動性・不確実性に向けた活動

　住宅建設は着工から竣工まで日々行われる膨大な工程に基づいて多くの施工士の手によって実行されている。現場管理者の指示のもと，住設建材メーカー

数は20〜30社，施工種別で30〜50種にわたる施工士が携わり，一般的な住宅であれば着工から約3カ月〜6カ月で完成される。この各種資材の搬入は在来工法の住宅で40〜60回に及んでいる。[4]

　言い換えると住宅という完成品は施工現場において仕上げられるものであり，ここに向けてあらゆる資材のサプライチェーンが集中する形態であり，工程計画に基づいて「必要な資材を必要な時に必要な量だけ必要な姿」で納入することが要求されるものである。

　また住宅建築現場では工程に合わせた資材の納入が必要であり，着工してから必要な資材の納入タイミングは大きく異なる。

　LIXIL の扱う商材だけでみても，①外壁・窓サッシ（着工後1カ月以内），②浴室・玄関ドア（着工後1カ月目），③インテリア建材（着工後2〜3カ月目），④キッチン・洗面・トイレ（着工3カ月目），④エクステリア（門扉・フェンス）と，多段階となる。

　しかし，施工現場は天候に左右されやすく作業遅れや突発的なトラブル，設計変更等により当初の工程計画通りに進めることが難しい場合が多く，遅延や変更が発生するため極めてボラティリティが高い。

　従って住設機器を施工現場にいかに的確に納材することが求められ，特に着時間指定，狭小地の小型車指定（2トン車・軽トラ），2マン助手付配送等の現場の条件を把握して配送計画を建てる必要がある。

　各物流拠点では，この施工現場情報を営業部門から入手し配車計画に活用している。この配送計画の情報は運送会社に EDI または WEB システムを通じて伝えられ，各ドライバーへの配送指示となっている。

■配送トラブル解消に向けた取り組み

　施工現場直送比率の高い浴室商品，システムキッチンは，日々何らかの配送トラブルが発生し，その都度施工現場や運送会社と問い合わせのやり取りを行っている。トラブル内容は，荷受け人の不在，配送日違い，車両入構できない，トラック延着，予定にない搬入作業指示等があり，原因は施工現場の状況変化（工期変更），情報伝達ミス（建設会社→流通店→メーカー），交通渋滞，施工士の突発依頼等々である。

　日々この問い合わせ及びトラブル対応に物流センター，運送会社ではかなり

の工数を費やしていること，配送日違い等による持ち帰り再配達件数⁽⁵⁾も多いため，この改善は非常に重要である。

この問題を解決するため，LIXIL では配送ドライバーに携帯端末を配備し，配送状況がモニタリングできるシステムの導入を進めている。これによって少なくとも配送当日のトラックの位置情報が捉えられ，未着の問い合わせは減少させることができる。

また現場到着後のドライバーの荷下ろし作業は，時として車側・車上で完了せず，担ぎ込み搬入作業を行うケースが発生する。長年の慣習によるもの，荷受け作業の人員不足等が原因であるが，昨今のホワイト物流課題としてドライバーの拘束時間，作業負荷軽減という観点からは，この荷下ろし作業の軽減，標準化も重要な課題である。

②出荷の日波動の大きさからくる物流需給バランスのひっ迫

邸別・現場別に受注生産しさらにメーカーが施工現場までほぼ JIT（Just In Time⁽⁶⁾）に近いスケジュールで直送する住設商品（特に浴室商品・システムキッチン）のサプライチェーンは，メーカーから流通段階に至る製品在庫を極小化した超効率化のモデルと言える。しかし一方で現場配送段階の不確実性・変動性という問題が課題であることはすでに述べた。

さらにもう一つの物流課題がある。それが「出荷波動」である。施工現場の施工工程の要求に基づいた出荷指示がメーカーに要求されるため，日々・月々の出荷波動は大変大きい。LIXIL システムキッチンの場合，年間を通じて需要期（10月〜3月）と閑散期（4月〜9月）の日当たりの出荷量は最小値を100とした場合ピーク期の最大値が300と約3倍の波動となる。また需要期でもその波動は最小値に対して最大値が142となっている。

このように年間での出荷波動，あるいは日々の出荷波動の大きさは物流管理にとって様々な課題を発生させる。例えば輸送面では，昨今のドライバー不足・需要過多の物流環境下では，この波動に対してピークに合わせた車両能力を確保するため，波動の下限時はできる限り車両を保証（積載効率を低下させて車両数を減少させず車両確保を維持）するという形で，コストを犠牲にして安定供給体制を維持することが必要となる。

またドライバーが商品の扱いや建築現場に不慣れな場合，貨物の積み下ろし

時の不具合（破損損傷）や現場下ろし作業時のトラブルやサービスの低下にもつながるため，スポット車両に対する教育も必要となる。

■着時間指定の多さ

施工現場の着時間指定はシステムキッチン物流の場合で午前10時までの指定が全体出荷の93.8％を占めているため，車両の確保も午前中に集中し，運輸会社から見ると午後の仕事に空きが発生する傾向にある（図3-9）。トラックが慢性的に不足する環境下では1日あたりの車両使用台数を最適化し，できるだけ無駄のない運行を行う必要がある。

①は日々の受注段階で物流出荷能力を加味した規制がかかるシステム導入を進めている。現在は平均＋30％程度を

図3-9　システムキッチン商品の納品時間

①時間指定の種類と割合　　1都3県合計

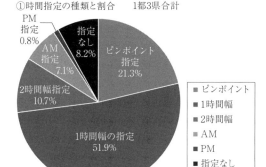

②指定時間の集中　　1都3県合計

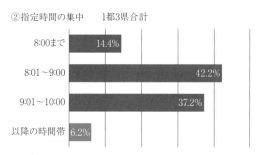

注：各社実績データから。2019年10月−12月　1都3県対象
　　「現場納品のシステムキッチン」の情報を抽出して，集計分析

（出所）国土交通省「荷主と運送事業者の協力による取引環境と長時間労働の改善に向けたガイドライン／建設資材物流編」

日々の能力上限として受注制限をかけている。この上限枠内で受注制限がかかることで出荷波動が平準化できる。波動が大きいとどうしても発生していたスポット庸車（非常に単価が高い）をなくすことができること，波動下振れの底上げができることでの全体的な積載効率の向上が図れること等の改善効果が期待できる。

②は，これまで慣習的に午前10時までの着時間指定を行っている施工現場も多く，実際の荷受けがある程度の時間幅で許容できる現場に対して，幅時間（約2時間）配送をメニュー化する活動である。流通店・施工店から発注時点で

幅時間での注文を頂き，着時間指定現場と２時間幅指定現場をうまく組み合わせることで車両の積載効率や回転率向上を図るものである。

③物流規程の見直し，流通店との物流慣習の改善，サービス有償化

LIXILでは流通店と物流サービス条件を「物流規程」と称して取り決めている。この物流規定を適宜見直して物流慣習の改善とサービスの適正化を定めて，必要に応じてサービス有償化や午前10時までに集中している時間指定の現場直送を緩和させるために，流通店への店頭配送を増加させる取り組みを行っている。

施工現場直送が約90％の浴室では，工場から複数台のユニットバスを大型トラックで流通店の店頭まで配送し，流通店で小型貨物車に載せ替えて施工士がユニットバスを施工現場に持ち込む取組みを行っている。

④物流パートナー（輸送業者）とのコラボレーション

LIXILは３PLによる外部委託はしておらず，全国約100社強のパートナーと運送契約のもと物流オペレーションを行っている。各社は全国規模のナショナルパートナーと比較的中堅規模のエリアパートナーに分かれるが共通して建材住設商品の物流に精通している点が重要である。

各社との運送契約とは別に，2014年に約200社の協力運送会社とパートナー会（LPRO：LIXIL Professional transporters association）を結成し，LIXIL物流拠点ごとに全国15の支部を構成して活動を進めている。活動の目的は，安全運行とマナー・輸送品質の向上とし，各社と協議を重ね，ドライバーの行動指針として「５つの約束」を掲げ，これを遵守徹底する活動を基盤としている。ドライバーが遵守する「５つの約束」とは①正しい服装，②挨拶，③輪留め，④車両の整理整頓，⑤報連相の徹底の５つで，これはLIXILの物流のフロントエンドの役割を担うドライバーが客先で信頼の作業を進めるためにパートナー会の自主的発案で作られたものである。現在も全ドライバーにこの約束が順守されているか随時チェックを行っている。さらに「商品荷扱い教育」や「リフト安全活動指導」等の品質・安全意識向上への教育活動も協力して行っている。

4　社会的責任と事業展望

　物流業界は労働集約型産業であるが，ドライバーを中心とした労働力不足は
すでに社会問題として大きくクローズアップされており，物流企業単独の企業
努力だけではその解決は不可能であることが国土交通省や厚生労働省の発する
様々な指針や指導要領からも明らかである。日本ロジスティクスシステム協会
によれば，「このまま何の対策も講じなければ，2030年には需要全体の35.9％
が運ぶことができないという推計結果がある。」としている。

　建材・住設業界では4つのグループが生まれたと考えられる。①外壁・外部
建具（外壁・屋根・サッシ・エクステリア），②内装・内部建具（収納・床・壁・天
井・建具），③住宅設備（浴室商品・洗面・システムキッチン），④ウェルウェア
（バリアフリー製品）・気候変動対応機器（冷暖房・セキュリティー・省エネ）であ
る。

　LIXILを含む多くのメーカーは，複数もしくは全てのグループに属する商品
を生産供給しており，国内の住宅の安定供給と住宅の品質向上を担っている。
その社会的責任は大きく公共性を要求されると一方で企業として事業成長のた
めの取り組みも重要となる。後述するが建材住設物流市場では特に大きな問題
となっており，安定的した物流量を堅持することが最重要課題である。

　他業種に目を向けると，近年，加工食品や日用品，飲料等の業界で企業間共
同物流に対する取り組みは急速に進展しており，タイトな物流能力をいかに共
通の基盤として有効活用するかの取り組みが盛んに行われている。

(1)　社会的責任としての取り組み
①ホワイト物流推進運動への取り組み
　2019年に国土交通省が荷主企業約6,000社に対しホワイト物流推進運動への
参画要請を行った。その目的は「トラック輸送の生産性の向上・物流の効率
化」と「女性や60代の運転者等も働きやすいよりホワイトな労働環境の実現」
である。LIXILも2019年9月に賛同表明をし，主に以下の6つの取り組みを進
めることを宣言し，現在その改善に向けた取り組みを進めている。

① 物流の改善提案と協力（取引先及び物流会社との調整・協力体制を構築し，ドライバー拘束時間及び負荷低減を推進）

② パレット等の活用（パレット・治具などを活用したユニットロード化の展開により作業負荷低減を推進）

③ 運転以外の作業部分の分離（運転以外の付帯作業の分離と最適化により，ドライバー拘束時間の低減を推）

④ 物流システムや資機材の標準化（積込みから出荷・納品状況までの工程進捗を見える化し，ドライバーの待機・滞留時間低減を推進）

⑤ 治具開発による作業負担低減（重労働であるトラック荷捌きや倉庫作業などの省力化・自動化に向けた取り組み，治具開発・導入を推進）

⑥ 他メーカーとの共同配送（荷量の少ないエリアを中心に，企業間の垣根を越えた他メーカーとの共同配送を協議・検討・推進）

である。

　この行動宣言のもとドライバーの作業負荷軽減や，作業環境の改善，着時間指定の緩和などを積極的に推進し，ドライバーの働きやすい環境づくりを推進している。

②建材・住設物流研究会の発足と業界物流標準化への取り組み

　2018年4月に建材住設業界のトップメーカー6社の物流部門責任者が一堂に会して物流の問題を共有化し共同で改善に取り組む「建材・住設物流研究会」が発足した。主催は一般社団法人国際物流総合研究所で加盟企業はLIXIL，YKK AP，パナソニック，TOTO，クリナップ，三協立山（順不同）の6社，さらに副座長として法政大学経営学部李瑞雪教授が参画している。

　建材・住設業界はこれまで比較的旺盛な需要に支えられ，複雑なサプライチェーンと商・物流機能や，長年の物流慣習が維持継続された形できた。しかし物流業界の労働力不足や各種規制の強化が進むにつれ，これまでの慣習は次第に通用しなくなりつつあり，さらに個社ごとの最適化だけでは課題解決が難しくなってきた。6社の物流トップが抱える課題を開示し，共同で解決策を研究し模索することが必要だという共通認識がここに生まれたのである。

　2019年3月に発行された第1年次活動報告書の後述の中で，副座長の法政大学李瑞雪教授による指摘は建材・住設業界の物流環境と課題を端的に表現して

いる。

　「経営戦略論の第一人者マイケルポーター教授と竹内弘高教授の2000年の著書『日本の競争戦略』（ダイヤモンド社）のメインメッセージ「日本企業はオペレーションで熾烈に競争するが戦略では横並びするから次第に優位性を失っていった」を引き合いに，建材・住設の各社は横並びの戦略をやっているかどうかは別として，オペレーションの面では互いに競争しているように見えるほど確かに多様性に富む。各社の物流現業の基礎的用語の違いも多様性の一端を表している。各社は意図的に物流にどのオペレーションを差別化要素として活用しているかは定かではない。しかし，各社の物流コスト及び配送サービスに関するKPIデータを見る限り，ロジスティクスパフォーマンスをめぐって企業間で大きな開きが確認できない。また，物流現業上の課題や悩みとして，例えば契約を超える付帯サービス，時間指定，持ち帰り，情報連絡の滞り，ドライバー不足等，程度の差があるものの，各社は共通して直面している。要するに物流オペレーションは各種各様でありながらも，結果はさほど変わらず似通っている。物流オペレーションは企業の差別化や競争優位性に寄与するほどの要素になっていないのではないかと思わざるを得ない。であるのならば企業間の競争は製品開発や新技術導入，住生活への提案力など戦略的分野にフォーカスするが，物流オペレーションについては業界全体の標準化，共通化・共同化に取り組み業界全体の効率向上を図るのが賢明である」（建材・住設物流研究会活動報告書　第一期「物流の組織とオペレーション：研究会の今後の課題設定に向けて」李瑞雪）。

■研究活動事例　キッチン現場配送の実態調査

　研究会では共通テーマとしてのいくつかの研究を進めてきた。そのうちの一つがシステムキッチンの現場配送に関する研究で，システムキッチンを扱う各社が実際の現場配送の実態を調査し改善すべきポイントを協働で明確化したものである。

　それによると「着時間指定」の発生頻度は91.8%，特に条件の厳しいピンポイント指定は21.3%，1時間幅での指定が51.0%であった。また時間帯としては午前9時までの指定が56.6%，午前10時までだと93.8％と朝一番の納入指示が圧倒的に多い。現場での荷待ち時間は，15分以上の待機が43%で発生して

おり最長で60分の待機が7％の納材物件で発生している。荷下ろし作業の状態としては車上渡しが38％，屋内までの搬入が62％とドライバーの荷役搬入作業が過半数の現場で発生している。さらに車上渡しと屋内搬入ありの場合でドライバーの作業時間を比較すると車上渡しが平均27分，搬入ありが平均32.6分と車上渡しが5.6分（17.2％）短いことが分かった。

これらの研究結果を踏まえてドライバーの作業負荷軽減に向けた取り組みとして現場荷下ろし時の標準条件を「車上渡し」ないしは「車側渡し」と定め，各種搬入作業に対する付帯サービスのあり方について顧客有償負担等も含めて検討協議した。

■今後の活動　物流標準化の研究へ

さらに今後は様々な標準化に向けた研究テーマも開始する予定である。主に①建材物流コード体系化，②荷渡し作業の効率化，③荷姿標準・ユニットロード化の3テーマである。①建材物流コード体系化では，各社が使用している届先ラベル，納品伝票，QRコード等の現状を把握するとともに，加工食品等の他業界の標準化状況を参照しつつ，建材物流情報の標準化を進めていく。②荷渡し作業効率化は，これまでの活動で検討した標準条件「現場車上渡し」を定着させるために荷降ろし後に発生する作業を荷受け目線での効率化をする必要があり，メーカーとして流通へのアプローチや支援策について共同研究を進める。③荷姿標準・ユニットロード化も同様に外装のあり方，輸送治具としてのパレットのあり方について検討を進める。このように，互いに企業間の壁を越えて物流の標準化に向けた取り組みが開始されている。

③国土交通省発行の「荷主と運送事業者の協力による取引環境と長時間労働の改善に向けたガイドライン／建設資材物流編」への取り組み

2020年4月に国土交通省・経済産業省・厚生労働省から発行された「荷主と運送事業者の協力による取引環境と長時間労働の改善に向けたガイドライン建設資材物流編」がある。このガイドラインは特に荷待ち時間の長い3業種（加工食品，建設資材，紙・パルプ）に焦点を当て，各サプライチェーンの幅広い関係者が共同で「物流における生産性向上及びトラックドライバーの労働時間改善に関する懇談会」を開催し各業種特有の課題の洗い出しや実証実験，実態調査等を踏まえた解決方法の検討を行った成果物として発行されたものである。

従って発行されたガイドラインは，加工食品編，建設資材編，紙パルプ編に分かれている。

　建設資材編は2018年度に設置された「建設資材物流における生産性向上及びトラックドライバーの労働時間改善に関する懇談会」での検討結果を踏まえて策定されたものであり，建設資材に関わる多岐にわたる関係者が物流課題を認識し，建設資材物流の効率化に向けて取り組むことの支援を目的としている。

　前述した通り建材・住設業界の物流は非常に複雑で広範にわたっていることや慣習慣例で構築された住設建材物流の課題を解決することが急務である。

　そのために，住設建材物流業界として同業他社や国土交通省などと連携し以下の活動に取り組んでいる。

　先の建材・住設物流研究会で実施した共同の配送実態調査と提言は，このガイドラインの施策の一つとして掲載された。今後はこのガイドをベースに各社が配送時の負荷低減に向けた取り組みを進めていくことを確認した。

　④共同物流への取り組み

　さらに一部の同業他社との間では共同物流の推進も近年開始した。特に物流密度の低い北海道や東北，九州などのエリアで商品カテゴリーが同じ部類のメーカー同士と TC 以降の二次配送を徐々に共同化している。積載効率が低く配送距離が長いこれらのエリアは複数社での共配は大変大きな効果を生むことが分かった。また同業界のため特に流通店届けでは配送先が重複する割合も約50％と高く流通店の荷受け回数も軽減できるという効果も生み出している。

　しかし，各社の伝票や荷札ラベルの仕様に改善の余地があるため，真の共配拡大に向けては先に述べたラベルや外装等の標準化が重要な課題である。

(2)　今後の展望／住設業界全体での物流標準化を視野に入れた物流最適化の
　　取り組みへ

　ここまで建材住設業界の物流特性と LIXIL の取り組み，そしてこれから進めて行くべき業界サプライチェーン全体での変革の方向性について述べてきた。

　各メーカーにとって物流機能はインフラでありコストセンターである。いかに安価で物流オペレーションを行うか，また物流サービスやリードタイムでいかに企業間競争の優位性を獲得するか，が主たる考えであり，現在もそういう

LIXIL は2011年に国内の建材・住宅設備機器メーカー5社（トステム・INAX・東洋エクステリア・サンウエーブ工業・新日軽）が統合した日本最大級の総合住設建材メーカーである。また2012〜13年には海外メーカー2社（AmericanStandard（米），GROHE（独））を加え世界150カ国で建材住設機器のビジネス展開を行っている（図3-10・11）。

図3-10　LIXIL の歩み

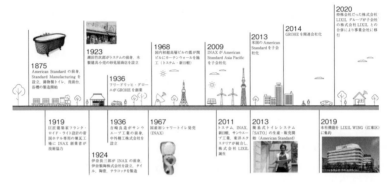

（出所）LIXIL 提供

図3-11　LIXIL の商材やサービス

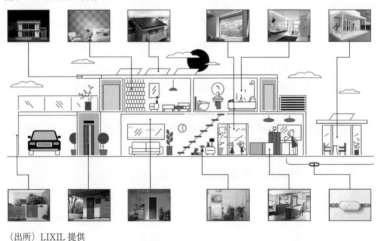

（出所）LIXIL 提供

コラム▶▶地域大手ビルダーとの共同研究

　首都圏を中心に住宅建設を手掛ける中堅ビルダー様と，効率的な邸別物流のあり方について共同研究をした経緯がある。ここではビルダー様の視点に立ってどういう邸別納材が必要となるかを，様々なデータを入手し現場管理者へのアンケートも行い分析を行った。結果分かったこととして

・1つの現場に対して概ね40回程度の資材納材が行われている。

・時間指定納材は必ずしもすべて必要ではない。

・現場管理者の仕事のうち約30％が資材の手配と納材管理に費やされている。

・資材カテゴリー別にうまくアレンジすることで納材回数は25回程度まで削減が可能。

・ただし，資材ごとの発注先がメーカー・商流で異なる場合，カテゴリーごとにまとめる作業には新たな工数が必要となる。

　このソリューションとしては，共同物流デポで資材カテゴリーごとに邸別クロスドックさせ，必要な資材をJIT（Just In Time）でまとめて納材するメーカー・流通横串の共同邸別納材スキームが考えられる。これによって施工現場の納材回数は25回程度まで集約化することが研究結果から分かった。ただし1ビルダーだけでは積載効率が上がらないためエリア全体でできるだけ多くの配送物件を確保し，ミルクランすることが必要となる。

考えがあることは事実である。しかし物流業界のドライバー労働人口の減少や高齢化問題から，昨今言われるエッセンシャル機能，さらには荷主企業に対するホワイト物流の取り組み要請を考えると，これまでの常識はほぼ通用しなくなってきた。今後もこの環境は改善しにくいことを考えると物流インフラは一企業の単なるコストセンター機能とは言えない環境と判断する。

（鎌内浩司）

演習問題

1　住設物流における市場や商慣行から生じる問題点とその解決策を活動事例から考察して述べなさい。

2　住設サプライチェーンに最も影響を及ぼし相関が強いと考えるものを述べなさい。

注)
(1) もちろん現在も在来工法の浴室はある。浴室ユニットには困難な大空間や多種素材・意匠性にこだわった浴室などである。LIXILも在来工法向けの単体高級浴槽や混合水栓，素材としてのセラミックタイル等を製造販売している。
(2) 在庫生産型（MTS：Make To StocK）　見込み生産とも言われ，需要予測による生産計画に従い生産・在庫しておき注文を受けて出荷・納品する形態。
(3) 受注生産型（MTO：Make To Order）　受注生産とは，顧客の注文を受けてから生産を開始する生産形態。仕様が毎回異なるような形態を個別受注生産と，同じ仕様の製品受注がある程度繰り返される継続受注生産がある。
(4) 野村総合研究所　建設資材の物流に関する現状と課題について
(5) 持ち帰り・再配達の発生比率はキッチンで約0.4%，浴室で0.7%であり，他のメーカーもほぼ同様であることが分かった（建材住設物流研究会調べ）。この数値は一般消費者向け宅配便の持ち帰り比率約20%と比較して低いと言えるが，あくまでもB to B（Business to Business）が主流の業態で日時指定を受けた配送であり，宅配業者のような一般消費者（Business to Consumer）の不在問題とは異なる。
(6) JIT：Just In Time。必要な物を，必要な時に，必要なだけ生産・供給する生産供給方式。

引用・参考文献

国土交通省「荷主と運送事業者の協力による取引環境と長時間労働の改善に向けたガイドライン／建設資材物流編」
野村総合研究所　「建築資材の物流に関する現状と課題について」　https：//www.dai-wahouse.co.jp/factory/reason01.html（2021年7月26日閲覧）
野村総合研究所　「2040年度の住宅市場を予測」
一般社団法人　プレハブ建築協会HP　プレハブ建築について　プレハブ建築の歴史（国内）　日本におけるプレハブ建築のはじまり　https：//www.purekyo.or.jp/about/prefab_building/history/japan.html（2021年8月1日閲覧）
ほくさんバスオール　エア・ウォーター物流株式会社HP「会社案内　当社の歩み」https：//www.awlg.co.jp/company/history/（2021年7月26日閲覧）
ほくさんバスオール　千里ニュータウン情報館　吹田市・豊中市千里ニュータウン連絡会議HP　「コラム　銭湯とバスオール」　https：//senri-nt.com/column/2020-03-30-bathall/（2021年7月26日閲覧）
株式会社LIXIL　「会社概要2021-22」
李瑞雪「建材・住設物流研究会活動報告書　第一期　物流の組織とオペレーション：研究会の今後の課題設定に向けて」

推薦図書

E・H・フレーゼル，高橋輝男他訳『サプライチェーン・ロジスティクス』白桃書房。

齋藤実『３ＰＬビジネスとロジスティクス戦略』白桃書房。

Ｍ・Ｅ・ポーター，土岐坤他訳『競争の戦略』ダイヤモンド社。

青木昌彦・安藤晴彦『モジュール化　新しい産業アーキテクチャの本質』東洋経済新報社。

日本建築学会『建築工事における工程の計画と管理指針・同解説』丸善。

<table>
<tr><td>

第**4**章

</td><td>

建材業界の物流管理
建材サプライチェーンの最適化

</td></tr>
</table>

　よく衣食住と取り上げられるように，私たちの生活基盤の一つとして取り上げられる「住」を取り巻く環境が大きく変わろうとしている，「住」に関わる建築業は日本の経済や各種産業に大きく貢献し国の産業基盤を支えている。その建築業界の中の一社であるYKK AP の建材事業を事例に事業環境の変化による課題と取り組みを建築用資材（以下建材）のロジスティクスの視点から説明する。

キーワード

プロダクトアウト　マーケットイン　サプライチェーン　ヒューマンウェア　市場環境の変化　重層下請け構造　ユニットロード　求荷求車

1　建材業界の物流概要

(1)　建築業とは

　あまり知られてはいないことだが，建築業は国家の経済や産業各種分野において非常に多岐にわたる影響がある業界である。就労人口一つとっても2018年の総就労者数が503万人と，全就労者6,664万人のうち7.5％を占める。ここに建築工事に必要な設備機器，資材，機械などの関連産業までを含めると，自動車関連産業に並ぶ，すそ野の広い産業であり国の主要産業の一つであることが理解できる。

　建築物とは，土地に定着する工作物であり，建築設備を含む。建築物を建築する際に用いる資材製品や設備機器を建築材料といい，「木材」「鋼材」「コンクリート」「設備機器」「建具」「衛生陶器」などがある。これらの総称を「建材」という。

　建築物は主に用いられる工法や建材の種類により分類され，一般に戸建て住

図4-1　建築物の種類，工法
```
┌木造──┬─木造軸組み組工法（在来工法）
│      ├─2×4工法（木造枠組み壁式工法）
│      ├─木造ラーメン工法
│      └─その他（ドリフトピン工法，ユニット工法，他）
└非木造─┬─鉄骨造─┬─軽量鉄骨造
        │        ├─重量鉄骨造
        │        └─軽量気泡コンクリート（ACL）造
        ├─鉄筋コンクリート（RC）造
        ├─鉄筋鉄骨コンクリート（SRC）造
        └─その他（RS造，WRC造，コンクリートブロック造，他）
```
（出所）筆者作成

宅などの小規模な建築物は木造であり，高層階や面積の広い大規模な建築物は非木造で建築される（図4-1）。

　建築市場の動向を見ると，経済の成長と共にバブル期には160万戸を超えていた新築着工市場だが，バブル崩壊，リーマンショックを経て，近年では人口減に伴う就労人口の減少と単身者世帯の増加に伴い2人以上世帯の減少による住宅購入市場となる対象世帯数の減少も見込まれるなど，複数の要因が重なり住宅市場全体の縮小していくことが懸念されている（図4-2）。

　建築工事における建材のSCMでは元受け事業者が作成した施工計画に基づき，下請け事業者は施工計画を作成する。そして工事の仕様に基づき各々見積もりを作成提出し，承認後必要な建材を調達する。

　建築工事全体で主要な材料は元受け事業者がその所要量を求めて調達するが，下請け分の必要建材もまとめて調達する場合もある。

　木造住宅では最近の傾向として建築CADで設計し，その付随機能を用いて施主へのプレゼン資料，確認申請に必要な図面類，施工計画や主要建材の所要量算出も行い。ビルダーによっては自社の原価管理システムや購買システムなどの基幹システムと連携して調達・納品管理を進めているケースもある（図4-3）。

　建築工事では交通規制などにより，作業可能な時間が限られる場合がある上に，天候，自然災害などにより，施工計画の工程進捗が随時変化するので搬入予定が直前に変更されるケースが多い。

　これらは建築工事の持つ重層下請け構造の複雑な構造の影響もあり，施工管

図4-2 新設住宅着工戸数の推移

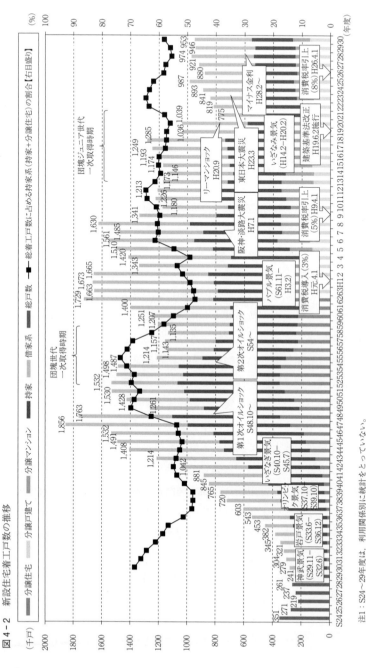

注1：S24～29年度は、利用関係別に統計をとっていない。
注2：一次取得時期は30代前半（30-34歳）とした。
（出所）国土交通省「住宅着工統計」

60

図4-3　ビルダー，工務店の業務の流れ

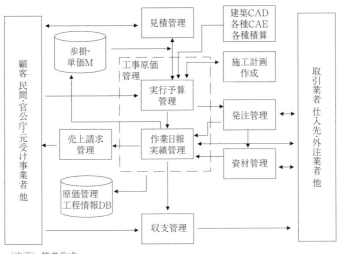

（出所）筆者作成

理を行う元受け事業者の進捗管理は大きな負担となっている。常に変化する施工現場の進捗状態に柔軟に対応することが，建材各社のロジスティクス部門に求められているのが現状である。

⑵　**建具工事**について

　一定規模以上の建築工事を行うためには，建設業の許可が必要である。建設業の許可は業種別許可制であり，施工する工事の種類で業種ごとに取得が必要である。建設業の許可は，2種類の一式工事と27種類の専門工事の計29種類ある。

　一式工事には土木一式工事と建築一式工事があり，専門工事には大工工事，とび・土工工事，電気工事，屋根工事，ガラス工事，塗装工事，建具工事，内装仕上工事，機械器具設置工事などがある。

　建具工事の内訳を下記にあげる。

①　金属製建具取り付け工事

②　サッシ取り付け工事

図 4 - 4　住宅用建材商品の用途

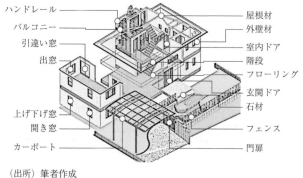

ハンドレール
バルコニー
引違い窓
出窓
上げ下げ窓
開き窓
カーポート

屋根材
外壁材
室内ドア
階段
フローリング
玄関ドア
石材
フェンス
門扉

（出所）筆者作成

③　シャッター取り付け工事
④　自動ドア取り付け工事
⑤　金属製カーテンウォール取り付け工事
⑥　木製建具取り付け工事
⑦　ふすま工事

　建具工事に用いられる建材は，建築物の開口部に取り付けられる。戸建住宅の１戸当り開口部数は，窓で18.3，玄関・勝手口で1.6の計19.9カ所となっている（日本サッシ協会　2020）。ここに多様なユーザーの要望や機能，性能，意匠性を持つ製品を取り付けることで建築物の要件を満たすことができる（図4-4）。

　現在国内で建具用建材を供給する代表的なメーカーとしては，LIXIL，YKK AP，三協立山，不二サッシがあるが，最近では海外メーカー製品や一部ビルダーでは自社で海外に建具工場を持ち使用しているケースもある。
　建設工事を取り仕切る請負事業者であるゼネコン，ビルダー，工務店は建築物の種類や工事規模，工法などにより，施工管理の方法や建材メーカーに求めるSCMの形態が異なる。現在YKK APでは大きく３つの商流に分けて管理運用されている（図4-5）。

図4-5　住宅建材商品の販売チャネル

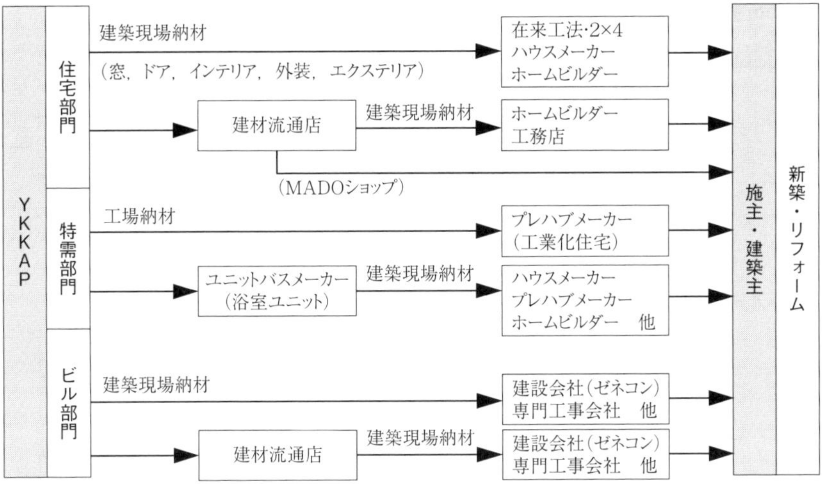

（出所）筆者作成

2　既納への対応，そして窓メーカーへ

(1)　木質建具からアルミサッシへ

　戦後の高度成長時代を迎え，住宅需要が高まっていた。従来の住宅建築では大工を中心とし，専門職である職人を束ねて建築の施工を取り仕切る方法が主流であった。当時の建具は木製品が主流であった。しかし，木材は素材にばらつきがあり，また全国的な人手不足による職人のなり手不足が深刻化している状況でこのまま従来の職人仕事に頼ることには限界があった。

　当初建具用アルミ資材は「アルミ建材」として大手建具問屋や代理店などの既成の流通経路を介して販売開始したが，これまでの取引慣行と「建具は木製品」との強い固定観念が拒絶反応となり，既存商流からの反発となって市場での受け入れは困難な状況が続いた。

　また，当時どのメーカーの製品を使用するかという選択には既存の問屋や代理店の影響力が強く，また古くからの取引実績が重要視されていた。そこで新たに系列販売店を介するユーザーへの直接販売方式が取り入れられた（図4-6）。

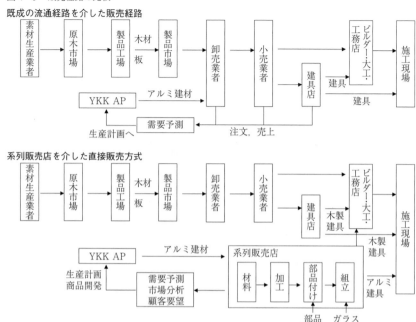

図 4-6　販売経路の比較

既成の流通経路を介した販売経路

系列販売店を介した直接販売方式

（出所）筆者作成

　直接販売方式をとることにより，①ユーザーの反応や要求を直接得られる，②製品の物流を直接コントロールが容易になる，③計数的な市場分析が可能となり，市場の需要動向が予測しやすくなる，④以上により計画的な生産体制を構築することが可能となった。

　ユーザーであるガラス店，建具店，工務店では，住宅用アルミ建材（以降アルミサッシ）を取り入れることにより，木製サッシ使用時に行っていた現場での調整作業が大幅に削減された。また従来の金属製サッシで用いられていた組立時の溶接作業を不要とする框組立方式の採用などによる組立作業性の向上。さらに木造用アルミサッシとドアの規格化を行い新商品開発や施工容易性を図った結果，建築工事のおける建具工事の簡略化が実現された。

　供給体制の整備も行われ，アルミサッシの一貫生産体制の確立，自動加工機の開発，部品の内製化などを進め，需要の三要素といわれる数量，品質，価格それぞれの面での対応力が高められた。

　最終消費者に対しては，ガラス面積の増大に伴う採光量の増加とデザイン性の向上が図られ，さらに取り扱いが軽く耐食性に優れるなど品質面での向上を提供することができた。

　1970年後半になると住宅の個性化が進み，開口部に変化が求められるようになった。それを受けアルミ形材の着色化や普及品の開発，彩飾窓，エクステリアなどの新商品の開発がされた。その結果，着色率では1973年に16％が1975年には29％，1980年では63％になった（住宅のみでは90％）。そして建具のアルミ化率は1980年には90％を超えるまでになった。

(2)　交通インフラが未成熟な時期の少品種大量生産体制の供給体制

　好調な市況の影響を受け1965年以降アルミサッシの売り上げは急速に伸び始め，これらの情勢に対応するためにメーカー各社は生産，供給での対策が急がれた。

　当時のインフラ基盤を見ると，モーターリゼーションの発達と共に全国の道路整備が進み，1965年には名神高速道路が，1969年には東名高速道路も開通した。しかしそれらは大都市間が中心であり，地方では建設構想はあるものの実現まではかなりの期間を要するとされた。

　YKK AP の状況をみると，当時主力工場のある富山県は労働力の確保や企業機密の保持に有利な反面，道路交通網が未整備状態であり資材や製品の輸送には不便だという難点があった。また，冬季には雪国である北陸では大雪のため交通が途絶することもあった。

　売上，アイテム種の増加に伴う物量への対応は，一つの工場だけでは全国の市場からの需要に供給が間に合わない状況であった。特に東北地方での品不足が顕著で営業やユーザーからの不満の声が高かった。また，南北に細長い日本の地形では北と南では気候が違うため，製品にもその土地に合った機能が求められた。さらに間取りも関東と関西で違うなど，地域により住宅に違いがあり建具などもその地方によって独特の地方性があった。

　販売エリアのニーズへの細かな対応とロジスティクスインフラ基盤が未成熟状態，以上のような理由により，販売先であるユーザーの近くに工場を持つ方が好都合だったと判断され，1969年に富山県で工場を10万㎡拡張，同年四国に

図4-7 供給拠点の多拠点化によるサービスエリアの拡大

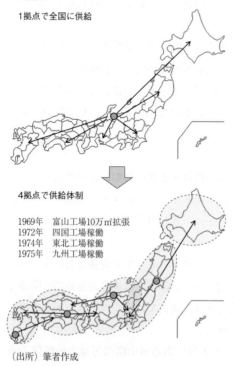

1拠点で全国に供給

4拠点で供給体制

1969年 富山工場10万㎡拡張
1972年 四国工場稼働
1974年 東北工場稼働
1975年 九州工場稼働

（出所）筆者作成

新工場建設に着手，その後東北，九州へ新たに工場を増設した（図4-7）。

(3) プロダクトアウトからマーケットインへの取組み

　YKK AP の製造部門は大量生産の生産中心主義のプロダクトアウト型であり，初期の頃の販売供給体制は完全な分権主義であり，全国各地に販売会社を設立しその地域マーケティングと在庫もそれぞれの販売会社に責任を委ねるという形で管理する体制であった。そして販売会社の増加に合わせて販売網を拡大するという販売戦略が取られていた。

　こうした体制は好景気や市場の成長期にはメリットがあったが，時代が変わりユーザーの住宅嗜好の多様化に応じて製品種類数が数万種を超える状態になり，顧客からは多品種少量需要と即納性が求められるようになった。また，当初機能した販売会社による消費者ニーズの吸い上げも次第に機能しなくなり，その結果新製品開発にブレーキをかけるケースもあった。

　そして，増加し続けた販売会社や物流拠点を統括的に把握するための物流情報システムは不十分で商品の流通体制もまた未整備なままであるため，流通在庫が把握できない事態となった。手持ち在庫がない場合は工場に至急品として発注するが，当時の YKK AP の生産体制は月次の計画発注に対応するもので，計画外の注文への即納体制は整っていなかった。

　この至急品の注文は各工場の生産管理を混乱させ製品在庫管理が悪化すると

いう状態に陥り，大きな問題となった。YKK APはこうした構造的要因に対
し，供給体制全体の抜本的な見直しが早急に進められた。

　製造販売の体制の再構築に合わせ，物流拠点の整備も行われた。既にある物
流倉庫の再編成と未整備地域をカバーするために，物流倉庫が全国的に展開さ
れ最終的には10拠点設置された。そして従来各販売会社で管理されていた在庫
を集約しそこから流通店へと製品を供給する体制に変更した。

　物流拠点を効果的に運用するためには，受注，生産，在庫，出荷といったモ
ノの流れが情報として正しく把握する情物一致が必須とされる。こうした情報
を統括的に把握，管理するために YOURS（YKK ONLINE ULTRA RESPONSE
SYSTEM）が構築され1990年に稼動した。YOURS は住宅販売部門の販売，物
流，生産の各部門の他，需要先もオンラインネットワークで結ぶことで製品の
販売，在庫状況を把握することで当時3万5,000種の製品の99.9％において24
時間以内の出荷を実現できた（図4-8）。

　1996年には顧客向けサービスの再構築を目的としたLSP（Logistics　Support
Project）が実施された。このプロジェクトはビルダー，流通店，そしてサプラ
イヤーであるYKK APのSCM全体にかかわる課題を挙げ，取り組みを行う
というものである。特に建築スケジュール短縮課題に対し，流通店の施工効率
向上，サプライ・チェーン全体での在庫レスを目指して受注生産化率の大幅な
増加，家一棟の一括納入などに対し，ノックダウン品の完成品化，期日指定配
達，特注品を含む製品の短納期化などがあり，今日現在も取り組んでいる重要
課題である。

(4)　サッシメーカーから窓メーカーへ

　景気低迷状態への対応と，時代環境の変化への対応力を高めるために，YKK
APにおける製販部門の体質改善として，品質保証体制の構築やLSPへの取
り組みと検討を進めた結果，従来のように単純に販売先である流通店をター
ゲットにした改善では対症療法にしかならないとの結論に至り，流通店への発
注元であるビルダーやハウスメーカー，工務店を見据えたサービス体制の構築
を行うことにした。

　これまでYKK APは流通店に対し窓，ドア，ガラス，シャッター／雨戸，

図4-8 住宅建材の供給業務フロー

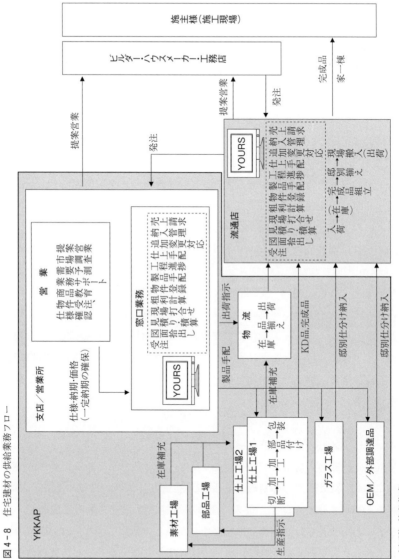

(出所) 筆者作成

68

網戸，エクステリアなど商品別に「物品」として受注し生産して，それぞれ納入指定日に納めてきた。しかし，元受け事業者であるビルダー側は，建築物として設計し，「開口部」の仕様決定をして各サプライヤーに調達を行っていた。

　またYKK APの営業も同様に，開口部に対して顧客にプレゼンを行い，その括りで販売管理をしていた。こうした商品に対する製造と販売部門の商品の取扱いの違いが，日々の営業活動の現場で積み重なり，様々な不具合や業務負荷増の一因となっていた。

　今後の住宅性能基準の高度化に伴い，窓の高性能化，大開口部化に伴う精度の高い組立，運搬，施工などの作業の実現，製品単体重量の増加に伴う荷扱いと輸送品質の担保などが必要とされた。その場合現在のKD方式での製造供給体制で，設計時の性能を保つことの困難さも予想された，さらに既存流通店での就労人員の平均年齢上昇などが挙げられその対応についても検討を重ねた結果，2001年より製品の完成品供給が開始された。

　2002年より住宅性能保証制度が施行され，後に日本サッシ協会より窓の性能について等級設定がされ，2009年には建築物省エネ法が改正され施行されるなど，高性能な省エネルギー製品の開発とその供給体制の整備が急務となった。

　2005年からのYKK APの重要成長戦略として「窓事業」が位置付けられた。窓事業は従来の窓の部材としてサッシを供給するサッシ事業と異なり，完成品として窓を建築現場に納めるまでを一貫して行う（図4-9）。

　窓事業の製品は従来のアルミサッシと異なり樹脂サッシである。樹脂サッシでは樹脂フレームを接合して一体構造にするために「溶着」を行う。また樹脂フレームとガラスの組み立てには「接着」が必要であり，両方とも高度で特殊な技術と設備が必要な工程である。そのため，従来の流通店で作業を行うことが困難であった。こうした状況を踏まえ，窓の機能や性能を最大限に発揮するためにYKK APがメーカーとして一貫した責任を持ち，窓の完成品生産と供給を行うこととした。

　窓メーカーとして扱うカテゴリーブランドは「APW」である。APWが先に述べたように，アルミではなく樹脂フレームとした背景は以下のものである。

　地球温暖化防止や省エネに対して意識が高まり住宅に対しても環境への配慮

図4-9　窓とサッシのビジネスフローから見る違い

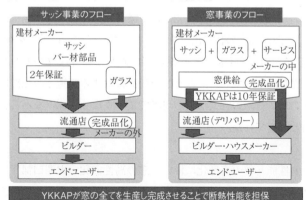

（出所）筆者作成

が強く求められるようになったが，住宅の熱流出入に占める窓の割合は極めて大きいことから窓の性能向上は必然的に高い。海外ではアメリカ5割，欧州6割と断熱性能の高い樹脂窓で占めている。日本国内の樹脂窓の構成比は当時10％未満である。先の建築物省エネ法の改正もあり樹脂窓の構成比を高める構想であった。[1]

　2009年窓事業部及びロジスティクス統括部が発足，APW330は寒冷地での需要が見込まれる東北より事業展開を開始した，翌年東日本エリアへ展開し，その後さらに販売エリアを拡大していった。

　APWを中心とした窓事業を本格的に展開するためには最大の消費地である首都圏圏内に中核工場を設ける必要があった。窓の完成品を建築現場の進捗状況に合わせてタイムリーに供給する必要があるからである。窓の完成品はフレームにガラスを組み込んだ高付加価値商品のため，製造から物流までを含めた高度なシステム（シームレスで高度な供給体制）が求められた。窓棟として多品種少量生産に対応した窓ラインとLow-E複層ガラスラインとして2012年に竣工，稼働した。

　ロジスティクス部門は「新ビジネスモデル構築の基礎となるロジスティクスの創造」を基本方針として，

図4-10　TCを利用した夜間クロスドックのイメージ

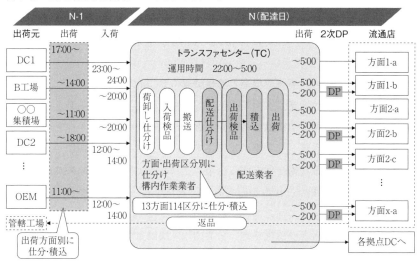

（出所）筆者作成

① 改善ではなく全社横断的な改善・改革の実行による利益創出
② 首都圏における新しいサービスを提供するロジスティクスの創造
③ プロダクトアウトからマーケットインの思想への転換による顧客視点物流の追求

といった重要テーマに取り組むことで，コストダウンの実現を目指した。外部機関からの助言を参考にしつつ，システム導入や物流技術の強化によって，運賃体系の適正化，在庫集約，配送合理化（2次配送ルート数の集約）を実現した。
　これらを踏まえ稼働した窓工場における生産ラインの特徴はマーケットインの考え方を実現する完全受注生産方式である。各ラインは建築物件の出荷を起点にして後工程から前工程へ生産計画が立案され生産指示がされる。ライン設計では工程間仕掛りが限りなくゼロになるように設計運用されている。
この生産計画には埼玉窓工場以外の拠点生産品も含まれ，出荷予定日に合わせて集荷され，建築現場に直送される。こうした体制を実現するために「APW-sys」を開発導入した。建築物件単位でインターネット上から積算，発注データし，そのデータを工場と連携することで工場からのダイレクトなロジスティ

クスを実現した (図4-10)。

3　建築資材物流の課題と将来設計

(1)　建築工事における業界構造と建材調達の SCM の流れ

　建築業には①受注産業，②個別生産，③移動型産業，④屋外産業といった特徴がある，一般に建築工事は他の業界と異なり規模が大きく，発注者の要望を実現させるために受注した工事の規模・内容に応じて，費用，期間，人員，機械設備，高度な専術技術を保有する企業，それらを実現するための高度な総合的管理監督能力が求められるからである。そのため，「建築工事とは各々が独立したプロジェクト」であるといえる (図4-11)。

　建築工事は発注者となる国や地方公共団体，民間企業，個人である施主からゼネコンやビルダーが元受け事業者となり工事を受注する。元受け事業者は施工計画を立案し，工事内容に応じてそれを得意とする下請事業者に発注する。

　下請事業者となるサブコンをはじめとする各事業者はさらに中小の職人を抱える事業者に向けて発注するといった多層的な発注を行っており，これを「重層下請け構造」という。

　発注者である施主から見て元受け，一次下請け，二次下請け，三次下請けもしくは孫請けとも呼ばれる。工事の内容によってはさらに下層の工事内容が下請け事業者に対し発注が行われている。

　元受けとなるゼネコンやビルダーは建築工事全体の施工計画立案や工程管理，原価管理，品質管理，下請事業者を含めた全体の安全管理などを取り仕切り，工事に関わる全ての下請事業者を率いて工事を竣工まで実施する役割と責任がある (図4-12)。

　建築工事が開始されると元受け事業者は工事全体の施工計画に基づき，工程管理，原価管理，品質管理，下請事業者を含めた全体の安全管理などを実施するが，工事進捗に合わせて建築資材がタイムリーに供給されなければ予定した工期通りに工事を進めることができないため，各建築現場での建築資材の納入時期管理は元請け事業者にとっての最も重要な仕事の一つである。しかし，先に述べた重層下請け構造という複雑な構造下での資材調達管理は先行する工事

図 4 -11　建設工事における施工形態のイメージ（重層下請け構造）

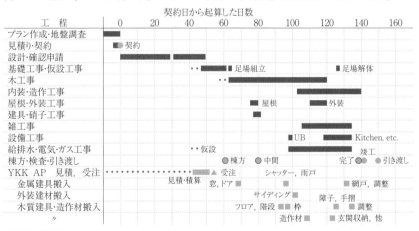

注：本事例は一括発注のケースであり，分割発注においては専門工事業者が発注者から直接受注する。

（出所）国土交通省「建設産業の再生と発展のための方策 2011（資料編）」

　　　　上記をもとに筆者作成

図 4 -12　建設工事における施工形態のイメージ（重層下請け構造）「在来軸組み工法での実例」

契約日から起算した日数

工　程	0	20	40	60	80	100	120	140	160

プラン作成・地盤調査
見積り・契約　　　■◎契約
設計・確認申請
基礎工事・仮設工事　　　　　‥ ■　足場組立　　　　　■足場解体
木工事　　　　　　　　　　　　‥ ■
内装・造作工事
屋根・外装工事　　　　　　　■屋根　　　■外装
建具・硝子工事　　　　　　　　　　■
雑工事
設備工事　　　　　　　　　　　　■UB　　Kitchen, etc.
給排水・電気・ガス工事　　　‥仮設　　　　　　　竣工
棟方・検査・引き渡し　　　　●棟方　●中間　　　　完了●●　●引き渡し
YKK AP 　見積，受注　‥‥‥‥‥‥‥■▲受注　シャッター，雨戸
　金属建具搬入　　　　　見積・積算　窓，ドア■　　　　　　■網戸，調整
　外装建材搬入　　　　　　　　　サイディング　　障子，手摺
　木質建具・造作材搬入　　　　　フロア，階段■■枠　　■　■調整
　　　　　〃　　　　　　　　　　　　造作材　■玄関収納，他

（出所）筆者作成

進捗の遅れや仕様変更，天候の影響などにより簡単に施工計画に乱れが生じる。その度に関係する下請け業者やサプライヤーなどと調整を行い当初計画に合わせようとするのでいわゆる変更の多い物件は業務負荷や収益管理からも非常に負担が大きいといえる。

視点を変えて建材のロジスティクスの立場から現状の課題を下記に挙げる。

① 出荷元や搬入先で作業開始までの荷待ち時間の削減
② 仕分け，出荷時に必要な製品が揃わない場合のリカバリー体制の構築
③ 長短多数ある製品のサイズの荷扱い向上と，ラベル類の目視が基本の荷役改善と効率化
④ 熟練作業者に依存している　複雑な形状や異なる大きさの製品を組合せて積載効率を高めた荷積み作業の合理化
⑤ 「宵積み深夜積み，翌日午前納品」パターンが高比率による時間帯による作業の繁閑差の縮小
⑥ 納品の時間指定，付帯作業（荷卸し，邸別仕分け，棚入れ，商品仕分け等）の分離によるドライバーの負担の削減
⑦ 出荷日が期末，月末，週末などの集中による繁閑差の平準化
⑧ 幹線輸送などでの高速道路利用契約の不備の適正化
⑨ 基本的に手作業であり，作業者の習熟度で異なる作業効率の均質化
⑩ 直前での出荷内容や納期の変更の低減（約3割：自社調べ）
⑪ 往路復路での余剰カーゴスペースの共同利用（求荷求車）
⑫ ユニットロード化によるバラ積み削減による荷役生産性向上と，パレット化による積載効率低下の対応
⑬ 幹線見直しを，トラック1運航当たりの長距離輸送の削減
⑭ モーダルシフトと脱炭素化への取組み

上記課題の解決策として

① 車両集中の分散化
② 付帯作業，運航等の生産性向上

図4-13　建材メーカー共同配送

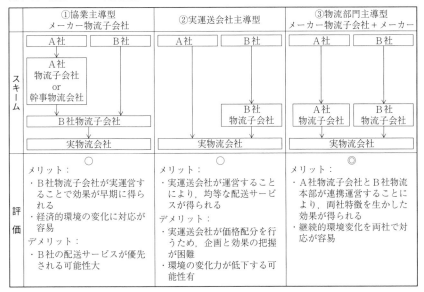

	①協業主導型 メーカー物流子会社	②実運送会社主導型	③物流部門主導型 メーカー物流子会社＋メーカー
スキーム	A社　　B社 ↓ A社 物流子会社 or 幹事物流会社 ↓ B社物流子会社 ↓ 実物流会社	A社　　B社 ↓ B社 物流子会社 ↓ 実物流会社	A社　　B社 ↓　　　↓ A社 物流子会社　B社 物流子会社 ↓ 実物流会社
評価	○ メリット： ・B社物流子会社が実運営することで効果が早期に得られる ・経済的環境の変化に対応が容易 デメリット： ・B社の配送サービスが優先される可能性大	○ メリット： ・実運送会社が運営することにより，均等な配送サービスが得られる デメリット： ・実運送会社が価格配分を行うため，企画と効果の把握が困難 ・環境の変化力が低下する可能性有	◎ メリット： ・A社物流子会社とB社物流本部が連携運営することにより，両社特徴を生かした効果が得られる ・継続的環境変化を両社で対応が容易

（出所）筆者作成

③　納品条件の適正化

④　運航方法見直しによる効率化

⑤　出荷量の平準化

が考えられる。

　これらを実施していくにあたり，新たな技術開発，業務運用基準の設定，新たなマネジメント概念を実現する情報システム開発などの検討進めていく必要がある。また，古くからある商慣習からの脱却をすべく，元請，下請け各社，サプライヤー，運送会社などが一体となって見直しを行う必要がある（図4-13）。

　今後の建築資材物流における取り組みの方向性としては

①　荷主の配慮義務を踏まえた建設業の取引適正化の取り組みの推進

②　ICT（Information and Communication Technology：情報通信技術）の活用による情報の共有化の推進

③　付帯作業の軽減

が挙げられる。

　日本の製造業はいわゆる現場における高水準なヒューマンウェアで競争優位を確保してきた。しかしその弊害として経営を全体的な視点で眺め，全体最適化された仕組みを構築するという，経営におけるシステムアプローチが軽視されている。

　現場ヒューマーン主義は柔軟性に富むが，規模の側面においては限界があり，その結果として間接部門の肥大化と機能低下が同時に発生している。そこで，近年のIT関連技術の発達により企業や家庭において急速に浸透しているDX化（デジタルトランスフォーメンション）をはじめとした新しい技術，サービスによりもたらされる「変化」を取り込み，企業戦略に展開し，新しい生活スタイルの確立とサービスの提供を絶えず行い続けることで解決されていくはずである。

（岩崎　稔）

コラム▶▶3枚の「衣」が空に舞い上がる

　JR名古屋駅東口を出てロータリーを右に曲がり少し歩くと立ち並ぶビルにまぎれて気がつかないが，突然現れる異様な形状の尖塔に驚くだろう。竣工して既に10年以上経過するが，今でも立ち止まりその姿に見入る人々の姿が見られる，モード学園スパイラルタワーズである。

　この建設物の最大の特徴はうねるようなフォルムをもつ三次元曲面のデザインにある。YKK APはこのカーテンウォールを担当した。プロジェクトではイメージデザインが提示されるとその意匠性を最大限に確保する設計提案を行った。

　その結果4枚に分割した三角形のガラス集合体のユニットとし，総数1834枚となる全て異なるサイズの不定形ユニットカーテンウォールとした。また単なる多角形ポリゴンとならないなめらかな曲面を実現するためにユニット形状と面外方向へのねじれを持つ構造とした。使用するガラスは約7000枚，施工面積は1万7,800㎡におよぶ。

　製造工程にも手が加えられ，全てが一品造りとなるそれぞれのユニットの製造を可能とする生産設計が行われた。3D設計技術を用いてねじれを持つユニット

　構成部材の加工図面を精密に反映するために図面と加工データ，加工機を連携させ高精度と生産効率を両立させた。

　また，施工計画を実現すべく全てのユニットが施工番地で管理され，詳細な制作指示書と正しいねじれ量で組み上げるために専用作業台も考案，施工番地の座標での取り付け位置管理と３D-CAD を用いてチェックする二重のチェック体制を取ることで品質の管理を行った。

　現場施工においてはユニットの施工番地に基づき名古屋駅前という搬入制限の多い建設現場に施工するカーテンウォールを施工番地に合わせて，施工する順番に搬入を行った。デリケートなユニットフレームに負荷をかけないように専用に考案された揚重用治具を用いて３D-CAD で算出された座標に正確で効率的な施工を実施した。生産工程から施工工程までの一連のサプライチェーンを実現した事例の一つである。竣工は2008年３月である。

　立ち寄る機会があれば名古屋という都市景観を特徴づけるこの美しいらせん状のファサードをぜひ見てほしい。

演習問題

1　建築工事では納入予定日の直前になっても納期変更が発生している。あらかじめ定められた予定通り進めることが最も効率的であるはずだが，納期変更が発生する理由と，原因，どうすれば防ぐことができるかを述べなさい。
2　建材の物流の現場では，前日もしくは深夜でのトラックの積み込みが行われ，午前中の納品指定，時間指定で流通店や施工現場への納品するケースが高比率である，そのような納品が求められるメカニズムと対策を述べなさい。

注）

⑴　日本サッシ協会によると2020年現在の戸建て住宅での窓の断熱化率は90.0％であり，材質別にはアルミ樹脂複合67.6％，樹脂22.3％，木製他0.1％となっている。

引用・参考文献

経済産業省（2019）「経済産業者における住宅関連施策の動向（令和元年５月）」 https：//www.meti.go.jp/policy/mono_info_service/mono/jyutaku/index_n.html（2021年３月16日閲覧）
国土交通省（2019）「既存住宅流通市場の活性化」 https：//www.mlit.go.jp/seisakuto-katsu/hyouka/（2021年３月15日閲覧）
国土交通省（2019）「建設業界の現状とこれまでの取組」 https：//www.mlit.go.jp/policy/shingikai/content（2021年４月７日閲覧）

国土交通省「令和2年度（2020年度）建設投資見通し」 https://www.mlit.go.jp/repo
rt/press/joho04_hh_000940.html（2021年4月20日閲覧）

国土交通省「「建設産業の再生と発展のための方策2011」について　建設産業の再生と
発展のための方策2011（資料編）」 https://www.mlit.go.jp/report/press/sogo13_hh_
000123.html（2021年4月7日閲覧）

国土交通省「建築着工統計調査報告時系列一覧」 https://www.mlit.go.jp/sogoseisaku/
jouhouka/sosei_jouhouka_tk4_000002.html（2021年3月26日閲覧）

国土交通省「国土の長期展望」 https://www.mlit.go.jp/policy/shingikai/s104_
choukitennbou01.html（2021年3月16日閲覧）

国土交通省「荷主と運送事業者の協力による取引環境と長時間労働の改善に向けたガイ
ドライン　建設資材物流編」 https://www.mlit.go.jp/report/press/jidosha04_hh_
000216.html（2021年3月16日閲覧）

国立社会保障・人口問題研究所 http://www.ipss.go.jp/syoushika/tohkei/Mainmenu.
asp（2021年4月16日閲覧）

全建総連（2019）「建設業就業者の現状」 http://www.zenkensoren.org 〉 uploads 〉
2019／02（2021年4月12日閲覧）

内閣府（2019）「森林と生活に関する世論調査」 https://survey.gov-online.go.jp/r01/
r01-sinrin/2-3.html（2021年5月24日閲覧）

内閣府「年次経済財政報告」（経済財政白書） https://www5.cao.go.jp/keizai3/
keizaiwp/index.html（2021年7月9日閲覧）

一般社団法人日本サッシ協会（2021）「住宅用建材仕様状況調査」光洋。

吉田忠裕（2003）『脱カリスマの経営』東洋経済新聞社。

GD Freak!「世帯数の推移」（住民基本台帳ベース） https://jp.gdfreak.com/public/
detail/jp010050000001000000/17（2021年4月20日閲覧）

YKK 株式会社（1991）『挑戦と創造の最近10年史――YKK60周年記念』凸版印刷。

YKK 株式会社（2012）『Architectural Products――グローバルブランド構築への道
〔ファサード編〕』YKK 六甲株式会社。

YKK 株式会社（2014）『YKK80年史　挑戦の軌跡――そして未来へ』凸版印刷。

YKK 株式会社（2019）「YKK AP_住宅建材基礎マニュアル_201903」

推薦図書

伊藤邦雄（2000）『コーポレートブランド経営』日本経済新聞出版社。

P・F・ドラッカー，上田惇生編訳（2001）『マネジメント〔エッセンシャル版〕基本と
原則』ダイヤモンド社。

中内功（1969）『わが安売り哲学』日本経済新聞社。

村松林太郎（1970）『新版　生産管理の基礎』国元書房。

<table>
<tr><td>第5章</td><td>自動車産業の物流管理
日本産業の基幹となる大量物量の効率化</td></tr>
</table>

　自動車産業は様々な物流に支えられている。自動車の生産と販売では，国内外から部品を調達し，大規模な工場の中で組み立てを行い，完成した製品を国内外の販売店へ出荷する。また車両販売後には，自動車販売店や修理工場で補修部品を使った整備や修理が行われる。こうした自動車産業の各局面を支えるのが，大型で高額な商品である自動車と多種多様な部品を運ぶ物流の存在である。本章では，自動車産業の様々な物流に触れ，その物流の特色や留意点について述べる。

　生産物流：太く運んで近くで効率よく変換しジャストに配る
　完成車物流：需要のあるところで生産し・鮮度良く届ける
　補修部品物流：世の中最後の一人のお客様まで部品サポート

キーワード

大量輸送　カーライフ　生産管理と QCD　生産計画と供給計画　物流
の汎用化・標準化　生産リードタイム　調達物流　構内物流　KD 物流
　アフターセールス物流,

1　自動車産業の概要

　自動車産業は，主として，自動車及び自動車部品の生産，販売，整備に伴う諸事業からなる産業と言える。まず生産では，電子部品，機能部品，金属やプラスチック樹脂，その他の原材料から自動車を構成する様々な部品が生産され，それらを組み合わせて完成車が作られる。工場から出荷された自動車は，新車ディーラーで販売される。車両購入時の自動車ローンや，自動車保険といった金融事業も，自動車産業の一部と言えるだろう。新車販売後には，定期的な点検整備，修理や部品交換を行うアフターサービス事業がある。また，カーライフを豊かにする自動車用品の販売事業もある。新車として購入したユーザーが

その車を手放した後には，中古車流通の事業があり，車が製品としての寿命を終えた後には，廃棄物処理や資源リサイクルの事業者が関与することになる。また，自動車の利用のされ方には，近年変化が起こっている。自動車を購入して保有する従来の利用の仕方に加えて，サブスクリプションやカーシェアリングといった自動車を保有しない形での利用の仕方も増えている。

(1)　自動車産業の物流

　自動車産業はこのように，バリューチェーンの上流から下流に至るまで，様々なステークホルダーが関与する産業であり，部品や自動車の輸送をするにあたり，様々な物流がこの産業を支えている。本章「自動車の物流」では，その中でも，完成車メーカーが主体となって関与する物流，すなわち，生産物流，完成車物流，補修部品物流の三つに焦点をおく。生産物流は，自動車生産に必要な材料・部品を調達し，より下流の工程へ輸送・運搬する物流である。完成車物流は，工場で作られた完成車を販売店等へ輸送する物流である。補修部品物流は，車両販売後のアフターサービスでの点検整備に必要な部品を供給する物流である。

(2)　自動車工場の概要

　自動車製造は，約３万点とも言われる部品を組み合わせて製品を作る，大規模な組立加工産業である。自動車工場では，完成車メーカーが自ら加工した部品（内製品）と，部品メーカーに外注した部品（外製品）とを組み合わせて，自動車を作り上げる。自動車工場は大きく分けると，ボディーライン，樹脂成型ライン，エンジンラインの三つからなる。

　メインとなるのがボディーラインである。最初のプレス工程では，コイル状の薄い鉄板をプレスし，シャーシやルーフ，ドアなどの金属部品を作る。次の溶接工程では，これらを組み合わせて自動車のボディー骨格を作る。クルマの基本的な形が出来上がるのは，この溶接工程だ。次の塗装工程では，鉄板が錆びないよう，また製品としての魅力が増すように塗装を施す。次の組立工程では，塗装された車体に，シートやヘッドライトなどの外製品や，内製したエンジンやバンパーを取り付け，完成車が出来上がる。最後の検査工程での品質確

認を経て出荷される。

　樹脂成型ラインは，バンパーやインパネなどのプラスチック部品を生産するラインである。樹脂材料を射出成型し，クルマと同色に塗装する。バンパーやインパネは大型部品なので，輸送距離が短くなるよう，完成車メーカーの工場で内製されることが多い。完成した部品はボディーラインの組立工程へ運ばれ，完成車に組み付けられる。

　エンジンラインでは，鋳造工程・鍛造工程・機械加工工程で，金属材料からシリンダーブロックやクランクシャフトといった金属部品を作り，エンジン組立工程で，外注部品も合わせてエンジンを作り上げる。完成したエンジンはボディーラインの組立工程へ運ばれ，完成車に組み付けられる。

　なお，ハイブリッド車や電気自動車の場合はモーターやバッテリーが組み付けられ，特に電気自動車の場合はエンジンがないといった，パワートレインに関する違いがあるが，それ以外は基本的にガソリン車と同じ構造である。

(3)　自動車産業の生産管理

　生産管理とは QCD（Quality・Cost・Delivery）の最適なバランスを維持するマネジメントに沿った市場連動型の生産を基本に展開する。また広義の生産管理（商品の受注から部品発注・搬入，生産，商品納車までのオペレーションを含む）をベースとした市場からお取引先までを含めた範囲での展開である。生産管理を理解するにあたっては生産管理以外の製造領域の工程業務も含めた，ものづくりの全体像を理解する必要がある。

　①生産管理の七つの基本思想
・生産管理は同期生産レベルに層別し，日々完結・日々決算を目指す。
・生産順位計画を全部門で共有しこれを全員で守ることを第一優先とする。
・製品の生産順位計画は製品の出荷計画に同期し阻害条件（製造部門における要望及び生産における能力制約）を明確にした上で立案する。
・生産・販売・在庫・コスト・要員を統括管理する。
・商品在庫（メーカー・ディーラー）の管理は，商品製造部門の責任で不要なものは作らない。不要な商品は生産ラインを止めてでも造らないことが重要（生産停止分の利益リカバリー案は別途用意する）。

・中間部門は極力経由せずに現場と現場（お取引先も含め）がダイレクトにつながる管理を実行する。

・リードタイム（L／T）短縮によって生産体質を強くし工程内在庫は一定を維持する。

②生産管理の概要

　現在の生産方式から最大の効果を導き出すために，質と確度の高い計画を策定し計画通りの実行，出来栄えの評価と，対応を行う一連の管理活動が生産管理であると言える。

■計画を組み立てる管理技術

　　市場からの生産要求を的確に取り込み，受け手側である生産部門の実力値と生産現場で起きている事実を的確に摑み，目標と対応方法を踏まえた実行能力値を評価した上で決定生産条件とし，確度・質の高い計画を関連部門に指示する。

■生産進捗と統制活動

　　生産・加工指示した通りに生産工程全体が連動し原材料から製品出荷まで最小期日で所定の品質・コスト・納期を達成させるための生産進捗調整，全体統制を行う活動。

■適切な投入資源コントロール

・計画に基づく生産投入資源管理。

・工数と生産量と稼働時間に基づく所定の先行時間で要員手配投入，要員効率管理。

・必要数計画に基づく原材料・部品・資材手配と工程管理・品質・納期管理を実施する。

・生産活動全般に発生する費用管理。

・生産設備・装置類に関する投資管理及び投資効率と資産管理。

■生産リードタイムの短縮

　　生産リードタイムとは，経営のスピードを上げることである。ものをより早いスピードで加工することではなく，ものづくりの中の滞留要素を取り除くことであり，合わせてお客様の要望や変化にいかにすばやく応えられるかが生産リードタイム改革の目的である。

リードタイムが長いと資本が寝る状況になる。生産リードタイム全体の中には全ての資本財（設備・原材料・人・知的財産・土地建物）があり製品の換金価値を落とさず，正常な販売活動をするには生産リードタイム短縮の取り組みが重要である。

2　自動車産業の生産管理と物流のこれから

ここまでは物流について解説する前段階として生産管理をベースに長期（1年）短期（1ヵ月）を主に基本思想や概念について解説してきた。

生産管理とはビジネス全体設計，統制・調整機能であり自動車産業だけでなくあらゆる分野において根幹となる重要な役割を持っている。しかしながら，現在の生産管理は先に述べたように長短期が主な範囲として捉えられていたが近年ではモジュラー・アーキテクチャー等の新たな観点をもってより早い段階からものづくりへの関与が重要である。

特に物流領域はものづくりと分けて考えられがちであるが，今後は商品の開発段階から自動車を構成する数多くの部品に対して梱包のしやすさ，運びやすさ，作業のしやすさ等を開発の要件として戦略的に確実に織り込む必要がある。例えば，開発費用の圧縮や開発期間を短縮するための部品の流用化，長用化もその一つであり部品の種類が減ることにより物流側では容器や台車の統一，汎用化がメリットとなってくる。また部品の手配先をより近いところで設定することにより輸送費用の削減にも大きく貢献することができる。

今後は生産管理のビジネス設計，統制・調整機能を量産段階から商品の企画・開発段階に範囲を広げ，その中で物流要件の反映による優位性を戦略的に発信していくことが急務である。

(1)　生産物流

①自動車生産の調達構造

完成車メーカーは，多くの部品を部品メーカーに外製化しており，部品メーカーからの部品供給を受けて，完成車の組み立てを行っている。そのため，自動車産業の取引構造では，完成車メーカーを頂点としたピラミッド型の構造が

見られる。サプライヤーは，完成車メーカーから近い順に，Tier 1，Tier 2，Tier 3，と段階的に位置付けられ，鉄や化学品といった素材が，子部品，孫部品，と徐々に組立加工されていく。同じ会社がある部品ではTier 1にあたり，ある部品ではTier 2にあたる場合もある。完成車メーカーを頂点とした系列型の取引構造がある一方で，部品メーカーによっては系列外の完成車メーカーへの納入を行う会社もあり，多くの完成車メーカーと取引のある規模の大きいメガサプライヤーと呼ばれるような部品メーカーもある。外製部品は完成車メーカーの工場へ輸送される。

②部品調達の物流（国内）

■取引先と連携した生産活動

生産の付加価値は大まかに言えば，出荷額から購入額を引いたものが内作の生産性・付加価値といえるが外作が大きな比率を占める中で生産部門の役割を果たすためには日々の生産活動を取引先と連携して進め総合力として競争力を高めることが大変重要となる。

取引先との連携強化は，単に濃密な関係をつくることではなくビジネスライクに徹し，お互いに切磋琢磨していく関係にある。

お取引先から調達する部品の納入方法は主に以下の三つの種類がある。

①取引先から直接，自動車生産工場に納入されるケース。また，取引先が自動車生産工場に隣接した場所に倉庫を設け，そこから必要な部品の量とタイミングを生産のニーズ（生産ラインには必要な部品を必要なタイミングで必要な数量だけ投入する）に合わせ納入するケースもこれに含まれる。この場合の物流費用（輸送代・収納容器代・倉庫保管料等）は取引先が主体性をもって設計を行い部品価格に輸送費用を含めた形で売価を設定していることが多い。

②取引先の所在をいくつかのグループ分けし，1台のトラックで各お取引先を回りながら部品を集荷し自動車生産工場に納入するケース。これをホンダでは「引き取り物流」または，「ミルクラン」と呼んでいる。この場合の物流費用は主に自動車生産工場側が主体的に行い，取引先のグループ分けや集荷の設計を行いながら生産ラインのニーズに合わせてお取引先に部

品を取りに行く。このことから「引き取り物流」という呼称で読んでいる。

③取引先の所在をさらに大きなエリア（日本の西側・東側というレベル）で分類し巨大なクロスドック（大型の部品集荷受け入れ・配送・要件変換機能）を設け，積載効率の低いものを主にクロスドックに集めて搬入要件で束ねるパターンや集約機能と要件変換機能を備えて太い幹線輸送で積載効率を高める方法である。この場合についても②同様に，物流費用は主に自動車生産工場側が主体的に行うものである。以上のように主な部品の納入方法について三つ解説したが調達物流を設計する上で重要なことは，取引先から生産工場までは満載積載を目指しロス（空気を運ばない）を徹底排除した"太い物流導線"を作り上げるということに尽きる。

■太く運ぶことの優位性についての補足

調達輸送費用は，生産物流領域でカバーするコストの中で6割～7割を占める程のコストインパクトを持っている。製造コストだけではなく物流コストも合わせた1台分のコストを下げなければならない現状において，この調達輸送の効率化はコスト競争力に大きな影響を与える要素である。よって，輸送要件を考える際には安全性／物流品質を考慮することは大前提であるが，容器内詰率やトラック積載率を考慮し，いかに効率良く低コストで部品を調達できるかを検討することが重要である（図5-1）。

最後に取引先と生産工場側が連携する重要なポイントをもう一つ解説しておく。以下で解説する，部品を入れるための容器や台車の設計は物流効率を維持する上で非常に重要な役割を果たしているため容器サイズの統一やモジュール化，汎用化を十分に考慮し進めなくてはならない。

■取引先との容器・台車仕様の連携

取引先の生産工程，出荷状態のまま自動車生産工程の現場まで直接つながる荷姿とし開梱・詰替えのロスを排除した，相互（取引先と生産現場）のニーズを反映した最適な荷姿とする。

・相互に作業性から荷姿仕様についての困りごとを協議できる場を作る。

・作業ポイントに直接投入，そのまま作業できる荷姿とする。

・使用後の容器・台車のスペース体積が最小になるよう工夫する。

図5-1　物流費の構成，輸送の効率

物流費の構成

　物流費の中で大きな割合を占めているのは次の2つ。
　　①調達輸送費
　　②労務費

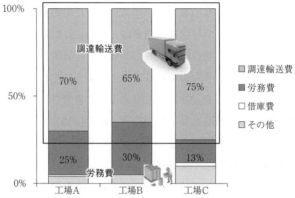

物流効率を上げるためには…
　→必然的に割合の高い"調達輸送の効率を上げること"が重要となる。

太く運ぶとは…

　一度により多くのモノを運び，運ぶ回数を減らすことが基本。
　そのためには，いかに無駄な空間（ロスをなくし，たくさんの部品を
　詰められるかを考えなければならない。

観点1：トラック内の空間ロスのMIN化

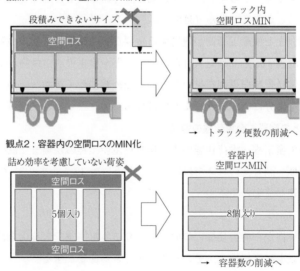

（出所）本田技研提供

86

・共有性を持たせ，仕様変化に強く，積載するトラックの内寸を基準に追加費用が削減できる容器・台車にする。
・作業域をできるだけ小さくできるよう，詰め率・積載方法を工夫する。

　取引先の部品生産工程と自動車生産ラインの工程が連動しているという観点から部品品質の低下（過剰品質も含め）を引き起こさないように物流コストとのトレードオフを考慮し生産性の向上が相互メリットとなる取り組みを互いに合意し進めることが重要である。

コラム▶▶幹線物流

　ホンダは日本国内に（※）7つの主要拠点を構えている。

　寄居・狭山・鈴鹿完成車工場における国内部品調達は主にトラック輸送であるが一部，鉄道輸送，船輸送を使いながらそれぞれの拠点が単独で国内約500社弱の取引先協力会社，グループ会社から部品調達を行い事業を成立させている現状である。これらの方法は生産拠点単独で見れば引き取り物流の実施や生産工場に隣接した倉庫を設けながらの生産ラインへの部品供給を実施していることで効率的に運営されているように見受けられるが，部品単体，取引先単位で捉えるとまだまだ検討の余地があることが最近，明確となってきた。よってホンダは日本の地区を東西に分け，それぞれに巨大なクロスドック（大型部品集荷・配送・要件変換機能）を設け，西側地域から東側地域へ，そしてその帰りの便を使って東側地域から西側地域へとさらに"太い物流大動脈"を構築することでさらなる物流の効率化に取り組んでいる。これは2050年，ホンダが掲げる環境・安全に対する新たな目標達成に向けた一環と位置付け，「全製品，企業活動を通じたカーボンニュートラル」，「Hondaの2輪・4輪が関与する交通事故，死者ゼロ」を達成するための物流視点での活動でもある。

2021年4月1日時点

※①パワートレインユニット製造部「栃木県真岡市」，②寄居完成車生産工場（埼玉県寄居市），③小川エンジン生産工場（埼玉県小川町市），④狭山完成車工場（埼玉県狭山市），⑤鈴鹿完成車完成車工場（三重県鈴鹿市），⑥トランスミッション製造部（静岡県浜松市），⑦熊本製作所（熊本県菊池郡）

③部品調達の物流（海外）

■自動車メーカーの海外進出

　自動車メーカーが海外の販売市場へ進出するには，日本で生産した完成車を輸出する方法と，現地に生産拠点を設ける方法とがある。日本から完成車を輸出するよりも現地生産の方がメリットが大きい場合，現地生産が選択されることになるが，そのメリットとしては以下のようなものがある。

　まず，進出先の国において完成車輸入に掛かる税金が高く，現地生産した方が市場に低価格で商品を供給できたり，収益性が高くなったりする場合である。新興国などでは，完成車輸入に高い税金を掛けたり，現地組み立ての完成車についても，部品の現地調達比率が高いと税率を引き下げたりといった，自国の自動車産業を保護育成するための政策がとられることがある。また，円高の為替や，新興国の低い人件費などにより，現地生産にコスト上のメリットがある場合も，現地生産が選ばれることになる。

　現地生産することで，現地市場の需要の変化にフレキシブルに対応して生産台数や生産モデルを決定できるというメリットもある。日本から完成車を輸出する場合，生産と輸送に掛かるリードタイムが長くなるので，現地市場の需要の変化に即座に対応することは難しい。販売市場の近くに生産拠点を設けることで，販売機会の逸失を防ぐことができる。また，現地に生産拠点をおくことで，ブランドの現地市場でのプレゼンスが高まるというメリットもある。さらには現地に雇用を創出し現地で得るお金を現地に還元しその発展にも寄与できる。

■KD（ノックダウン）生産とは

　自動車を海外生産するにあたっては，組み立てに必要な部品を，現地の部品メーカーから調達するか，輸入して調達することになる。

　日系自動車メーカーの海外生産の進展に伴い，アメリカ，タイ，中国などの自動車産業の発展した国では，部品メーカーの進出も進み，現地での部品調達も可能になっているが，自動車産業が発達していない国では，部品メーカーが集積していないので，日本などから部品を送って現地で組み立てる，という生産形態がとられることになる。部品を輸送して現地で組み立てる生産形態を，車をバラバラの部品の状態で輸送することから，KD（Knock　Down）生産とい

う。なお逆に，完成車のことは CBU（Complete Build Up）と呼ばれる。

　KD には，SKD（Semi Knock-Down）と CKD（Complete Knock Down）の二種類がある。SKD は，溶接や塗装の終わったボディーに多少の部品が既に組み付けられた半完成品の車を現地へ送り，一緒に送った残りの部品を現地で組み付けて完成車にする，という生産形態である。本格的な生産設備がなくても生産可能なので，市場規模が小さく本格的な生産設備は導入できないが，完成車輸入では輸入関税が高い国へ進出する場合に採用される。

　一方，CKD は，現地で溶接や塗装も行いバラバラの部品から車を組み立てる生産形態である。現地に，プレス，溶接，塗装，組立の一連の工程を有する本格的な工場が必要なので，現地の市場規模がある程度大きい必要がある。現在では，進出先各国の販売市場の拡大と現地生産の進展にともない，CKD の方が主要な形態となっている。今日では，日本からの部品輸出だけでなく，例えば，インドネシアで生産した部品をタイの完成車工場へ輸出するような海外 to 海外の物流，あるいはタイで生産した部品を日本の完成車工場が輸入するような海外 to 日本の物流など，様々な物流動線が生じ，自動車生産の部品調達のサプライチェーンはグローバルに複雑化している。

　KD の取引は，自動車メーカーが各国に設立したグループ企業の間での貿易の形態をとる。自動車メーカーは多くの部品を部品メーカーに外製化しているので，輸出側の国にある自動車メーカーのグループ企業は，部品メーカーから部品を調達し，社内工場で内製した部品と合わせて，輸入側の国のグループ企業に対して輸出を行う。

　部品メーカーには，売上高が数兆円規模のメガサプライヤーと呼ばれるような大企業がある一方で，いわゆる町工場規模の小さいメーカーも多くあり，特に小規模の部品メーカーにとっては輸出貿易の実務機能を持つことは負担が重い。また，自動車メーカーが貨物を取りまとめて大口荷主となることで，コンテナ船を運航する船会社との交渉で優位に立ち，廉価な運賃を実現することができる。多くの部品をまとめて輸送することで，コンテナの積載率などの物流効率を高めることも可能になる。こうした背景から，輸出側の国にある自動車メーカーのグループ企業が，部品を取りまとめて輸出を行う。ただし，輸出入の機能を自前で持つ部品メーカーの場合は，自動車メーカーを介さずに，部品

メーカーのグループ企業間で取引を行う場合もある。

■KD 物流のオペレーション

　KD の物流は，輸入側のグループ企業が輸出側のグループ企業に KD オーダーを発信し，このオーダーに基づいて輸出側のグループ企業が部品メーカーに発注を掛け，あるいは自社内で部品を生産して部品を手配し，包装して出荷する，というプロセスで行われる。

　輸入側のグループ企業では，営業部門が市場の現状と見通しに基づいて販売計画を作成し，生産部門は販売計画に応じて必要な製品を供給できるよう生産計画を作成する。この生産計画に必要な部品を調達するべく KD オーダーが発信される。海外からの部品調達は，長い輸送リードタイムが必要なので，数カ月後の生産のための KD 部品をあらかじめオーダーしておくということになる。輸出側では，輸入側からの KD オーダーに基づき，KD 部品の包装出荷計画が作成され，これに基づいて，部品メーカーや社内工場から部品が手配される。部品メーカーや社内工場で生産された部品は，自動車メーカーやその委託先の物流会社の包装出荷場へ納入され，部品個々に応じた包装が施されて，海上コンテナに詰めて出荷される。輸送モードは，コンテナ船による海上輸送が一般的だが，貨物が少量の場合や緊急での輸送を要する場合は航空貨物便が使用される場合もあり，輸出入両国が陸続きの場合はトラックや鉄道による輸送の場合もある。

　KD による海外からの部品調達に伴う課題としては，代表的なものとして以下に挙げるようなものがある。実務ではこうした課題に留意して，取り組みを行う必要がある。

　まず，部品調達のリードタイムが長いことである。KD オーダーを出してから部品が届くまでの時間が長いので，その間に輸入側の自動車販売市場の状況が変わってしまう可能性があるが，市場の変化にスピーディーかつフレキシブルに対応して，増産を行ったり生産する車種を変更したりといったことが難しい。これへの対応としては，輸入側の工場に一定の部品在庫を備えておき，市場の変動に対応するといった取り組みが必要である。

　コストの面では，海外から部品調達は国内での調達に比べて輸送距離が長くなり，物流コストが高くなるという課題がある。そのため，コンテナ内の積載

率の向上や包装資材の削減など，物流効率を高める取り組みが重要となる。

　品質の面における課題としては，海外での輸送では高温多湿地域を輸送したり，舗装状況の良くない道路を走行したりするといった輸送環境の厳しさがある。そこで，防錆や防塵，緩衝材の使用など，部品特性に応じた包装を行って部品を保護することが必要である。

■構内物流（自動車工場内の物流）

　ここのパートでは海外や国内から調達した部品を如何に効率良く作業の質を保証しながら生産ラインに部品を届けるかをホンダにおけるグローバルスタンダード（以下，G-STD）をベースに解説していく。

　ホンダにおける G-STD は2017年に初版が発行され，ホンダの構内物流におけるオペレーション基準を設定しているもので大量生産拠点（1日の生産量が1,000台規模）から中量拠点（1日の生産量が500台規模）までの自動車生産ラインに適用できるものとなっている。国内，海外より調達された部品を生産ラインの変化に迅速に対応できる工程設計基準であり，グローバルで同体質の構築と継続，及び時代に合わせたあるべき物流像を目指している。

(2)　ホンダの構内物流 G-STD
①物流オペレーション変化の反映

　従来は完成車生産を起点に全てが連鎖する全同期（工程間の同期阻害項目を極限まで排除した状態）を前提とした設計が主流であった。しかし，この10年を見ると，コスト追求や管理の高度化を目的に新規で立ち上がる工場はもちろん，部品のオフサイトコントロールセンター[1]を使用していた拠点も体質改革を行ってでもオンサイトコントロールセンター[2]（以下，オンサイトCC）を使ったオペレーションへ切替を行っている（図5-2参照）。よって G-STD では現在の主流であるオンサイト CC の使用を前提とした要件・基準の提示を行うこととした。CC（コントロールセンター）とは大量搬入される部品を生産現場の生産順位に沿ってライン投入できるよう準備段取りする機能を備えた部品倉庫のことである。

②製造／物流で抜本的な収益体質の改革

　Honda は電動化対応に備えて，現状の収益体質の抜本的な改革が必要とい

図5-2　CC のロケーションによって発生する費用の違い

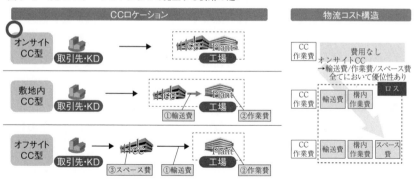

（出所）本田技研提供

う大きな方針を打ち出している。具体的な進め方については，製造領域G-STD に記載されている生産効率の向上施策や生産ラインの標準化を主軸に全拠点の体質を向上させていくこととなる。しかし，その施策を展開するにあたっては，少なからず物流の工数増加を引き起こすものもあるため，その影響をなるべく小さくしながら製造と物流のトータルで体質向上を図っていくことが求められる。

③構内物流 G-STD の規定範囲

構内物流 G-STD 2 では Honda の管理する CC（内部・外部 DCC）に部品を受取ってから，ラインサイドに部品を届けるまでを QDC の観点で目指すべきコンセプト，必要な要件，基準値を設定した（図5-3）。

④G-STD が目指す物流像

生産活動の中で価値のある物流を考えると，確実な供給保証を前提としながら，Just in time の供給を行うことで生産効率にも寄与できる物流であるべきと考えられる。しかし，それらだけをクリアしていても物流自体のロスが大きくなると結果として1台分のコスト悪化を招いてしまうため，生産現場への貢献と物流自体の効率面の両側面を踏まえて我々が目指す物流像を下記の5つのコンセプトにて定めた。

1）太く運ぶ　2）近くで受けて効率良く変換　3）確実な供給保証

図5-3　G-STD 2 が目指す物流像

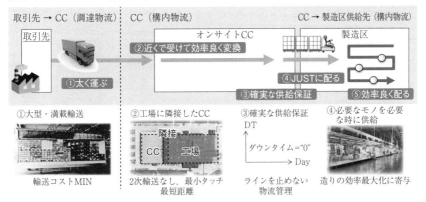

（出所）本田技研提供

4）JUST に配る　5）効率良く配る

5つのコンセプトの内「太く運ぶ」についてはすでに調達物流のパートで解説しているのでここパートでは「近くで受けて効率良く変換」のプロセスからもう少し詳しく解説していく。

■近くで受けて効率よく変換

・CC のロケーションによって発生する物流費，送費，作業費（要員），スペース費，物流は作業や輸送，スペースが発生すると費用が発生する特性のため，作業やスペース費が発生しない様に拠点を集約し，二重で人とスペースを発生させないことがポイント。また，トラックによる輸送はシャトル輸送（CC と生産ラインをつなぐ構内輸送便）でも大変大きなコストインパクトになるため，注意が必要である。

・CC ロケーションとプロセス数の関係

近くになればプロセスも少なくなる。CC の有無，CC のロケーションによって必要な物流プロセスは変化する。基本的に太く運び効率良く変換し，ラインに Just に届ける物流を実現するには，オンサイト CC を用いた8プロセスが基本となる。ただし，大物・多頻度部品に関しては工場にダイレクトに供給を行うことで7プロセス化が可能となる。一方，物理的にオフサイ

ト CC を採用せざる得ない場合には16プロセスが必要となり，さらなる効率
が悪化するリスクがあるので注意が必要となる。

■確実な供給保証

・供給保証のポイントは，①持ち込まれる異常を止める力と②異常を引き起こ
さない力である。製造区に正しく部品をお届けするためには，まず，最初に
取引先から搬入されてくる部品の異常を見つけ出さなければならない。また，
取引先からトラックで効率良く輸送する要件から，現場が作りに専念できる
要件に変換する際，異常を発生させてもならない。物流としては，異常を"
見つける力"と"出さない力"が重要である。

・業務品質と部品投入を保証する役割において非常に重要なのは外的（もしく
は物流部門が発生させた内的）な異常要素を生産ラインに流出させないという
ことであり，各工程において確実な異常検知機能を設け，それらを阻止する
手段が明確になっていることが必要である。お取引先からの異常は受け入れ
時に確実に検出・対処することや，各作業工程で発生した問題を生産ライン
への部品投入前に異常検知し対処できるものとしたい。また根本措置として
そもそも源流で問題を発生させない業務設計となっているかが重要である。

■JUST に配る

・部品供給で求められること

定時・定点・定量供給において生産効率への貢献をすることある。製造区か
ら求められる供給要件は，必要なタイミングで，必要なモノを，必要な分だ
けを確実に届けることである。拠点によって工場のインフラ，レイアウトの
条件や，生産条件によって供給する数量やタイミングの要件が異なってくる
ため，生産現場のニーズを的確に把握し，製造部門と物流で供給要件を整合
し，全体最適で部品の供給設計を行うことが重要である。

・生産ラインに対するサービス提供の役割

物流部門は生産ラインに従事する作業者に対して生産活動に関係のない，付
帯作業（部品を探す・台車を入れ替える・包装資材の後片付け等）をさせることは
生産活動に集中することを阻害する要素として排除していきたい。ラインサ
イドでの作業者歩行数にまで拘りを持ちラインでの工程設計者と連系しなが
ら必要な時に，必要なものを，必要なだけ「手元」まで供給することを目指

す。

■効率良く配る

・効率的な供給のポイントは，①短い供給距離と②高回転で待ちロス最小化である。基本的に供給は製造区から求められた要件に基づき行う業務であるため，供給効率が下がる傾向にある。その条件下でいかに効率良く，少ない人数で供給できるかを設計することが物流には求められている。最終的には，生産ラインの成立性と 1 台分のトータルコストで供給要件について決定し，与えられた条件下で高効率な供給を行うことが重要である。

・部品を取り扱う作業における効率向上の役割

部品を取り扱う作業において，効率向上をはかる主な項目は"人の作業効率"，"必要なスペースの効率"，そして"部品移動時の運搬効率"があげられる。人の作業工数につては作業そのものに重複がないかを検証することと必要性を吟味することから始める。また作業工数については MOST (Maynard Operation Sequence Technique) をベースとした作業標準時間を設定し実作業とのギャップ検証から改善を導き出す。必要なスペースについては各工程ごとの必要な在庫基準を設定し部品容器のサイズや安全基準を満たした台車の段済み高さから必要スペースを設定する。また歩行もしくは動力車の通行に必要な通路の設定を反映しながら理論的な必要スペースを算出し，作業工数同様にギャップ検証から改善を導き出す。輸送効率の向上で重要なことは部品単位のライン投入時間の明確化と投入台車への積み合わせ設計，それと運搬順位，運搬ルートの設計となる。

以上のようなコンセプトをもってホンダでは G-STD を制定している。しかしながらさらに重要なこととして制定したルールに基づき，それが確実に実行されていなくてはいけない。そのためにホンダの G-STD では，物流が実際にあるべき物流を実現できているかを判断するための**結果系管理項目**と設計段階や日常の管理思想の中にあるべき物流の実現に必要な要素が反映されているかを判断するための**要因系管理項目**の 2 つを規定した。これにより体質検証では，実際にあるべき物流が実現されているかを判定すると同時に，それらが設計に反映された強固な体質として構築できているかを判断することができる。また，

新規工程設計の際には要因系の管理項目を確実に反映することでG-STDに沿った工程設計が可能となっている。

「結果系管理項目」これは，あるべき物流の実現度の測定のために設けたものである。現場の実態を数値で捉え，あるべき物流（G-STD）との乖離を明確にして改善の攻めどころを提示する。結果系管理項目の達成度の測り方は管理項目の基準値を定め，実態とのGAPで判断する。結果系管理項目事例は，物流起因のライン停止時間・搬入異常件数・供給異常件数などである。

「要因系管理項目」達成度合いの測り方は，あるべき物流の実現に必要な要件の設計段階での反映度合を測定し守るべき要件の厳守率で判断する。要因系管理項目事例は，部品受け入れ時の異常感知機能があること・受け入れ異常を感知するための異常察知方法とその頻度が定められていること・異常が発生した場合の打ち上げルートや処置方法が段階別に管理フロー化されていること，などである。このような内容が22項目の大分類に切り分けて，約400の詳細項目で守るべき厳守項目が設定されている。つづいてここからは構内物流における「基本工程設計」についてもう少し詳しく解説する。

■構内物流の基本工程設計

ホンダが定めるG-STDでは構内物流において8つの工程を基本工程として定めている。8つの基本工程で物流部門が果たす役割として3つの観点を定め，それらを保証するために必要な基本工程設計となっている。特に生産ラインに対するサービス向上の観点と部品移動作業における効率向上の観点は相反する要素であり生産ラインでの作業者と部品運搬する作業者の総合的な効率を把握し優位性のあるポイントでお互いが合意・進める必要性がある。

続いて基本工程設計の8プロセスについてもう少し解説します。

図5-4で示す通り取引先／海外調達からの納入部品を8つの工程で生産ラインの要件にあった状態に変換していく。

①ヤード工程，②受け入れ工程，③入庫・保管工程，④トレインビルド工程，⑤ピック工程，⑥ステージング工程，⑦供給工程，⑧RCC（空容器）工程

①ヤード工程

遠方から運んできた部品をトレーラーまたはコンテナ単位に一次保管するための工程。このヤード機能よりCCのスペースをミニマムに保ちつつ，輸送

図 5 - 4　基本工程設計（8 プロセス）

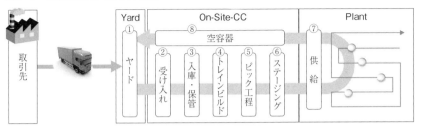

（出所）本田技研提供

効率の最大化を実現することが可能となる。

②受け入れ工程

　トレーラー（コンテナ）を必要なタイミング（L／T）に応じて CC に引き込み，容器単位の数量及び外観の品質保証を行う工程。この機能により搬入異常を早期に発見し次工程に影響を出さないことにつなげる。

③入庫・保管工程

　受入した部品を後工程の要件に合わせて保管する工程。各部品が CC 内のどこにどれだけ保管されているかを管理することで，在庫精度の保証と高効率な供給につなげる工程。

④トレインビルド工程

　供給指示に基づき供給カートを連結してトレイン化し，ピック工程まで運搬する工程。事前に供給カートを連結してトレインを組むことで，多くのカートを一度に運搬でき移動回数を減らすことで工数削減につなげる。

⑤ピック工程

　準備されたトレイン（供給カート）に，保管場から必要な部品を選んで台車・ラージ容器単位に積み付ける工程。供給カートに添付したピック指示の帳票と選定した容器部品の情報を紐付けすることで各供給カートごとに供給部品を保証する。また比較的小さな部品に関しては，準備されたトレイン（供給台車）に，保管場から必要な部品を選んで容器部品を積み付ける工程。供給カートに添付したピック指示の帳票と選定した容器部品の情報を紐付けすることで各供給カートごとに供給部品を保証する。

⑥ステージング工程

ピックされた部品をトレイン単位に最終出荷工程に移動し，供給準備をして
おく工程。供給前の最終確認工程であることに加え，ラインの生産進度に追
従することでライン環境を適正に保つためのバッファ工程。

⑦供給工程

生産進度に合わせて必要な部品を必要な場所に必要なタイミングで必要な数
量だけ届ける，また空容器・空台車を回収する工程。部品供給を確実に行い
供給保証することと，空回収などラインサイド環境を維持することで安定生
産につなげる。

⑧RCC（空容器）工程

ラインから回収した空容器・空台車をCCで貼り付けた帳票／ラベル等を除
去した後，返却先別要件に仕分け整理する工程。仕分け完了した空容器・空
台車は払出しまで，RCC内にて保管しお取引先等へ返却する。

以上がホンダにおける構内物流の基本工程設計，8項目である。このパート
ではホンダのG–STDを事例に解説してきたが構内物流は生産活動に直結し
ており，特に自動車生産においてはたくさんのライン従事者（数百人〜数千
人）を抱えながら操業活動であり，従って生産停止等の異常が発生した場合
のインパクトは多大だ。構内物流はものづくりの現場に軸足をおき，安定し
た生産活動を維持すために生産ラインの要件や実態を的確に捉え物流設計に
反映することも重要な要素である。

最後に，前述した「調達物流」とこの「構内物流」は非常に密接な関係にあ
り，取引先（海外調達含む）からの"太い物流導線"での調達と生産ラインへ
の"きめ細やかな投入"を両立させることが不可欠である。そのことから"太
い物流導線"，"高効率な生産ラインへの要件変換"，"タイミングの良い（定
時・定点・定量）生産ラインへの部品投入"という三つの要素を総合的に設計
し調達の要件と生産ラインに投入するための要件を最適なバランスで両立させ
ることを実現・維持したい。

(3) **完成車物流**

完成車の物流を考える上で基本となるのは顧客への納期回答・販売店への納

期指定日等の約束を守ることがとても重要である。約束を守り効率の良い物流設計ができていないことでこれまでの部品に対する物流の取り扱い以上にロス（完成車の保管・滞留することでの品質低下や車両へのダメージ等）を生み出す可能性が予測される。

　生産部門と物流部門，営業部門が連携しもっとも合理的な手段と統合した計画を立て目的を達成しなくてはならない。キーワードは，「完成車在庫の削減と最適な納車リードタイムで完成車の滞留時間を最小化する」である。

■完成車物流は産地直送，鮮度よく！が基本

・製品の納車基準は早くても遅くても良くなく，指定時間単位で動くことを基本に考える。販売店の保管スペースや納車整備時間，荷卸し条件⁽³⁾等を踏まえた物流計画が必要。

・生産計画に基づき，計画的輸送で輸送効率の向上を図る必要がある。なりゆきの輸送では運行ロスが大きくなるため送り側の生産と受け側の販売をつないだ計画を作る仕組みと状況に応じた対応をとることが必要である。

・製品保管・物流コストは総原価に占める割合も高く，大きな原価低減要素と認識しなければならない。

・国内計画輸送の中で顧客1人ひとりの約束日納期を達成することを目指し，最終的には個別販売であり，輸送効率と納車満足度の両立を図っていく。

・製品保管物流は生産と販売の需要ギャップを埋める重要な役割を担っており，販売量の増減変化を吸収できるように，フレキシブルで原価の低い仕組みが必要。

■国内完成車輸送

　国内での完成車輸送は主にトラック輸送・船輸送で一部，鉄道輸送が使われている。どの輸送機関を選択するかは，貨物の特性と各輸送機関の特性との適合を比較検討することによって，最適な輸送機関を選択しなければならない。選択するにあたって，判断基準となる輸送機関のサービス特性は，①確実性，②運賃，③輸送時間，④容量，⑤頻度，⑥利便性等の要素に分類される。

　具体的な選択は，こうした諸要素を貨物の発着時間，納期，運賃負担力，ロットサイズ，発着施設といった点とあわせ総合的に評価することになる。多くの要素のうち，どの要素にウェイトをおくかは，一般的には，運賃と輸送時

図5-5　完成車輸送

（出所）本田技研提供

間が最も重要な選択肢になる。

　各輸送機関の運賃は，貨物の種類，重量，容積，輸送距離，等により決定されるもので，主に航空輸送＞自動車輸送＞鉄道輸送＞船舶輸送の順で安くなっている。輸送時間については，発地から着地及び中継の時間を併せて把握し，何よりまず，納期の正確性を前提に機関選択を検討しなければならない。輸送時間の速さはドア to ドアの場合，航空輸送，自動車輸送，鉄道輸送，船舶輸送の順になる。よって最終的には①納期の正確性，②運賃が安い，③輸送時間が短い，とう順番で選択されることが多く，さらに最近に加えて環境面への取り組みからCO_2排出量も重要な要素として考えなければならない。

■輸出完成車輸送

　完成車の輸出量は近年，減少傾向にあり一時期の輸出型ビジネスから内需型ビジネスへの転換が加速している。輸出完成車の工場出荷から輸出先販売店までの輸送は，まず工場出荷後仕向け地別に仕分けを行うモータープールに一時保管され，陸上輸送用の特殊キャリアカーで港まで運ばれる。海上輸送は1カ月から半月（仕向け地により）ほどかけて輸出先の港まで輸送され，そこからまた特殊キャリアカーや鉄道輸送によって販売店まで届けられる（図5-5）。

　日本から北米までの輸送リードタイムは約40日ほどかけて輸送される。完成車海上輸送は PCC（Pure Car Carrier）船と呼ばれる専用船によって運ばれる。いくつかの本船サイズがあるが概ね内部は10層以上のフロアーから成り立っ

ている。北米向けは約3,000台積み込み可能レベル，欧州向けは約5,000台積み込み可能レベルとなっている。

■完成車の保管管理

　製品在庫は　生産の平準化，販売機会の逸失防止に重要な機能を果たしており，需給バランスの調整役として生産体系／販売体系の中では欠くことのできないものである。その製品在庫を，製品が生産された時（合格時）と同じ品質（価値及び状態）に保持することが保管管理の目的である。在庫が多くなると金利負担の上昇，保管費用の増大，商品の劣化が発生し，コスト増の要因となり経営資源のロスが発生する。製品物流としては，保管に関わるコストをなるべく抑制するような行動を常にとらなければならない。また，在庫車は顧客に販売する新車なので，保管している間の品質レベルの維持が求められる。

■完成車品質管理

　品質の考え方として最も重要なことは，「良い品質とは何か」ということである。品質（物の品質・仕事の品質）の良し悪しの基準を顧客の満足におく。

　顧客の満足を実現させるためのキーワードは，①マーケットイン　②後工程はお客様　③安全性・社会性である。顧客を決めるにあたって，まず部門や個人の役割を明確にし，役割に基づく業務を定め，その業務の結果を引き渡す相手を顧客とする考え方で進める。顧客に製品をお届けする最終工程として1台1台をそれぞれの顧客が待っている商品ということを認識することが大切であり，最適輸送の実現のために最短時間・最短導線・最大詰率等　物流効率の追求により物流の品質・コスト・サービスの最適を維持・継続することがとても重要ある。

　最後に完成車物流はそれぞれの自動車会社にとって直接，顧客とをつなぐ重要な役割を担う物流エリアである。海外拠点では，営業部門がその役割を担う場合が多々ある。関連法規も多く，事業形態や地域のインフラによっても最適が変化する。

(4)　補修部品物流

　新車が販売されてから廃車になるまでの間には，車検，定期点検，整備，修理，部品交換，用品装着など，様々な需要が生じる。こうした車両購入後の

カーライフで生じる需要に対して部品やサービスを提供するのが，アフター
セールス事業である。

　自動車メーカーにとってアフターセールス事業には，販売した自動車が廃車
になるまでの間，ユーザーのカーライフを継続的に支えるという車両販売者と
しての責任を果たすとともに，車両購入後の顧客に，点検，整備，修理などの
際にディーラーに戻ってきてもらい，サービス提供を通じてブランドへの信頼
性を維持向上させて，次の車両販売の機会につなげるという重要性がある。ま
た，アフターセールス事業は，車両の生産販売より利益率が高い場合もあり，
自動車メーカーにとって安定的な収益源として重要である。

　①補修部品とは

　自動車部品には，自動車工場で完成車に組み付けられる「組付部品」と，ア
フターセールスでの整備や修理に使用される「補修部品」とがある。自動車
メーカーは，販売した自動車の整備や修理に必要な全ての部品を，その車種の
販売が終了した後も長期間にわたり供給する。自動車メーカーが供給する補修
部品は「純正部品」と呼ばれるが，これは組付部品と基本的に同じ部品である。

　補修部品には，車両の使用による消耗や経年劣化により交換が必要になる部
品（スパークプラグ，バッテリー，タイヤなど）と，事故による破損や故障により
交換が必要になる部品（ミラー，バンパーなど）とがある。前者の消耗交換部品
は汎用化が進んでおり，自動車メーカーの「純正部品」の他にも，部品メー
カーの独自ブランドで供給される「優良部品」などが供給されている。後者の
修理交換部品は，自動車メーカーが供給責任を果たしているが，車両の使用期
間の長期化傾向に伴い，リユース部品やリビルト部品の使用も増えている。

　②補修部品の流通

　補修部品の流通は，以下のようなチャネルを通じて行われる。自動車メー
カーが供給する「純正部品」の場合は，自動車メーカーが，部品メーカーから
調達した部品と，自社で内製した部品とを，パーツセンターの倉庫に保管し，
系列のディーラーや系列の部品販売会社（部販・共販）に供給している。部
販・共販は，地域部品商やディーラー，整備事業者へ部品を販売する。

　なお，部品メーカーが供給する「優良部品」の場合は，部品メーカーから，
部品卸販売会社，地域部品商といった卸業者を経由して，整備事業者や，カー

用品店，ガソリンスタンドやホームセンターなどの量販店へ流通する。

③補修部品の物流

　自動車メーカーが供給する「純正部品」の場合，自動車メーカーは，部品メーカーで外製した部品や，自社で内製した部品を，パーツセンターの倉庫に保管しておき，ディーラーや部品販売会社からのオーダーに応じて出荷する。

　パーツセンターでの部品保管に際しては，倉庫での保管期間が長期化することもあるため，部品個々の特性に応じた包装を行って品質を保持する必要がある。また，パーツセンターから納品先への配送においては，配送エリアごとに最適なルートや便の設定を行い，輸送効率を高めつつも，顧客を待たせない迅速な配送が求められる。

④補修部品の在庫管理

　パーツセンターの倉庫には，販売終了した車種の分も含めて，数百車種のための補修部品が数十万点も保管されている。自動車はユーザーにとって重要な生活手段なので，事故や故障の際の修理は緊急を要するため，補修部品の供給は迅速さが求められる。そのため，部品の在庫を確保しておき，発注に応じて迅速に発送することが必要である。しかし，修理交換部品は，車種によって部品が異なるので管理部品点数が膨大になる一方，部品一種類あたりの需要は小さい。補修部品のこうした特性から，部品在庫の適切な管理が重要となる。

　補修部品の供給は，新型車の発売時に始まり，その車種の販売終了後も長期間にわたって行う必要がある。そのため，補修部品の生産は，新型車の発売に先立って開始され，その車種の販売終了後も続くことになる。

　自動車メーカーのアフターセールス部門は，新型車の販売開始時は，発売に先立って初期需要の数カ月分をまとめて手配しておく。自動車工場でその車種の生産が続いている間は，部品メーカーは，自動車工場向けの組付部品とアフターセールス向けの補修部品の両方のために，部品生産を行うことになる。部品メーカーは，自動車工場での生産が終了した後も，補修部品用に，生産設備や金型を長期保管して，部品生産を続ける必要がある。

　その車種の生産販売が終了してから時間が経ち，補修部品の需要が下がってくると，部品メーカーでの部品生産量も下がり，生産効率が悪化して生産設備や金型の維持も負担になる。こうした時期になると，自動車メーカーが補修部

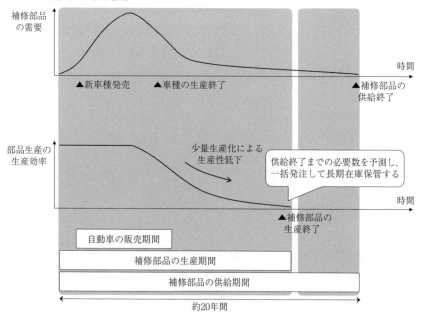

図5-6 補修部品の在庫管理

補修部品
の需要

時間

▲新車種発売　　▲車種の生産終了　　　　　　　　　　　　　　▲補修部品の
供給終了

部品生産の
生産効率

少量生産化による
生産性低下

供給終了までの必要数を予測し，
一括発注して長期在庫保管する

時間

▲補修部品の
生産終了

自動車の販売期間

補修部品の生産期間

補修部品の供給期間

約20年間

品供給終了までに必要な部品を一括で手配することで，部品メーカーは生産設備や金型の廃却を行って効率を向上させる。一括手配された補修部品は，自動車メーカーのパーツセンターの倉庫で，供給期間の終了まで長期間保管される（図5-6）。

3　自動車産業の変化と物流

(1)　自動車産業の構造変化

　今日の自動車産業には，グローバルなコスト競争の激化，燃費やCO_2排出量などの環境規制の強化，自動運転などの機能を備えた次世代自動車の開発競争といった，大きな構造変化の波が押し寄せており，自動車メーカー各社は厳しい競争と環境変化の渦中にある。これに対応すべく，自動車の開発や生産での技術革新と新しいサービス開発とが加速している。

　より安価な生産コストを目指しては，グローバルな部品調達と生産体制の構

築がより一層進むとともに，複数の車種の間で車台や部品を共通化することで，開発費や設備投資の削減を行う，プラットフォーム共通化やモジュール化といった取り組みが行われている。燃費の向上や CO_2 排出量の低減を目指しては，自動車の軽量化や電動化が目論まれている。

　自動車がインターネットに常時接続するコネクテッドカーも，ナビゲーション機能や，スマートフォンとの連携，事故時の自動緊急通報，走行実績に応じた保険料算出，盗難車両追跡など，様々な用途で実用化してきている。人間が運転しなくても自動で走行できる自動運転も技術開発が急速に進み，ある程度実用化してきている。

　また，自動車の利用のされ方についても，各ユーザーが車両を購入して保有する従来の利用形態から，車両を保有せずに使用したい時だけ車両を借りるカーシェアリングや，個人が空いた時間に自家用車を使って客を運ぶライドシェアといった，新しい利用形態も出てきている。

　こうした新しい潮流は，コネクテッド（Connected），自動運転（Autonomous），シェアリングとサービス（Shared & Services），電動化（Electric）の頭文字をとって，CASE と総称される。また，カーシェアリングやライドシェアに代表される，サービス業としての自動車産業という潮流については，特に，MaaS（Mobility as a Service）と呼ばれる。

⑵　自動車産業の変化と物流

　自動車産業では，このように大きな変動が起こっているが，自動車の形状や基本骨格が大きく変化する訳ではないので，「自動車の物流」に対する影響は，限定的なものになると思われる。とはいえ，以下のような対応や取り組みが求められるだろう。

　まず，グローバルな部品調達と生産体制の進展に対しては，複雑化するサプライチェーンをいかに管理し，長期化するリードタイムをいかに短縮し，上昇する物流コストをいかに適切に把握し低減していくか，といった課題への取り組みが必要である。

　また，プラットフォーム共通化やモジュール化といった施策においては，物流の観点も含めて全体最適を図り，機種開発の企画から織り込んでいくことが

必要である。具体的には，部品の仕様を共通化することで部品在庫を削減したり，輸送運搬しやすい部品形状にしたり，といった取り組みが考えられる。

電動化については，電動車特有の部品を輸送するにあたり配慮が必要となる。バッテリーやモーターといった部品では，輸送時の温度や振動衝撃について，従来の部品以上にデリケートな管理が求められる場合があるため，適切な輸送モードや包装技術の考案が必要である。

自動運転車やコネクテッドカーには，カメラやレーダーその他の高機能な光学機器，通信機器が装備されている。こうした部品の中には，ミサイル技術などに軍事転用できる可能性がある部品も含まれているので，それらが国際社会の安全を脅かす国家やテロリストに渡ることがないよう，部品やそれが組み付けられた自動車を輸出するにあたっては，安全保障貿易管理の観点から適切な輸出管理を行う必要がある。

また，ビジネス環境の激しい変化に対応し，競争上の優位性を獲得するべく，データとデジタル技術を活用して，ビジネスモデル，業務や組織，企業文化・風土を変革する，DX（デジタル・トランスフォーメーション）と呼ばれる動きも活発になっている。

自動車のサプライチェーン管理においても，調達・生産・物流・販売における膨大な情報をデジタル化し一元的に管理し分析することで，顧客への納期短縮や，在庫の適正化，キャッシュフローの改善，物流業務全般における効率向上やトラブル抑止を行っていく必要がある。

（本山　格）

演習問題

1　自動車産業にはどのような物流があり，それぞれどのような役割を担っているか述べなさい。
2　自動車産業にはいろいろな物流があるが，それぞれを行うにあたり，どのようなことに気を付ける必要があるか，またその理由を述べなさい。
3　自動車産業の物流において，効率を上げるためにどのような取り組みが必要か述べなさい。

注）
(1)　オフサイトCC：生産工場から離れた場所にあるCC機能。受入れ作業等の重複工

程や CC と工場間の横持ち輸送が発生する。
(2)　オンサイト CC：生産工場敷地内の隣接した場所にある CC 機能。
(3)　例えば都心に位置する販売店に完成車を運ぶ場合，交通量や交通法規の問題から日中を夜間での納車作業となる。また海外輸出車両については生産工場から出荷する港までの交通状況を加味し夜間に運ぶ設定としトラックの回転率を上げ輸送時間の短縮に取り組んでいるケースがある。

参考文献

青木幹晴（2012）『自動車工場のすべて──エンジン製造・塗装・組立から生産管理の秘訣まで』，ダイヤモンド社。
国土交通省「荷主業界ごとの商慣行・商慣習や物流効率化の取組状況の調査報告書　自動車編」「2016年度　貨物自動車運送事業における生産性向上に向けた調査事業」https://www.mlit.go.jp/common/001198494.pdf（2021年 8 月 1 日閲覧）
全日本自動車部品卸商協同組合　https://www.zenbukyo.or.jp/index.html（2021年 8 月 1 日閲覧）

推薦図書

ロジ・ソリューション株式会社（2021）『図解即戦力　物流業界のしくみとビジネスがこれ 1 冊でしっかりわかる教科書』技術評論社。
刈屋大輔（2017）『知識ゼロからわかる物流の基本』ソシム。
湯浅和夫（2009）『この 1 冊ですべてわかる　物流とロジスティクスの基本』日本実業出版社。
石川和幸（2017）『この 1 冊ですべてわかる　SCMの基本』日本実業出版社。

<table>
<tr><td>第6章</td><td>医薬品業界の物流管理
経営環境の変化と物流戦略の転換</td></tr>
</table>

　医薬品サプライチェーン上の各事業者を取り巻く経営環境が変化するにつれ，それぞれの物流戦略も変わっている。そして，各社の企業経営において物流事業のポジションが違うため，物流戦略が大きく異なっている。本章では，医薬品サプライチェーンの構成メンバーである製薬企業，医薬品卸売企業，病院と調剤薬局の物流戦略がどのように変化し，またその変化をもたらす諸要因について勉強する。

キーワード

規制産業　薬価改定　ジェネリック医薬品　医薬分業　厳格な品質管理
安定的な供給体制　毛細血管型流通　多頻度小口配送

1　医薬品物流の概要

(1)　医薬品の供給体制と市場規模

　日本の医薬品はその販売形態によって医療用医薬品と一般用医薬品に分けられる。医療用医薬品は購入する際に医師や歯科医師等の処方せんが必要な医薬品で，一般用医薬品は処方せんがなくても購入できる医薬品のことを言う。医療用医薬品は病院・診療所や調剤薬局で購入し，一般用医薬品はドラッグストアやコンビニ，そして近年はインターネットでも購入できるようになっている。

　近年，日本の医薬品市場規模は10兆円前後で推移している。そのうち約9割が医療用医薬品で，ほとんどは医薬品卸売企業を経由して病院・診療所や調剤薬局に供給されている。一方，一般用医薬品は全体の約1割を占め，大手ドラッグストアの購入量の増加に伴い，直接に製薬企業から購入する医薬品が増えている。そして，日本国内で使用される医薬品のうち約3割が海外からの輸入医薬品である（図6-1）。

図6-1　日本の医薬品の供給体制

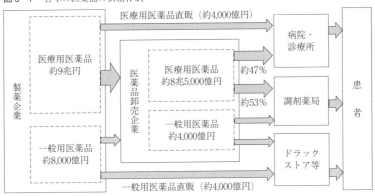

注：2018年の日本国内医薬品市場規模は約9兆8,000億円，そのうち海外からの輸入医薬品
　　が約3兆1,000億円で全体の約32％を占める。厚生労働省（2019）より。

（出所）日本医薬品卸売業連合会（2020）と厚生労働省（2019）をもとに筆者作成。

(2)　医薬品物流の特徴

①安定的な供給体制

　医薬品は生命関連商品であるため，医薬品を取り扱う各事業者にはいかなる状況でも安全な医薬品を安定的に供給することが求められている。特に自然災害の多い日本では，緊急事態が発生した場合でも医薬品の安定供給ができるBCP（Business Continuity Plan，事業継続計画）の構築が重視されている。

②厳格な品質管理

　医薬品はその商品特性から温度・湿度管理が厳しく求められている。医薬品ごとに定められた湿度・温度帯での管理が必要となり，生産過程と保管，そして輸送過程まで徹底しなければならない。近年はバイオ医薬品や欧州を始め海外からの輸入医薬品が増えており，このような医薬品を扱っている事業者には，従来よりも厳しい品質管理システムの構築が各事業者に求められている。

③必要不可欠なトレーサビリティ

　副作用や品質などの問題により医薬品を回収すべき時，当該医薬品の使用状況と保管場所を随時に確認して迅速に回収しなければならない。そのため，サプライチェーン全体で医薬品のトレーサビリティに対応しなければならない。

④高額な物流コスト

　医薬品は単価が高いため売上高に占める物流コスト比率は2％台で，これは日本の全業種平均の5％，そして12％もするネット通販と比べると非常に低い。しかし，医薬品の安定供給を確保するために在庫を分散して保管し，また緊急配送が多くて高度な品質管理が必要となるため，医薬品の実際の物流コストは高額となる傾向にある。

⑤厳しい規制

　医薬品産業は規制産業と言われており，関連法律と政策が非常に多い。例えば，医薬品の開発・製造販売に関してあらゆる面で細かく定めている「薬機法」(正式名称：医薬品，医療機器等の品質，有効性及び安全性の確保等に関する法律)，医薬品の保管と輸送過程の品質管理に係る「医薬品の適正流通基準（GDP：Good Distribution Practice)」など，医薬品の生産から流通まで様々な法律と規制が課せられている。

(3)　医薬品物流システムの変化

　近年，医療用医薬品サプライチェーン上の各事業者を取り巻く経営環境が悪化している。2節で詳細に説明するが，これまで2年に1度行われていた薬価改定，新薬よりも薬価がはるかに安いジェネリック医薬品市場の拡大などは，医薬品の営業利益を大きく圧縮し，それが各事業者の収益を直撃している。

　また，医薬分業の進展により外来患者の薬の受け取り場が病院から調剤薬局にシフトし，従って調剤薬局で必要となる医薬品の種類と量が増加してきた。しかし，調剤薬局は病院よりも医薬品の保管スペースが狭いため，医薬品卸売企業に小まめに医薬品の発注をかけるしかない。このような配送先の変化に対応するために医薬品卸売企業は従来よりも多頻度で小口の配送サービスを提供せざるを得なくなった。

　このように，各事業者において，経営環境が悪化する一方，求められる物流サービスのレベルが高くなっているため，各事業者では物流サービスの品質向上とコスト削減を同時に実現できる物流システムの構築に乗り出した。

　製薬業界では自社の物流業務を3PL（Three Party Logistics の略)[1]事業者にアウトソーシングする傾向が強まっている。その目的は，3PL事業者の専門性

図6-2　医療用医薬品物流システムの変化

1980年代以降～2000年代半ば

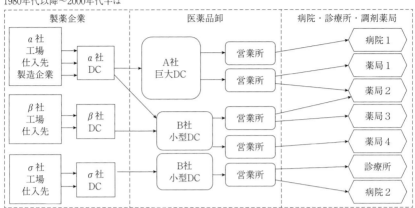

2000年代半ば～現在

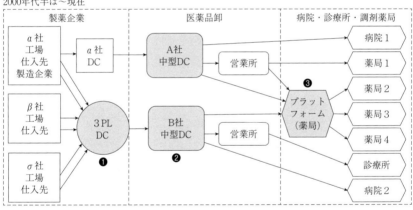

（出所）筆者作成。

を利用して物流業務の効率を高める，もしくは3PL事業者を通して他社と共同物流を行うことで物流コストを削減するためである（図6-2の①）。

　一方，医薬品卸売企業は自社物流の効率化と高度化に向けて物流改善を行っている。病院・診療所と調剤薬局の近くに多く点在していた営業所の在庫を物流センターに集約し，トータル在庫の削減を図っている（図6-2の②）。

　病院は院内の医薬品の過剰在庫を削減するために各病棟や手術室など様々なところに分散保管されている医薬品の情報を一元管理し，物流業務を積極的に

アウトソーシングしている。そして，調剤薬局のところでは，医薬品の購買量を拡大することで価格交渉力を高め，物流コストを削減するために仕入れと物流の共同化を進めている。ここで共同仕入と共同物流のプラットフォームを提供しているのは大手薬局チェーンがメインで，加盟者はほとんど中小零細規模の薬局である（図6-2の③）。

2　収益環境の悪化が物流に与える影響

　日本の医療費は年々増加しており，2018年度はすでに43兆円を超えている。医療費のうち4割程度が公費で賄われるため，医療費の増加は日本の財政を圧迫してしまう[(2)]。そして，医療費の約2割を占めている医療用医薬品の費用が2000年度の6兆円から2017年度に9.4兆円まで拡大し，医療費が拡大する一要因とされている[(3)]。厚生労働省は医薬品費用の増加を抑えるために一連の政策を策定した。主に薬価改定，ジェネリック医薬品の使用促進，医薬分業の促進などがあげられる。このような政策の実施は医療用医薬品サプライチェーン上の各事業者（製薬企業，医薬品卸売企業，病院・診療所と調剤薬局）の経営戦略と物流戦略の変化をもたらしている。

(1)　薬価改定
　薬価とは医療用医薬品が患者に販売される価格のことで，厚生労働省が定めている。この薬価は全国同一価格であり，これまでは2年に1度薬価を調整してきたが，2021年度からは毎年調整することになっている。薬価を調整するといっても，ほとんどは従来よりも安くなっている。2020年は平均薬価が4.38％引き下げられた[(4)]。薬価の引き下げは，医療用医薬品を取り扱う各事業者の収益減少につながる。

(2)　ジェネリック医薬品の使用拡大
　医療用医薬品のうち特許で守られているのが新薬で，特許期限が切れてから，ほかの製薬企業が新薬と同じ有効成分を使って製造した医薬品をジェネリック医薬品という。ジェネリック医薬品は研究開発費用の回収が要らないため薬価

が新薬の数分の1と安く設定されているが，保管と輸送などにかかる物流コストは変わらない。そのため，ジェネリック医薬品は新薬よりも物流コスト比率が高くなってしまう。日本におけるジェネリック医薬品の市場規模は拡大しており，これはジェネリック医薬品を取り扱う各事業者の物流コスト比率の増加につながる。

(3)　医薬分業の進展

　病院や診療所の医師が処方せんを作成して，調剤薬局が患者に医薬品を販売する仕組みを医薬分業という。つまり薬の処方と調剤を分離することである。そして，病院の外来患者が受け取った処方せんのうち，病院外の調剤薬局で医薬品を受け取る割合を医薬分業率という。近年，日本の医薬分業が進んできており医薬分業率は2000年代初め頃の40％台から2020年度の75％超まで増加してきた[5]。

　医薬分業の進展により調剤薬局の売上高は増加している。ところが，調剤薬局は在庫スペースが狭くて，医薬品を多く抱えることができない。このため，医薬品卸売企業に従来よりも頻繁に配送を依頼せざるを得ない。

　以上のように，医療用医薬品サプライチェーン上の各事業者は，収益環境が悪くなる一方，求められる物流サービスのレベルが高くなっているため，物流の効率化と高度化を目指して，戦略転換を行っている。物流事業がコアビジネスである医薬品卸売企業は，トータル在庫を削減する同時に欠品を防止し，また調剤薬局からの多頻度小口配送の要請へ対応する同時に輸送コストを削減するために，物流センターネットワークを再構築するようになった。自社物流に注力する医薬品卸売企業と違って，物流事業がコアビジネスではない製薬企業と病院・調剤薬局では，物流コストの削減を目的としたアウトソーシングと共同物流を推進している。

3 製薬企業の物流業務のアウトソーシング

(1) 物流業務のアウトソーシングの進展

　製薬企業の物流業務のアウトソーシングは1990年代から外資系を中心に進んできた。外資系企業が日本で物流センターやトラックなど固定資産を保有した場合，事業撤退時のリスクが高くなる。そのため，物流業務を医薬品の専門物流事業者に委託する傾向が強かった。

　近年は日本の製薬企業を取り巻く経営環境が厳しくなり，多くの日系製薬企業も競争力を高めるために，コア事業である医薬品の研究・開発に資源を集中し，それ以外の事業はアウトソーシングする，いわゆる「選択と集中」の経営戦略を取るようになった。そこで，物流は企業活動に欠かせない業務ではあるが，製薬企業においてコア事業ではないため，自社物流からアウトソーシングに戦略方向を変更している。

　現在は6割以上の製薬企業が物流業務を外部に委託しており，矢野経済研究所の調査によると，日本の2019年度の医薬品物流アウトソーシング市場規模は600億円程度と推定される⁽⁶⁾。そして，物流業務の委託範囲は，従来の自社倉庫の管理，輸配送など単一業務から，物流業務全般を包括的に3PL事業者に委託する方向に変わっている。

　一方，医薬品は厳しい温度・湿度の管理，遵守すべき関連法律や規制が多いため，医薬品の物流業務を担うことができる3PL事業者は限られている。日系3PL事業者として主に伊藤忠ロジスティクス，エス・ディ・コラボ，大塚倉庫，日本通運，日立物流，三井倉庫，三菱倉庫，安田倉庫などがあり，外資系はDHLサプライチェーンがあげられる。

(2) 輸送業務の一元管理

　製薬企業の倉庫から医薬品卸売企業の物流センターまでの輸送業務は，各地域の医薬品専門の運送会社が担っている。これらの運送会社がパートナーシップを結んで全国輸送ネットワークを構築して，医薬品を全国に届けている。

　しかし，製薬企業が各地域の運送会社とそれぞれ契約を結ぶのは管理負担が

図6-3　輸送業務の一元管理システム

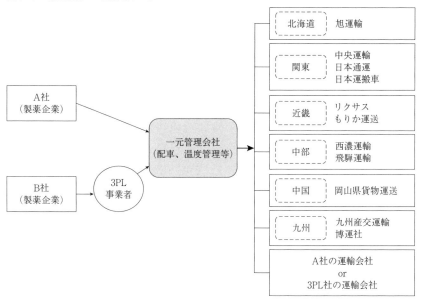

（出所）筆者作成。

大きいため，自社の輸送業務を一括して外部に委託する製薬企業が多い。製薬
企業から輸送業務を受託した会社は，各地域の運送会社を活用して医薬品を全
国の医薬品卸売企業の物流センターに届けている。この会社は，地域の運送会
社とそれぞれ契約を結ぶか，これらの運送会社の管理会社と契約することで，
全国輸送ネットワークを確保している。具体的には，以下のようないくつかの
パターンに分けられる（図6-3）。

　　パターン①：製薬企業が自社の輸送業務を物流会社に一括して委託する。こ
　　　　　　　　の物流会社は各地域の運送会社とそれぞれ契約し，各運送会社
　　　　　　　　が医薬品の輸配送を行う（ここで，物流会社が各運送会社の一
　　　　　　　　元管理元者になる）。
　　パターン②：製薬企業が自社の物流業務全般を3PL事業者に委託し，3PL
　　　　　　　　事業者がそのうちの輸送業務をさらに他の物流会社に委託する。
　　　　　　　　3PL事業者から輸送業務を受託した物流会社は，各地域の運

送会社とそれぞれ契約し，各運送会社が医薬品の輪配送を行う（ここで，物流会社が各運送会社の一元管理会社になる）。

パターン③：3 PL 事業者が製薬企業の輸送業務を一元管理する。そして，この子会社が各地域の運送会社と契約を結ぶ（ここで，3 PL 事業者の子会社が各運送会社の一元管理会社になる）。

パターン④：製薬企業が自社の運送会社と各地域の運送会社を併用する。自社でカバーできる地域は自社のトラックを利用し，それ以外の地域では現地の運送会社を利用する。両者の配車業務は第三者企業に管理させる（ここで第三者企業が一元管理会社になる）。

4　医薬品卸売企業の物流の効率化と高度化

(1)　医薬品流通の変遷と特徴

　従来，日本の医薬品卸売企業は中小零細規模の卸が多かった。このような企業は安定した経営を維持するために有力製薬企業の傘下に入って代理店として機能した。そのため，他の製薬企業の医薬品を扱うことができなかった。これが日本の医薬品流通業界を長年支配していた「メーカー系列化」である。

　1980年代，スズケンの出現は長年続いてきたメーカー系列化の崩壊をもたらした。同社は有力製薬企業の傘下に入っておらず，積極的に各地域に進出し，日本全国に販売ルートを広げ，複数の製薬企業の医薬品を取り扱っていた。他の医薬品卸売企業はスズケンとの競争で生き残るために積極的に違うメーカー系列の卸と合併を行った。その結果，医薬品卸売企業は製薬企業から独立し，メーカー系列化が崩れた。その後，各医薬品卸売企業は企業規模を拡大することで自社の競争力を高めるために，約20年間業界内で吸収合併を行ってきた。

　医薬品卸売企業間の全国範囲での大規模な合併や買収は2000年代半ばまで行われ，医薬品卸売企業の企業数は1970年代後半の600社から現在の70社程度に集約された。そして，メディパル HD，アルフレッサ HD，スズケン，東邦HD の上位4大グループが医薬品流通市場の8割以上のシェアを占める，上位集中度の高い市場構造になっている。

　一方，欧米諸国に比べて日本の医薬品卸売企業の配送先が遥かに多いことで，

　日本の医薬品流通は「毛細血管型」と言われている。医薬品卸売企業の医薬品
の配送先は主に病院・診療所や調剤薬局であり，アメリカの約 7 万カ所，イギ
リスの約 1 万8,000カ所，ドイツの約 2 万1,000カ所に対して，日本はおよそ23
万カ所に上る。日本の医薬品卸売企業は，全国に点在している配送先に一日数
回にわたる医薬品の配送を行っており，医薬品の品質確保はもちろん，欠品と
誤配を防ぐことも求められている。日本のこのような独特な流通構造と高い水
準の物流サービスへの要請は，医薬品卸売企業の輸送コストと在庫コストの増
加をもたらしている。

(2)　物流拠点の再配置

　従来，医薬品卸売企業は病院や調剤薬局の近くに営業所を設けて医薬品の保
管と供給を行っていた。大手卸Ａ社も全国に数百カ所の営業所を配置していた。
そして，関東と関西に 3 カ所の巨大な物流センターを設置して大量な医薬品を
保管し，各営業所へ医薬品を補充する物流体制を取っていた (図6-4)。
　ところが，ジェネリック医薬品の使用拡大により，Ａ社の営業所では薬効が
同じ薬でも複数メーカーのものを扱わなければならなくなり，在庫量も従来と
比べて多くなっていた。営業所は保管スペースが限られているため，各メー
カーの医薬品を全て多めにストックすることができなく，結局，欠品率が上昇
してしまった。欠品が発生する度に，巨大物流センターから医薬品を調達して
顧客に配送することになり，リードタイムが長くならざるをえなかった。
　在庫の拡大と欠品率の上昇問題を解決するために，同社は全国に十数カ所の
中規模物流センターを設置して， 3 カ所の巨大物流センターと数百カ所の営業
所で保管していた医薬品を中規模物流センターに集約した。中規模物流セン
ターでは20,000品目前後の医薬品を扱っており，欠品率を 1 ％以下におさえて
いる。そして，従来の数百カ所の営業所の中で100ヵ所程度を選定し，使用頻
度の高い医薬品を一部保管させることで，中規模物流センターからの配送頻度
を減らしている (図6-4)。
　Ａ社は巨大物流センターと営業所にダブルで保管していた医薬品を中規模物
流センターに集約することでトータル在庫を削減することができ，また，各中
規模物流センターの直配エリアの顧客にはほとんど欠品なしで対応することが

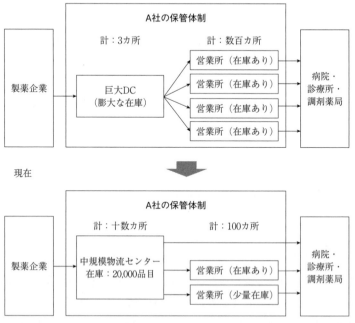

図6-4　A社の物流センターネットワークの再構築

従来

A社の保管体制

計：3カ所　　　　　計：数百カ所

製薬企業　→　巨大DC（膨大な在庫）

営業所（在庫あり）
営業所（在庫あり）
営業所（在庫あり）
営業所（在庫あり）
→　病院・診療所・調剤薬局

現在

A社の保管体制

計：十数カ所　　　　計：100カ所

製薬企業　→　中規模物流センター在庫：20,000品目

営業所（在庫あり）
営業所（少量在庫）
→　病院・診療所・調剤薬局

（出所）金（2016）をもとに筆者作成。

できるようになった。

(3) 配送体制の再構築

　A社は150億円の商圏ごとに中規模物流センターを1カ所設置している。病院や調剤薬局が密集している商圏は，物流センターから商圏内の各顧客までの距離が遠くないため，配送時間も短い。しかし，病院や調剤薬局が分散していて商圏は範囲が広くなり，物流センターから離れている顧客にとっては，配送距離が長くなってしまう。

　同社は全ての顧客に医薬品を迅速に配送するために，中規模物流センターから片道40分の地域を直接配送エリアと定めた。このエリア内の顧客に対しては物流センターが対応し，商圏内で直接配送エリア外の顧客は近くに営業所を配置して対応している（図6-5）。

図 6-5　A社の配送体制

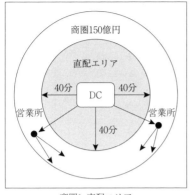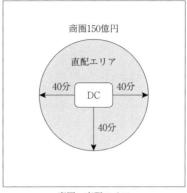

商圏＞直配エリア　　　　　　　　商圏＝直配エリア

（出所）金（2016）をもとに筆者作成。

　また，リードタイムを短縮するために，A社は物流センター内の出荷業務に
かかる時間を減らした。同社は出荷作業を早く済ませるために，医薬品のロ
ケーション管理から，ピッキング作業，補充作業，仕分け作業まで，各工程の
作業効率を高め，また無駄な作業を減らすために積極的に機械化と情報化を推
進している。

5　病院・調剤薬局物流の一元管理と共同化

(1)　院内医薬品の分散化と一元管理

　病院で使用される医薬品は，治験薬など一部の医薬品以外はほとんどが医薬
品卸売企業を経由して仕入れている。仕入れた医薬品は薬剤部の倉庫で保管さ
れ，各診療科の医師の処方せんに基づいて薬剤部の調剤室で調剤・セットして
から各病棟や手術部に搬送される。これらの医薬品は使用指定日まで病棟や手
術部の保管場所で一時的に保管される。そのほか，各診療科の処置室や各病棟，
手術部の薬剤管理室や調剤所（院内薬局）には臨時緊急用の医薬品が常備され
ている（図 6-6）。

　効率のよい在庫管理を行うためには，医薬品を集約して管理したほうが良い
が，病院は「救命」という使命を持つため，患者に医薬品を投薬すべきときは

図6-6　院内医薬品の保管体制

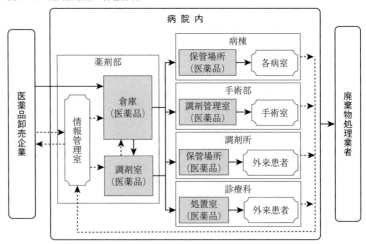

注：医薬品の流れ ⟶　情報の流れ ┄┄➤
（出所）筆者作成。

すぐ届けなければならない。そのため医薬品をできるだけ患者の近くで保管する必要性から，病院では医薬品が分散保管されており，その結果として余剰在庫が発生しやすくなる。

　また，多くの病院では薬剤部と各保管場所の在庫管理システムが連動していないため，医療従事者は確実な在庫量を把握していない状態で欠品を防ぐために医薬品を多めに発注する傾向があり，余剰在庫はますます増加してしまう。

　近年，一部の大規模病院では医薬品の一元管理システムを構築し始めた。薬剤部の情報システムと各保管場所の在庫管理システム，返品・廃棄システムを連動し，薬剤部の情報管理室で病院全体の医薬品の状況をより正確に把握できるようにして，各部署の過剰発注の防止を図っている。

(2)　薬局物流の個店運営と共同化

　チェーンストア経営で得られるメリットは，各店舗の商品を一括仕入れることで購入量を増やし，従って価格交渉力を強めることで従来よりも安い価格で商品を購入することができる。また，各店舗の商品の共同配送を行うことで，輸送コストを削減することができる。しかし，日本の調剤薬局は，チェーン薬

コラム▶▶アルフレッサ社の物流技術開発

　アルフレッサ株式会社はアルフレッサ HD 傘下の医薬品卸売会社で，2020年度の売上高は 2 兆円を超え，医療用医薬品の卸分野では業界トップの座を誇る大手企業である。取り扱っている商品は医療用医薬品と一般用医薬品，検査試薬と医療機器など，国内外の約1,000社からおよそ35万アイテムを超える商品を全国の病院・診療所や調剤薬局に届けている。

　同社は医薬品を安定的に供給するために，全国を網羅する物流ネットワークと緊急配送・多頻度小口配送システムを構築し，また各地域に最新技術を導入した高機能物流センターを設置した。さらに，流通過程において医薬品の品質や安全性を確保のために，物流技術の開発にも注力している。

　医薬品の品質確保において，温度管理は非常に重要な項目である。特にバイオ医薬品など温度の変化に極めて敏感な医薬品は，保冷倉庫からトラックのところまで移動する間や外の気温の変化などで医薬品が変質してしまう恐れがある。アルフレッサ社は自社で温度管理技術研究所を設けて長年にわたって技術開発を行ってきた。

　数年前に同社が開発した高機能保温ボックスはアイスバッテリー，保温ボックス，輸送時の温度を記録する温度ロガーがワンセットとなっている。アイスバッテリーは，保冷バッテリーや凍結バッテリーなど多種多様な製品が開発されている。例えば，保冷バッテリーは気温30℃条件下で 2 ～ 8 ℃の温度を110時間以上保温でき，凍結バッテリーは室温条件下でマイナス20℃以下の温度を60時間以上維持することができる。この高機能保温ボックスは気密性と断熱性の高い素材を使っており，アイスバッテリーの保冷機能を最大限に発揮している。そして温度ロガーは，輸送途中で指定した時間に自動的に温度データを記録することができる。

　従来，アルフレッサ社は凍結保存医薬品を保冷車で配送していた。同社の物流センターから病院まで保冷車で配送し，その後は病院の薬剤部の冷凍庫で保管する。凍結保存医薬品は主に手術時に使われており，手術が始まる前に薬剤部の冷凍庫から出され，手術室の冷凍庫に移動して一時的に保管する。従来の保冷車による配送を，同社の高機能保温ボックスに変えることで，医薬品が保管場所を変更する際に外部の温度変化に影響されなくなる。つまり，凍結保存医薬品がアルフレッサ社の物流センターから病院の手術室で実際に使用されるまで一貫した高度な温度管理が可能となる。

　また，高機能保温ボックスの利用により，物流コストが大幅に削減できる。保

冷車1台の輸送コストは一般車両の2〜3倍となり，医薬品の輸送コストが高い一要因にもなっている。保冷車輸送を高機能保温ボックスに切り替えることで，輸送コストが5〜6割程度削減できる。一方，凍結保存医薬品を高機能保温ボックスに入れたまま保管・移動ができるため，病院の薬剤部と手術室では冷凍庫を保有しなくても医薬品の厳格な温度管理ができる。病院内で冷凍庫を設置し，また管理員を配置する必要がなくなり，その分，保管コストと人件費も削減できる。
注：アルフレッサ株式会社の高機能保温ボックスは数年前にすでに開発され，同　社の技術革新に伴い，保温ボックスの温度管理機能とコスト削減効果が従来　よりも高まっていると推測される。
（出所）アルフレッサ株式会社のホームページとインタビュー内容より。

局でも医薬品の仕入れや物流業務を各店舗で独自運営するところが多くて，チェーンストア経営のメリットを享受することができなかった。

　ところが，近年は調剤薬局業界で医薬品の仕入と物流の共同化が急激に進んできた。このような変化をもたらした原因の一つが中小規模の調剤薬局の経営難である。そして，共同仕入と共同物流業務を担っているのは主にチェーン薬局である。チェーン薬局は自社の各店舗の業務をまとめて行うと同時に，同業他社の業務も請け負うようになっている。

　最近，この業界には共同仕入のプラットフォームとして地位を確立している会社が現れた。北海道に本社を置くメディカルシステムネットワーク社である。同社は調剤薬局と医薬品製造以外に、医薬品ネットワーク事業を展開している。この事業は加盟者の医薬品の購入代行、在庫管理と廃棄ロスの削減、薬剤師の教育など、加盟者の経営全般をサポートしている。同社は支払いサイトの短縮や児童発注の導入など、薬局側の条件を整えることによって医薬品卸売企業と価格交渉を行い、どの加盟者でも同じ価格で卸から薬を購入できる仕組みを作っている。また、加盟者同士の医薬品売買マッチングプラットフォームを提供して各社の在庫削減をサポートしている。現在，日本全国の加盟者は7,000店舗を超えており，そのうち約94％が自社店舗以外の薬局である[8]。

　このように，個店運営に支配されていた調剤薬局業界は，チェーン薬局の自社業務の統合，さらには同業他社間の業務の提携と共同化が進んでいる。

6　新型コロナウイルスワクチンの物流システム

(1)　ワクチンの購入と配分

　日本国内で初めて承認された新型コロナウイルスワクチン（以下，ワクチン）はアメリカの製薬大手ファイザー社が開発したもので，2021年2月14日に厚生労働省が正式承認したと発表した。そして，同年5月にイギリスのアストラゼネカ社とアメリカのモデルナ社が開発したワクチンも次々と承認され，現在はこの3社のワクチンが日本国内で使用されている。

　ワクチンは日本政府が購入し，無料で国民に提供している。各地域への配分量の調整と決定に関しては，国が都道府県の分を，都道府県が市町村の分を，そして市町村が医療機関（病院と診療所）と自治体などが設けた接種会場への配分量を決める。現時点でワクチンの配分は月に2，3回程度行われ，製薬会社と医薬品卸売企業が各医療機関と接種会場の配分量に応じてワクチンを供給する。ワクチンを接種する各会場では原則として1社のワクチンを使用することになっている。そして，各自治体，医療機関，医薬品卸売企業など諸関係者がV-SYS（Vaccination-system，ワクチン接種円滑化システム）という新型コロナウイルスワクチンの専用システムにワクチン関連情報（配分量，配送予定日など）をそれぞれ登録して関係者間の情報共有を行っている。

(2)　ワクチンの輸送体制

　ワクチンの輸配送に関しては，各製薬企業や医薬品卸売企業が物流会社と協力して行っている。現在，日本国内で使用されている3社のワクチンのうち，アストラゼネカ社の一部のワクチン以外は全て海外から輸入しており，航空輸送を利用して日本に運んでいる。ワクチンが日本国内に到着した後は各製薬企業の倉庫で保管され，その後，医薬品卸売企業の物流センターや営業所を経由して医療機関と接種会場に配送される。ただし，ファイザー社のワクチンはマイナス90℃～マイナス60℃と非常に厳しい温度帯での保管が求められているため，同社のワクチンは製薬企業の倉庫から直接に医療機関と接種会場に配送するようになっている。また，一度に医療機関や接種会場に配送される最小の数

量が1,170回接種分と量が多いため，ワクチンの需要量が多くない診療所には需要量の多い病院から小分けして配送することが認められている（図6-7と表6-1）。

　卸経由でワクチンを納入する医療機関は，普段から複数の医薬品卸売企業と取引を行っているところが多いため，どの医療機関にどの卸売企業がワクチンを供給するかで混乱が生じる可能性がある。そのため，地域ごとにワクチンの納品を担当する医薬品卸売企業をあらかじめ1社選定した。各都道府県が各自のエリアを複数の地域に分け，医薬品卸売業連合会が会員の卸売各社の意向を確認して，それぞれの担当地域を決めている。

　ワクチンの輸送にも日本政府が関与している。ファイザー社のワクチンはマイナス75℃程度という非常に厳しい温度帯での管理が必要である。同社のワクチンの安全な輸送を確保するため，日本政府は国内倉庫から病院や接種会場までの輸送を担う物流会社を選定した。選ばれた物流会社は試薬など超低温輸送の経験があるヤマトHD，セイノーHD，欧米のワクチン輸送の実績を持っているDHL社など運輸大手3社である。一方，病院から診療所などへの小分け配送に関しては，病院が各自で冷凍庫や保冷ボックス，ドライアイスを使って配送を行っている。

(3)　ワクチンの温度管理

　ワクチン物流において最も大きいな課題は温度管理である。ワクチンを長期的に保管するためには，ファイザー社のものはマイナス90℃〜マイナス60℃，モデルナ社はマイナス25℃〜マイナス15℃，アストラゼネカ社は2〜8℃の温度帯を維持しなければならない。3社のワクチンとも設定された温度帯を遺脱して保管された場合，有効成分が分解し，効果が失われてしまう。そのため，ワクチンの保管と輸送，そして接種するまでの温度管理は非常に厳しく求められている（表6-1）。

　日本政府は各医療機関と接種会場でワクチンが適切に保管できるように，マイナス75℃とマイナス20℃の冷凍庫（ディープフリーザー）をそれぞれ1万台購入し，全ての市区町村に配布した。

　ワクチンは接種体制と流通体制を速やかに構築しなければならないため，購

図6-7　新型コロナウイルスワクチンの物流体制

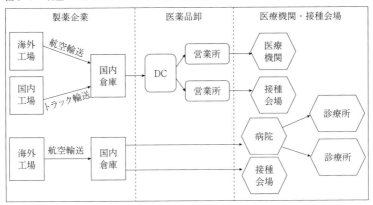

（出所）厚生労働省健康局健康課予防接種室（2021 a）をもとに筆者作成。

表6-1　新型コロナウイルスワクチンの保管温度と保存可能期間

	ファイザー	アストラゼネカ社	武田／モデルナ
保管温度と保存期間	−75℃ ±15℃で6カ月 −20℃ ±5℃で14日間 2〜8℃で5日間	2〜8℃で6カ月	−20℃ ±5℃で6カ月
最小流通単位	195バイアル （1170回接種分）	10バイアル （100回接種分）	10バイアル （100回接種分）
バイアル開封後の保存条件	室温で6時間	室温で6時間 2〜8℃で48時間	2〜25℃で6時間
納品先から他の施設への小分け配送	可　能	不　可	不　可
冷凍庫の設置（ディープフリーザー）	保管場所に−75℃冷凍庫の設置必要	不　要	接種場所に−20℃冷凍庫の設置必要

（出所）厚生労働省健康局健康課予防接種室（2021a）と（2021b）より抜粋。

入と供給，物流まで日本政府が関与している。また，新型コロナウイルスの感染状況やワクチンの供給状況などの変化に伴い，関連政策と供給体制も変更されている。

　日本国内では，すでに3回目のワクチン接種が始まっており，ほとんどの人が2回目の接種を終えている。ただし，ワクチンの異物混入や副作用，未使用ワクチンの廃棄，接種ミス，ドライバー不足など，製品の安全性から流通，物流まで多くの問題と課題を抱えており，これから改善していくことが必要である。

（金　艶華）

演習問題

1　製薬企業は積極的に物流業務をアウトソーシングしているが，その理由が何であるか述べなさい。そして，製薬企業にとって物流業務のアウトソーシングはどんなメリットとデメリットがあるかを述べなさい。
2　医薬品卸売企業は製薬企業と異なり，積極的に自社物流の強化に取り組んでいる。医薬品卸売企業が具体的にどんな物流の改善を行っているのか整理しなさい。

注)

(1)　3PL（Third Party Logistics，サードパーティー・ロジスティクス）とは，荷主に対して物流改革を提案し，包括して物流業務を受託し遂行することを言う。
(2)　厚生労働省HP「平成30年度国民医療費の概況」（2021年8月31日閲覧）。
(3)　全国保険医団体連合会（2018年11月15日）「薬剤費の膨張にブレーキ——2000～2017年度における概算医療費と薬剤費の推移」（2021年8月31日閲覧）。
(4)　厚生労働省（2020）「薬価基準改定の概要」（2021年8月31日閲覧）。
(5)　日本薬剤師会HP「医薬分業進捗状況（保険調剤の動向）」（2021年8月31日閲覧）。
(6)　矢野経済研究所（2021）「2021年版医療関連マーケットの構造変革」。
(7)　東洋経済（2018年3月9日）「医薬品の安定供給を支えるマルチプレーヤー」（2021年8月31日閲覧）。
(8)　株式会社メディカルシステムネットワークのHP「数字でみるMSNW」（2021年8月31日閲覧）。

引用・参考文献

金艶華（2016）「医薬品サプライチェーンの物流効率化に関する研究」。
金艶華（2017）「医薬品卸企業の多角化事業の進展に関する一考察」『経済貿易研究』神奈川大学経済貿易研究所，pp123-132。
厚生労働省「平成30年度国民医療費の概況」 https://www.mhlw.go.jp/toukei/saikin/hw/k-iryohi/18/dl/kekka.pdf（2021年8月31日閲覧）。
厚生労働省（2019）「令和元年薬事工業生産動態統計年報——第28表医薬品輸入金額の推移」 https://www.mhlw.go.jp/topics/yakuji/2019/nenpo/（2021年8月31日閲覧）。
厚生労働省（2020）「薬価基準改定の概要」 https://www.mhlw.go.jp/content/12404000/000613996.pdf（2021年8月31日閲覧）。
厚生労働省健康局健康課予防接種室（2021a）「新型コロナウイルスワクチンの接種体制の構築について（令和3年1月15日）」 https://www.mhlw.go.jp/content/10906000/000721004.pdf（2021年8月31日閲覧）。
厚生労働省健康局健康課予防接種室（2021b）「新型コロナウイルスワクチンの接種体制確保について：自治体説明会⑥（令和3年5月25日）」 https://www.mhlw.go.jp/content/10906000/000784020.pdf（2021年8月31日閲覧）。
全国保険医団体連合会（2018年11月15日）「薬剤費の膨張にブレーキ——2000～2017年

度における概算医療費と薬剤費の推移」https：//hodanren.doc-net.or.jp/news/tyousa/181115_srh_med.pdf（2021年8月31日閲覧）。

東洋経済（2018年3月9日）「医薬品の安定供給を支えるマルチプレーヤー」https：//toyokeizai.net/articles/-/210285（2021年8月31日閲覧）

日本医薬品卸売業連合会（2020）「医薬卸連ガイド2020年度版」。

日本医薬品卸売業連合会「卸医薬品販売額に占める医療用・一般用医薬品の割合の年次別推移（グラフ）」https：//www.jpwa.or.jp/jpwa/graph2-j.html?202101011（2021年8月31日閲覧）。

日本医薬品卸売業連合会「医療用医薬品の販売別シェアの推移（グラフ）」https：//www.jpwa.or.jp/jpwa/graph4-j.html?202101011（2021年8月31日閲覧）。

日本薬剤師会「医薬分業進捗状況（保険調剤の動向）」https：//www.nichiyaku.or.jp/activities/division/faqShinchoku.html（2021年8月31日閲覧）。

矢野経済研究所（2021）「2021年版医療関連マーケットの構造変革」。

株式会社メディカルシステムネットワークHP「数字でみるMSNW」https：//www.msnw.co.jp/company/data/（2021年8月31日閲覧）

推薦図書

The ロジスティシャンズ編（2021）『すべての"医薬品ロジスティシャン"へ医薬品物流担当おたすけ読本』じほう。

苦瀬博仁（2009）『病院のロジスティクス——物流の効率化と患者サービスの向上』白桃書房。

志村欲久（2017）『2025年の医療サプライチェーンの将来像とあるべき姿』薬事日報社。

松宮和成（2021）『医薬品業界のしくみとビジネスがこれ1冊でしっかりわかる教科書』技術評論社。

保高英児（2012）『新薬創出加算と流通透明化　後がない卸経営』エルゼビア・ジャパン。

第7章

小売業界の物流管理

私たちの生活を支える小売業の物流改革と
物流センター設計

　コロナ禍の中，私たちは食料品，生活雑貨，趣向品，衣類等を，スーパー，コンビニ等で購入し生活している。コロナ禍においても，これら店舗には一部商品を除き，生活に必要な物資（商品）が揃っている。小売業は消費者が必要なモノを必要な時に提供することを役割としている。つまり生産者（製造業，農業，水産業，牧畜業）が商品を作り，消費者が購入する。この生産者と消費者の間に流通業，小売業があり，商品を流通させるために物流がある。

　小売業には，百貨店，スーパー，コンビニ，ドラッグストア，ネット通販等，多くの小売業のビジネスチャネルがある。本章では，それぞれのビジネス戦略とそれを支える物流の役割，物流概要について説明するとともに，後半ではその戦略の中で重要な役割を果たす，物流センターの設計方法について，筆者が実際に取り組んだスーパーマーケット店舗への商品供給物流を事例に説明する。

キーワード
生産・流通・消費　小売業物流　物流センター設計技術　ロジスティクス戦略と物流設計

1　小売業とは

(1)　私たちの生活を支える流通・小売業の役割

　私たちの暮らしを支える3つの重要な経済活動は，生産と流通と消費である。(図7-1) 消費者は自らの生活を充足するために，働き収入を得て商品を購入する。

　生産者，流通事業者は消費者のニーズを調査し，何が求められているか？何を作れば売れるか？を常に考えている。消費者のニーズはその時の社会環境に

図7-1 生産と流通と消費

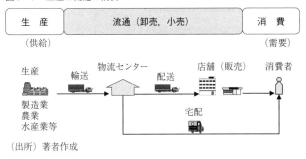

（出所）著者作成

より大きく変化する。生産者（農業，林業，水産業，牧畜業，鉱業，製造加工業等）は，売れると思われる商品を生産し，販売する。

　ところが生産者と消費者の間には，「場所が離れている（空間のギャップ）」「生産のタイミングと消費したいタイミングの間に時間的ズレがある（時間のギャップ）」「生産は大量，消費は少量（量的ギャップ）」，その他（所有権のギャップ），（情報のギャップ）と言うように各種ギャップ（乖離）が存在する。このギャップを解消する役割を流通が果たしている。

　現在，生産はグローバル化し，商品の調達は複雑化している。コロナ禍，人口問題，米中貿易摩擦，地球規模の環境変化等により，商品のサプライチェーン（生産・流通・消費の連鎖）は大きく変化している。

(2) 流通の基本機能

　生産と消費の間にあるギャップ（乖離）を解消する役割を果たす流通は，商的流通（商流）と物的流通（物流）の２つに分類される（図7-2）。

　商流は流通の過程で発生する所有権の移転であり，交渉，契約，所有権移転，代金決済，情報の移転等であり，受発注などの取引活動とお金の流れである。現在商流は，EDI等オンライン決済がほとんどである。

　物流は，商品自体の物理的流れであり，輸送，保管，荷役，包装，流通加工，情報管理の６つの機能を持ち，各種輸送手段（トラック，鉄道，船舶，飛行機），保管設備（物流センター），物流施設（港湾，空港，貨車ターミナル，トラックターミナル等）を通して空間的，時間的ギャップを解消する機能を果たしている。

図7-2　流通とは

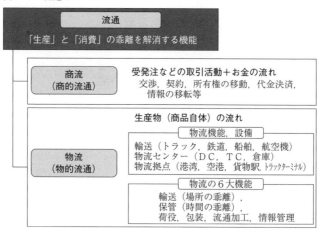

（出所）著者作成

　特に小売業においては，生産者，製造業から卸売業（問屋），物流センターを通して小売り店舗に供給し販売していく輸送，保管業務が重要な役割を果たしている。現在，この商品供給チャネルは複数あり（マルチチャネル），それぞれ特徴を活かして流通の合理化，スピード化が図られ消費者ニーズに対応している。

　特に，消費者の生活様式の変化により，商品の多品種少量化，ライフサイクルの短縮，多様化等に対応するための販売チャネルとして，コンビニエンスストア，ドラッグストア，食品スーパー，そしてアマゾン，楽天等を代表するネット通販等が大きく伸びている。

(3)　小売業の変遷

　縄文，弥生時代は農作，狩猟で食べ物を収穫し，一部倉庫に保管し自給自足で暮らしていた。貨幣ができる前は，海の民は魚を獲り，陸の民は農作物を作り，家畜を育て，相互に物々交換で生活を満たしていた。

　貨幣が使われ始めた後の貨幣経済社会では，生産を分業化し，生産と消費の間で市場が構成され，経済活動が盛んに行われ始めた（図7-3）。

　日本では，奈良時代から平安時代にかけて，商品流通体制が確立され市^{いち}が開

図7-3　流通の発展過程

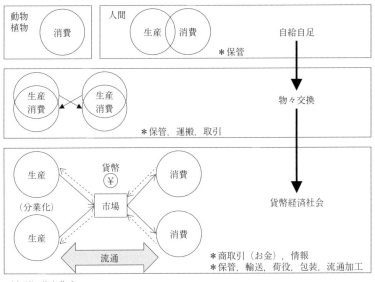

（出所）著者作成

設され，活発に商いが行われた。

　江戸時代になると，江戸幕府の強力な支配のもと日本全国に市場経済体制が構築され，大きな問屋が発展した。明治時代には三越，松坂屋の前身となる三井呉服店，いとう呉服店等百貨店が相次いで営業を始めた。

　1970年代の石油危機後，日本経済は安定成長期に入り個人消費支出が低迷し，百貨店の売上が低迷，スーパーマーケットが大衆の支持を得て大きく飛躍した。さらに1980年代になると生活スタイルが大きく変化し，近所にある，いつも開いている（24時間営業），欲しいものがあるコンビニエンスストアが小売り業の中心的役割を果たし始めた。

　そして近年では，アマゾン，楽天等を代表するネット通販が増加している。インターネット，SNS等情報化社会の中，趣向の多様化，利便性の更なる追求，そしてコロナ禍による巣篭り生活等も影響し，社会の生活スタイルが大きく変化するとともに，生産，流通，消費のサプライチェーンが大きく変化してきた。各流通事業者はこの変化の中で勝ち残るために，流通チャネル戦略，マーケティング戦略，サプライチェーン戦略等，消費者マインドに立った新規

ビジネスモデルの構築，ビジネスチャンスを探っている。

2　小売業の企業戦略と物流の現状

　小売業の代表的ビジネスモデルとして，百貨店，スーパーマーケット，コンビニエンスストア，ネット通販，SPA（製造小売業）について述べる。

(1)　百貨店
　百貨店とは，三越，伊勢丹，高島屋に代表される商業施設であり，他に電鉄系百貨店として阪急，東急，東武，近鉄等がある。百貨店ビジネスは高級イメージ，売り場部門別管理，委託販売制度等，高級品志向消費者のニーズに沿った商品取り揃えが行われてきた。数年前の外国人観光客の「爆買い」により一時的に売り上げを伸ばしたが，現在は，小売り形態の多様化，ネット通販の拡大等により，百貨店の売り上げは減少傾向にある。
　百貨店の各店舗，売り場への商品納入は，店舗の商品荷受け場，または売り場が商品受け渡しの仕切り（所有権の移転場所）となり，仕切り線までの物流費は納品業者が負担することとなる。
　また，百貨店の所在地は大都市の駅近が多く，荷受け場も狭い。従って納品車両の渋滞が問題となる。現在の百貨店納品物流は（図7-4）にある通り，納品代行システムが一般的である。納品代行事業者が納品代行センター（物流センター）を構え，各取引業者から搬入された商品を受け入れ，伝票と照合し，伝票と商品を照合（検品）し，店舗別，場合によっては階層，売り場別に仕分けし，荷揃えし，店舗配送用車両にて，店舗又は売り場までの輸送を請け負う。
　商取引として「買取」「委託」「消化」があり，「買取」以外は，売り場での商品の所有権は取引先にあり，売れた分だけ百貨店の売り上げに計上される。売れ残った商品は取引先の責任の下，返品される。売り場での販売員も取引先からの派遣店員が多く，場所貸しの不動産ビジネスに近い。このような，商慣行が消費者の多様なニーズ，スピード感，利便性から乖離し，売り上げ低迷につながっている。

図 7-4　百貨店納品代行システムの概略

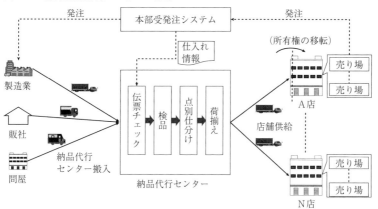

（出所）著者作成

コラム▶▶百貨店納品代行センターの設計，立上げ，運営

　某百貨店の納品代行センター業務を受注し，建物，設備，運営方法の設計を開始した。東京，関東周辺の店舗への商品供給が役割である。東京江東区に倉庫物件を探し，建物の改修，ソーティング機器他マテハン機器の選定，設置，そしてオペレーション設計等を行い，操業開始の準備をした。作業者はアルバイト，パート社員，協力会社である。開始前にオペレーション教育を行いスタートの日を迎えた。ちょうどその立ち上げの時期にお客様百貨店の関連プロ野球球団が優勝しセールとなった。立上げと同時に大量の商品が押し寄せ，センターは商品の山となった。それから三日間はセンター立上げ責任者として家に帰れず一睡もせず，商品の検品，発送に明け暮れた。流通業の物流は，製造業の物流と違い変動が大きく，理論より感性で動く世界であることを思い知った。物流センターを立ち上げるとはこのようなことである。辛くもあり，楽しくもある。

---

(2)　スーパーマーケット

　スーパーマーケットと百貨店の最も異なる点は，百貨店が接客販売を重視し高級品を販売するのに対し，スーパーマーケットはセルフサービスで安価で日常生活に密着した商品を販売していることである。また百貨店は大都市の中心部にあるが，スーパーマーケットは中心街から少し離れた場所に立地している

図7-5　スーパーマーケット納品物流の概要

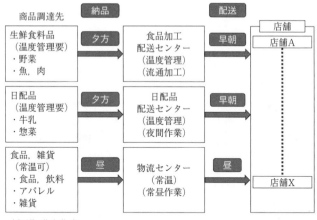

(出所) 著者作成

ことが多い。スーパーマーケットは「総合スーパー」と「専門スーパー」に大きく分類され,「専門スーパー」は衣料品スーパー, 食料品スーパー, 住関連スーパー等に分類される。一昔前は郊外に大規模駐車場を併設した大規模総合スーパー (GMS : General Merchandise Store) が多く作られ販売力を伸ばしていたが, 最近の傾向は, より住環境に近く, 利便性を重視した小規模専門スーパーが多く作られている。消費者の生活スタイルの変化に伴い, スーパーマーケットのビジネスモデルも変化しつつある (図7-5)。

(3)　コンビニエンスストア

コンビニエンスストアとは, 小さな商圏に小規模な店舗を構え生活必需品を幅広くそろえる。24時間営業かそれに準ずる長時間営業。セルフサービス方式, チェーンストア方式, 積極的なディスカウントは行わない。等の特徴を持つ小売の業態であり, 地域消費者の利便性の追求から生まれた小売業のスタイルである。大手コンビニチェーンでは, POS (販売時点情報管理) システムが導入され, 店舗での販売実績がリアルタイムに本部情報センターにて管理され, 限られた店舗スペースに, 売れる商品のみを効率よく配置する, 等のシステム管理が徹底している。また顧客の利便性を追求し, 各種サービス (公共料金支払い, 宅配受け渡し, キャッシュサービス等) が追加されている。

図7-6　コンビニエンスストアの納品物流概要

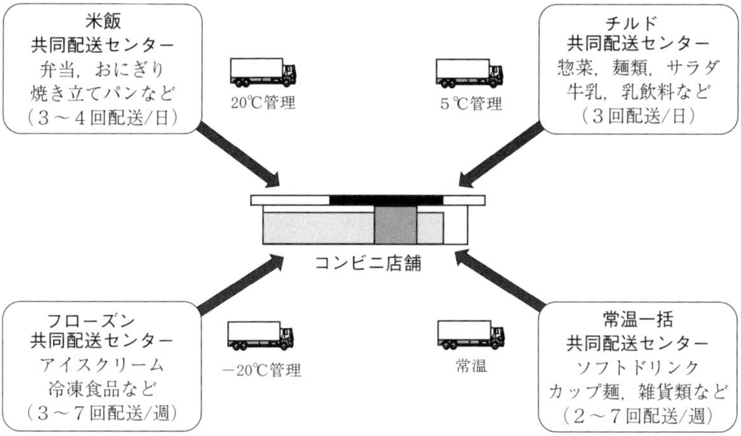

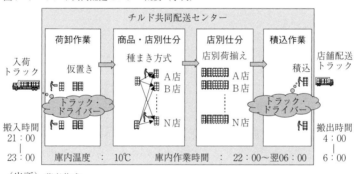

米飯
共同配送センター
弁当，おにぎり
焼き立てパンなど
（3～4回配送/日）

20℃管理

チルド
共同配送センター
惣菜，麺類，サラダ
牛乳，乳飲料など
（3回配送/日）

5℃管理

コンビニ店舗

フローズン
共同配送センター
アイスクリーム
冷凍食品など
（3～7回配送/週）

－20℃管理

常温

常温一括
共同配送センター
ソフトドリンク
カップ麺，雑貨類など
（2～7回配送/週）

（出所）株式会社セブンイレブン・ジャパンHP

図7-7　チルド共同配送センター概要（事例）

チルド共同配送センター

荷卸作業

商品・店別仕分

店別仕分

積込作業

入荷
トラック

仮置き

種まき方式

A店
B店

N店

店別荷揃え

A店
B店

N店

積込

店舗配送
トラック

トラック・
ドライバー

トラック・
ドライバー

搬入時間
21：00
｜
23：00

庫内温度　：　10℃

庫内作業時間　：　22：00～翌06：00

搬出時間
4：00
｜
6：00

（出所）著者作成

　近年は，労働力不足，店舗過剰による過当競争，24時間営業に対する店舗
オーナーの長時間労働等，問題が発生している。

　コンビニエンスストアの納品物流は（図7-6）の通り，商品特性に応じた共
同配送センターが地域別に配置され，店舗への共同配送が実施されている。

　（図7-7）はチルド品の共同配送センターの業務概要である。日配品（食品，
飲料等温度管理，当日配送が必要）であり，夕方取引先から納品され，店舗別に
仕分け，翌日早朝に店舗配送される。したがって共同配送センターでは常に夜
間作業となり，作業の自動化は進んでいるものの，まだまだ人手作業が多く過

ピッキング作業とは，商品を店舗別，お客様別に集約する作業である。代表的方法として，摘み取り方式と種蒔き方式がある。摘み取り方式とは，棚に在庫されている商品を作業者が作業指示書（ピッキングリスト）に従って棚を回り，商品を集荷（摘み取り）していく方法である。種蒔き方式とは，入荷した商品を店舗ごとの棚，かご等に指定数量ずつ入れていく（種蒔き）方式である。摘み取り方式のメリットは指示書通りに集荷し終了すると店舗ごとの商品が揃い出荷ができることであり，デメリットは作業者の歩行距離が長くなることである。種蒔き方式のメリットは1品ごとに効率よく仕分けができることであり，デメリットは全ての商品を配り終えないと出荷ができないことである。現在それぞれのメリット，デメリットを考慮した自動機器が開発され現場に導入されている。

酷な作業現場となっている。今後の現場運営において作業要員の採用難が大きな問題となっている。

（4）ネット通販

ネット通販が拡大している。ネット通販の特徴は，「24時間いつでも好きな時間に買うことができる」「わざわざ店舗に商品を買いに行かなくても商品を届けてくれる」「豊富な商品候補の中からほしい商品を素早く選ぶことができる」「代金の決済も簡単」など多くの利便性があり，ネット通販により商品購入する消費者が増加している。

ネット通販利用者は，PC，スマートフォン等で欲しい商品をネット検索し，画面上で商品を比較し選択し購入する。購入情報は通販事業者のシステムに送られ，商品が在庫されている物流センターを検索し，出荷指示情報が送られる。物流センターでは，出荷指示に従い物流センター内の在庫場所引き当てが行われ，ピッキング作業者，またはピッキング自動機器に作業指示が出力され，商品をピッキングし，配送用に包装され，ヤマト運輸，佐川急便，日本郵便等の配送事業者に委託され，消費者に配送される（図7-8）。

これらネット通販貨物は増大し，宅配事業者の取扱貨物量が増大し続けている（令和元年度実績：43億2,349万個（国土交通省報道発表資料））。ネット通販貨物

図 7 - 8　ネット通販の概要

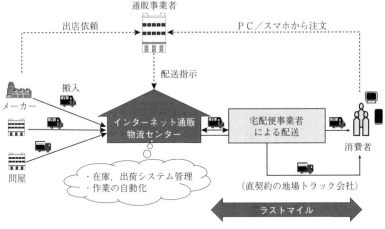

（出所）著者作成

増大による物流の課題は，物流センター在庫が増大し，大規模物流センターの
新設，増設をし続けなければならないこと，そして作業要員不足により物流セ
ンターオペレーションの高速化，自動化，IT 化等の巨額設備投資が不可欠と
なっていることなどである。これに対し，商品受注，梱包，発送，販売，決済，
クレーム等顧客対応，顧客データ管理等，ネット通販事業で手間の掛かる業務
を全て請け負うフルフィルメントセンター（物流拠点）というビジネスが物流
事業者を中心に構築されている。物流センターから消費者までの配送業務にお
いては，配送トラックドライバー不足，不在対応等も大きな課題となっている。
不在対応として，置き配，宅配ボックス設置，コンビニ受け取り，及びメール
での不在お知らせシステム等の対策が講じられている。

⑸　SPA（Specialty store retailer of Private label Apparel：製造小売業）

　SPA（製造小売業）とは，メーカー又は小売り事業者が商品企画，生産管理，
品質管理，販売管理，物流を一貫して行うビジネスモデルの一つである。

　アパレル業界の代表例はユニクロ，スペインの ZARA 等である。

　（図 7 - 9）はユニクロの SPA ビジネスモデルの概略図である。SPA のメリッ
トはプライベートブランド（PB）商品を取り扱うことで，マーケティング情報，

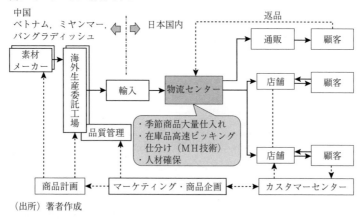

図7-9　アパレル SPA モデル

（出所）著者作成

商品企画，生産計画，物流管理，販売実績管理等，一連の情報管理が可能になることと，物流システム効率化が可能になることである。

3　小売業における物流センター設計の手順とポイント

　小売業物流として最も重要な役割を果たす物流センターの設計手順，ポイントについて，筆者が実際に取り組んだ大手スーパーマーケット納品物流センター改革改善プロジェクトを事例に説明する。文中挿入の図，グラフ等は実際の図表，データを一部抜粋，簡素化したものである。

(1)　小売業物流センター設計のプロセス
　本節では，温度管理が不要な菓子，飲料等の食品，雑貨，衣料品等をメーカー，問屋から調達し，物流センターにて店舗別に仕分けし，複数店舗へ商品を納入している物流センターを事例に，小売業物流センター設計プロセスについて説明する。特に本節では (図7-10) の「事業戦略の明確化」「基本条件の整理」「基本構想作成」までの上工程の検討過程に絞り説明する。

(2)　事業戦略の明確化

図 7 -10　物流センター設計のプロセス

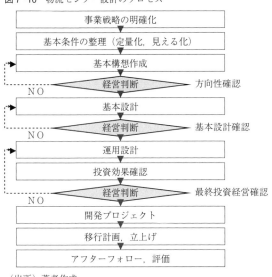

（出所）著者作成

　物流センターを設計するにあたり，最初に対象ビジネスの全体感，事業戦略，
ビジネス成功の要素・ポイント等を十分に理解する必要がある。

①小売企業の事業に対する想い，事業戦略を理解しまとめる。
　　小売企業の経営者，販売担当責任者，物流担当責任者等と，事業状況，感
　　じている問題点，将来展望等をヒアリングし，想いを確認する。
②小売業を取り巻く外部環境を把握する（小売業業界の情報収集）。

・外部環境は，政策的要因（Politics），経済的要因（Economy），社会的要因
　（Society），技術的要因（Technology）の 4 つの要因に分類し整理する。経営
　手法としての外部環境分析（PEST 分析）である。
　物流設計において，最も重要なことは，対象となるビジネスの特性を正しく
理解し，ロジスティクス戦略として作成することである。これを誤ると構築さ
れた物流システムが有効に機能せず，多額の投資が無駄になる。物流の自動化，
自動機器の導入等，重要性を論じられているが，流行りに乗じ設備投資したが

期待通りの効果を出せず，失敗に終わったという事例を数多く見かける。事業戦略，経営環境，経営・現場の想いを明確にすることは，物流設計を成功に導くために最初のステップとして大変重要である。

(3)　基本条件の整理（定量化，見える化）
　次に重要なのは，物流センター設計条件を正確に整理することである。この設計の基本条件となるデータは現状業務実績の中にある。過去の実績データをもとに，事業戦略上の売上目標，それに伴う取扱い数量の増減を予測し，これを設計条件とする。

①現状物流センターの作業概要把握（事前調査）
　現在の物流センター現場調査を実施し，作業の全体感を掴む。問題点を抽出する。顧客の想いを理解する。
②現状作業の定量化，見える化
・業務実績データを入手し（データがない場合は現場でのデータ収集，IE 調査等が必要となる），整理する。
・数値データを解析し，統計手法を用いグラフ化，図式化する。
③物流を解くカギ（PQRST）の明確化
　物流分析を行う場合，どこから手を付けたら良いのか分からないということがよくある。そのような時にお薦めしたいのが，リチャード・ミューサー（Richard Muther）提唱の S.L.P.(systematic layout planning) におけるインプット情報，P（製品），Q（量），R（工程，プロセス），S（サービス，ユーティリティ），T（時期，時間）をまとめることである。この PQRST は「物流を解くカギ」（図7-11）と言われ，筆者も初期調査段階ではこの PQRST の明確化から着手することが多い。そして実際にやるのは「You」（あなた）なのです。
④物流センター設計条件（目標とする事業計画値）の定量的な整理
　対象小売企業の中長期事業計画より，目

図7-11　物流を解くカギ

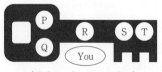

（リチャード・ミューサー）

（出所）著者作成

140

―――――――　コラム▶▶スーパーマーケット物流センターの夏　―――――――

　夏場の物流センター作業現場では，熱中症対策が毎年の恒例業務となる。昨年の暑い夏には現場で作業者が熱中症で倒れ，救急車で運ばれるという騒動があった。特にこの時期，暑さと湿度で熱中症のリスクが高まる。荷受け場，出荷場，ピッキング作業場などでは室温40℃，湿度90％を超えることもある。熱中症は命に係わる重大災害となる可能性があり，現場管理者は一時も気を緩めることができない。

　朝の始業前ミーティング，KY（危険予知活動），健康チェック，水分・塩分補給準備，小まめな休憩，送風機を使った現場換気などハード対策，ソフト対策が欠かせない。そこに今年はコロナ対策が加わる。マスク着用，3密回避の作業配置，作業方法，シフト体制等々，多くの対策を実施している。熱中症対策とコロナ対策には暑さと感染症防止という相反する対策が必要となる。根本的な解決策はないが，各自の安全意識，職場対策等考えられる対策は全て実施している。

　もしこの物流センターが閉鎖された場合，全ての店舗への商品供給ができなくなり，社会生活に与える影響は計り知れない。絶対にコロナ感染を防止し，物流センターを止めないことを心掛け，現場では日々業務に取り組んでいる。

標とする数年後の姿（事業戦略としての設定値）から売上目標，事業規模等を設定し，この前提でPQRSTを定量化し設定する。この設定値が物流センターの設計条件となり，物流センター設計の成否を決める重要な値となる。

⑤現状物流センターの問題点整理と改善の方向性

　新物流センターを設計する場合，現状物流センターの実態を把握し，問題を抽出，整理し，取り組み課題，方向性を明確にし，経営，現場，プロジェクトのコンセンサス（合意）を得る必要がある。

(4)　基本構想作成

①小売業物流センター構築の基本方針の決定

　事業戦略を明確にし，現状の把握，設計条件の整理，問題点整理，方向性の明確化を行った後，物流センター構築の基本方針を設定し，経営に確認する。

図7-12 案の創出の考え方（帰納法と演繹法）

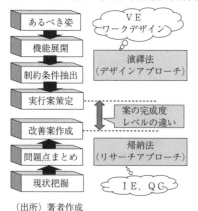

（出所）著者作成

②基本構想の作成

新規物流センター構築に向けて，最初に取り組むべき検討方法は，現状にとらわれることなく事業戦略，今後の事業環境変化，現在のテクノロジー，達成したい事業コンセプト等を明確にした上で，あるべき姿，本来機能等から発想する演繹的デザインアプローチ手法で検討することが重要である。

代表的手法としては，VE（Value Engineering：価値工学），ワークデザイン等がある。一般的に帰納的アプローチ（改善）より演繹的アプローチ（機能展開）で考えた方が，より理想に近い案が創出されると言われている。（図7-12）

③物流センター全体設計

対象の物流センターの具体的設計に入る前に，物流センターを取り巻く経営環境，全体フローを把握し，全体ロジスティクスを設計する。

■新物流センター設計コンセプトの確認

対象小売企業ニーズ（対象ビジネス）から，サービスレベル（配送リードタイム（都心当日配送等）），配送先重量距離分布，センターの役割（必要機能）等を整理する。

■物流センター建設場所（土地）の選定

・不動産会社，銀行，ゼネコン等からの空土地情報の収集。

・物流センター設計コンセプトに適合した土地の絞込み。

・候補地域での土地情報の収集，土地価格（円／㎡）の相場感を摑む。

・設計コンセプトとの適合性，土地価格等から候補地域を絞り込む。

■物流センター建設予定候補地（土地の確保）のチェック項目

・周辺状況確認（地形，広さ，道路，周辺環境，道路使用制限の有無，パート作業要員採用環境等）

・法律関連，建築条件（用途指定，建ぺい率，容積率，緑地規制）

図7-13　物流センター全体業務フロー

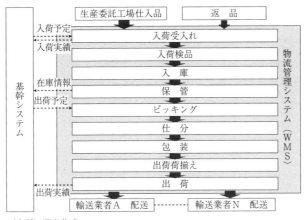

（出所）著者作成

■全体ロジスティクスの基本構想設計（生産工場から最終配送顧客まで）

商品の調達先（海外，国内）から物流センターへの搬入，物流センターから店舗への配送業務まで全体ロジスティクスフローをまとめる。

④物流センター基本機能設計

物流センター基本機能設計の方法について，概略を説明する。

■物流センター機能設計

・入荷から出荷までの必要機能の抽出（図7-13）

・各機能の必要能力（スピード，スペース）の設計（設計条件より概算値を算出）。

■物流センター設備設計（部分システムの設計）

物流センターの入荷，保管，ピッキング，仕分，包装，出荷までの各工程の機能設計，設備設計を行う。

基本構想案ができたら企画書としてまとめ経営に確認する。基本構想企画書に盛り込む項目は，事業戦略，目的と狙い，期待効果，案の概要（概略フロー，導入ハード，ソフト，要員体制等），設備投資概算，経済性の検証，プロジェクト体制案，開発スケジュール等である。

経営より承認された場合，プロジェクトを組織化し，基本設計，詳細設計のステップに進む。

（青木規明）

演習問題

1　最近の小売業界において，コンビニ，通販等の売上げが伸びているが，その社会的背景をまとめ，今後小売業界がどのように変化していくか予測しなさい。

2　アパレル通販ビジネス物流センター設計の手順を記述しなさい。

（前提条件）中国企業委託生産，製品輸入（コンテナ船），既存物流センター（関東に１カ所），販売顧客全国，販売方法はネット通販，販売量増加，物流センターの増設を検討。

参考文献

吉本一穂，大成尚，渡辺健（2010）『メソドエンジニアリング』朝倉書店。

『MH ジャーナル』（No. 283）日本マテリアル・ハンドリング（MH）協会（2019）

推薦図書

鈴木邦成『トコトンやさしい小売・流通の本』日刊工業新聞社。

齋藤実『物流ビジネス最前線』光文社新書。

秋葉淳一『IoT 時代のロジスティクス戦略』幻冬舎。

小野塚征志『物流の創造的革新　ロジスティクス4.0』日本経済新聞出版社。

秋川健次郎『物流センターの改善の進め方がよーくわかる本』秀和システム。

<table>
<tr><td>第8章</td><td>輸送システムと輸送管理
日本の経済活動を支える輸送とその技術</td></tr>
</table>

　この章では物流の一機能である「輸送」に関する概念や変遷，その活動の他，輸送業界で抱えている課題について解説する。輸送機能はその時代とともに変化し，企業経営においても求められる役割を変化させながら，より重要性が増している。一方，我が国では労働人口減少に伴うドライバー不足や働き方改革による労働時間の制限などが喫緊の課題となっている他，カーボンニュートラル等の環境問題など地球規模での課題対応が求められている。

キーワード
モーダルシフト　ユニットロード　SCM（サプライチェーンマネジメント）　物流二法

1　基本情報

（1）物流における輸送とは

①物流の機能
　物流とは「物的流通」の略で，商品（製品）を供給者（生産者）から需要者（消費者）へ引き渡すことである。物流の主な機能としては，輸送・配送の他，保管・荷役（にやく）・包装・流通加工・物流情報処理がある。その中でも輸送・保管・荷役・包装・流通加工は「物流5大機能」と言われている。
　物流とは別に流通という言葉がある。物流は商品を消費者に渡すまでを目的としているのに対し，流通はモノを販売して代金回収や所有権の移転等の商流までを含んだ構成となっている。

②輸送の概念
「輸送とは供給者と需要者の距離の隔たりを克服する活動」で，物理的・空

間的・時間的なギャップの調整機能であると言える。物流における輸送とは，貨物をトラック，船舶，鉄道車両，航空機，その他の輸送機関によって，ある地点から他の拠点へ移動させることと定義付けられる（英語では，Transportation）。

　また，輸送と類似した言葉で「配送」「運搬」という言葉がある。配送とは貨物を物流拠点から荷受人へ送り届けることと定義付けられ，顧客に貨物をお届けする配達の意味に近い概念である（英語では，Delivery）。また運搬とは，物品を比較的短い距離に移動させる作業と定義付けられ，工場や倉庫内でモノを移動させる作業等を指す（英語では，Carrying）。

(2) 主要な輸送形態

①各輸送手段の種類と特性

　主要な貨物輸送手段として，自動車，船舶，鉄道車両，航空機による輸送手段がある。また，これらの複数の輸送を組み合わせた手段を「マルチモーダル」と言う。ここでは各輸送手段の特性について述べる。

②　自動車貨物輸送

　自動車貨物輸送では主にトラックによる輸送手段が用いられる。トラック輸送の特徴は，原則として軌道を必要とせず，ドア・ツー・ドアの利便性や時間を問わないフレキシブルな輸送サービスを提供することが可能である。私達に身近な手段であり，2019年度の国内の交通モード別輸送分担率（トンベース）では約91.9％を占める。鉄道・船舶や航空輸送等の他の輸送手段でも末端輸送の大半をトラック輸送が担っている。

　トラック輸送には営業用（緑ナンバー）と自家用（白ナンバー）の2種類があり，それぞれの輸送分担率は約64.8％と約27.1％となっている。生業として利益を得る目的で行われる営業用トラック輸送の比率の方が高い。営業用のトラック輸送を行うためには，貨物自動車運送事業法に基づく許可が必要である。

　貨物自動車運送事業法では，不特定荷主の貨物を有償で輸送する「一般貨物自動車運送事業」，特定の荷主限定で輸送する「特定貨物自動車運送事業」，輸送手段として軽自動車・オートバイ等を使用する「貨物軽自動車運送事業」がある。

　私たちの身近な所でよく見かける宅配便は，一般貨物自動車運送事業の中の
「特別積合せ貨物運送（略称：特積み）」に分類される。特積み運送の特徴は，
地域ごとに仕分けを行う拠点を設置し，拠点間を結ぶ定期的な運送便により，
複数顧客の貨物を積み合わせて運送するものである。このうち1梱包で1伝票，
小さいサイズと重さ（事業者によって異なる）のものが「宅配便」と呼ばれる。
宅配便は，最近のEコマースによる需要によって年々取扱数量が増加してお
り，2018年度の実績では43億700万個（個数）となっている。

　③鉄道貨物輸送

　鉄道貨物輸送はコンテナ（コンテナ扱い）やワゴン型車両（車扱い）を鉄道で
けん引して輸送する手段である。トラック輸送に比べコストは比較的安い。軌
道を必要とするため，戸口から戸口への配送は不可能でトラック輸送と組み合
わせた複合一貫輸送に適している。1トンの貨物を1km運ぶ場合の二酸化炭
素の排出量は22g／t・kmで，営業用トラックの233g／t・kmと比較して排出
量は少ない。

　④船舶貨物輸送

　外航船による国際物流や内航船での長距離大量輸送に適している。悪天候の
影響を受けることがある他，輸送リードタイムも比較的に長い。戸口から戸口
への配送は不可能でトラック輸送と組み合わせた複合一貫輸送が行われる。船
舶貨物輸送も二酸化炭素排出量は比較的が少なく，39g／t・kmとなっている。

　⑤航空貨物輸送

　長距離輸送を迅速に行うことができる特徴がある。他の輸送手段に比べ輸送
コストが割高であるため，緊急品・高付加価値品・生鮮品や小口・軽量の貨物
輸送に適している。

(3)　輸送の役割

　各輸送には，工場間や物流拠点間に商品を移動させる1次輸送と工場や物流
拠点から消費者にお届けする2次輸送がある。いずれの輸送でも求められる役
割として次の7つの「R」がある。

　・Right Product……正しいものを

・Right Quantity……正しい数だけ

・Right Place……正しい場所に

・Right Time……正しい納期に

・Right Quality……よい品質を維持しながら

・Right Price……なるべく安い運賃の輸送手段で

・Right Impression……よい印象でお届けすること

　貨物を輸送する場合，荷受けした物（正しいものを／正しい数だけ）を，A地点からB地点（正しい場所）に，指定された日時（正しい納期）に，荷受けした状態のまま（よい品質を維持しながら）で，荷渡しすることが求められる。「よい品質」というと分かり難いかもしれないが，宅配便で食品を送る時をイメージするとよい。冷蔵品として運ぶ必要があるものを常温で運んで腐ってしまっては元も子もない。また，なるべくなら少しでも「安い運賃」で運んでもらいたい。プレゼントなどはドライバーさんに笑顔（良い印象）で渡してもらえると受取人の喜びも増すかもしれない。

2　歴史といま

(1)　各時代における物流の変化

①はじめに

　今は昔。物流とはいつ頃から始まったのであろうか。古くは二足歩行が始まった時代に好きな女性（あるいは男性）へプレゼントを渡す，求愛行動から始まったという説がある。また我が国では，縄文時代に物と物を交換する交易がはじまった頃（約1万2000年前）だとも言われている。平安時代には海運の仲介を行う「問丸」，室町時代には馬を利用して荷物の運搬を行う「馬借」の記録が文献にも著されている。始まりについては諸説あるが，それだけ必要性があり，身近な活動として古くから行われていたことが推測できる。

②18世紀半ばまで

　運送が「業」として始まったのは，日本では律令制の時代に「飛脚」と呼ばれていた人たちが起源とされている。当初は専ら公用であったが，その後，江

戸時代に急速に発展し庶民の間でも広く利用されるようになった。当時は手紙
や品物などはリレー方式で運ばれており，自走や馬の他　水運による輸送手段
が使われていた。「水の都」というと世界では「ヴェネチア」（イタリア）やサ
ンクトペテルブルク（ロシア），アムステルダム（オランダ）などが有名だが，
当時の江戸もその一つであった。利根川水系などの水運が発達し，木材や農産
物は川の流れに乗って生産地から消費地である江戸の町へ運ばれた（大河ドラ
マで放送されている「青天を衝け」の渋沢栄一の藍染もこのルートで運ばれたのであろ
う）。

　③20世紀まで

　18世紀半ばから19世紀にかけて起こった産業革命は，輸送に大きな影響を及
ぼし社会構造にも変革をもたらした。石炭利用によるエネルギー革命は蒸気機
関の開発によって動力源が刷新され，工業製品の大量生産を可能にした。また
交通機関への応用によって蒸気船や鉄道が発明され，長距離の大量輸送を可能
にした。我が国でも明治時代に鉄道が新たな運送方法として採用されるように
なった。当時は道路の整備も進んでおらず，長距離や大量・急ぎの輸送では鉄
道が主に利用されていた。19世紀半ばから20世紀になると，鉄道に加え，航空
機や自動車での運送・物流が開拓され世界各国で広がった。自由貿易の活性化，
大量に生産された工業製品などの「物」を世界中に運ぶことが必要になったこ
とで，世界で物流業が広まったきっかけとなった。

　④近代から現代の物流へ

　大量のものを広範囲に運ぶ活動は，輸送の高度化に大きく関係する。うまく
運ばないと，品切れが生じたり・大量の在庫が溜まったりして，偏りが発生す
るためだ。また現代では作り過ぎによるムダも問題視されている。消費者ニー
ズの多様化に伴い多品種少量生産や在庫抑制を行うと同時に，販売ロス等の機
会損失を低減するための様々な工夫がなされている。需要予測や物流情報シス
テムを用いて，必要な時に必要な場所に必要なものを届けるための取り組みが
企業経営においてもより重要性を増している。

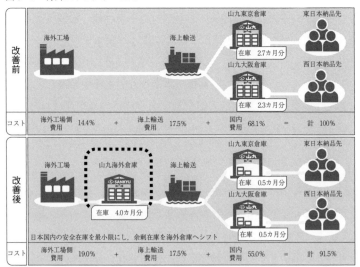

図8-1　海外ストックサービス

（出所）筆者作成

(2)　高度化された輸送サービスの事例

①海外ストックサービス

図8-1は電器メーカーA社の物流事例である。同社は海外工場で製品を生産し，日本国内へ輸入後，東西2拠点の倉庫で保管。ユーザーからの発注に応じて出庫し，国内の納品先までの輸送を行っていた。工場側で生産された製品はプッシュ型で日本へ輸送されており，国内倉庫にはそれぞれ2～3カ月分の製品在庫があった。全体の物流コストを100％とすると，海外工場側費用：14.4％，海上輸送費用：17.5％，日本国内費用：68.1％が発生していた。

そこで全体の物流コストを削減するため，第1ステップとして日本国内より保管費用が安価な海外側に倉庫を設置して余剰在庫を保管。国内倉庫には過去の出荷実績や需要予測によるシミュレーションをもとに最小限の在庫に抑制し，出荷オーダーに応じてプル型で日本への輸送を行った。その結果，輸送リードタイム分の在庫や安全在庫を加味しても，国内倉庫では約0.5カ月分の保管量に削減された。海外側の費用はアップすることになったが，物流全体としては8.5％のコスト削減に成功した事例である。その後の第2ステップでは国内外

の倉庫の在庫量を見える化し，それらを加味した生産計画を立案することによって余剰在庫を低減。さらなる物流コスト削減につながった。

②国際間循環輸送サービス

図8−2は電子部品メーカーB社の物流事例である。B社は海外に生産工場を有しており，そこで使用される部材を日本国内の各サプライヤーから調達している。部材は専用容器（通い箱）を用いて海外工場へ輸送され，製品完成後は，さらにこの容器を用いて日本国内他へ製品輸送が行われている。

国内倉庫では各サプライヤーからまとめて供給された部材を一時保管後，月次の生産計画に応じて必要分をピッキング・詰合せを行い，海外工場向けに出荷する。海外工場側では外部倉庫で部材を再保管した後，工場の生産進捗状況に応じて引き取りを行い，製品完成後，専用容器に詰めて出荷している。

この物流の特徴は，製品・部材・専用容器の3層が規定され，その量が相互に影響を及ぼしあっている点が挙げられる。いずれかが不足する，または過多になるとサプライチェーンの全体が滞ってしまう。実際に開始当初は専用通い箱の滞留や不足等が発生した。その後，調達・生産・販売の計画及び実績情報に加え，サプライチェーン上の各プロセスにおける在庫データの統合管理を行った。その結果，欠品を抑制するとともに3層の全体の在庫量を30％削減することに成功した。在庫削減の検討においては，生産計画数量に応じて使用される専用容器に着目し，最小必要量及び最適発注量を制御するシミュレータを開発・導入している。

(3)　グリーン物流

近年の輸送では環境にやさしいこと（グリーン物流）が求められている。

1997年に京都議定書，2015年のパリ協定が採択され，二酸化炭素ほかの温室効果ガスの抑制等，気候変動に関する多国間の国際的な協定が示された。

輸送においても温室効果ガス削減を目的に様々な取り組みが行われている。

①モーダルシフト

モーダルシフトとはトラック輸送から鉄道や船舶に輸送手段を切り替えることを指す和製英語である。排ガス，CO_2，エネルギー効率等の環境問題のほか，交通渋滞やドライバー不足などの観点からトラック輸送偏重の我が国の交通体

図 8 - 2　国際間循環輸送サービス

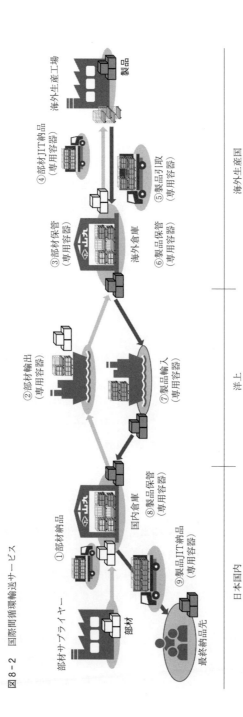

部材サプライヤー

部材

①部材納品

②部材輸出
（専用容器）

③部材保管
（専用容器）

海外倉庫

④部材JIT納品
（専用容器）

海外生産工場

製品

⑤製品引取
（専用容器）

⑥製品保管
（専用容器）

⑦製品輸入
（専用容器）

⑧製品保管
（専用容器）

国内倉庫

⑨製品JIT納品
（専用容器）

最終納品先

日本国内　　　　　　　　洋上　　　　　　　　海外生産国

（出所）筆者作成

系を鉄道や船舶にシフトする考え方である。輸送コストの面では距離が500km
を超えると鉄道や船舶輸送が優位性を持つと言われている。

②輸送容器の改良

モーダルシフトを推進するために輸送容器の改良など様々な取り組みが行われている。具体例として化成品などのバルク品（粉体や粒体）の輸送が可能なバルクコンテナ（図8-3）や，機械品等の大物用の無蓋コンテナ（図8-4）などが挙げられる。これらにより鉄道車両や船舶での段積みよる大量輸送やターミナルでの積卸しも可能となっている。一方，コンテナの利用が片道輸送になることが多く，企業間連携を通じたラウンド（往復）輸送も今後の課題となっている。

③その他（輸送の効率化及び梱包資材の削減）

輸送容器は，様々な荷姿を持つ貨物をある標準の重量や体積などによって，まとめて輸送する方式，すなわち「ユニットロード化」を行うことを可能にする。荷姿を統一することによって輸送における積載率の向上や保管効率の向上，荷役作業の負荷低減など，効率化にも大きく関係する。またダンボール等の包装資材が削減されることにより，包装費用や環境負荷の低減にもつながっている。

コラム▶▶ユニットロード

　ユニットロード化されている場合といない場合でどのくらい違うだろうか？実は意外とユニットロード化がされていない場合は多い。

　海外から日本に輸入される衣料品の多くは人件費の安い国や地域で生産され，コンテナに詰められ（バンニングされ），海上輸送で到着する。日本に到着したコンテナは物流センター等に運ばれ，そこでコンテナから貨物が引き出し（デバンニング）される。その際，物流センター内でのハンドリングの負荷を軽減するために，たいていはパレットに乗せられ（パレタイズされ），ユニットロード化し入庫される。筆者の経験では，輸入される衣料品は40フィートコンテナに1,000～1,500カートンほど詰められており，その多くはコンテナの床に直積みされて満載されている。これを物流センターでデバンニングを行うと，1コンテナ当たり3～4名がかりで2～3時間の作業となる。これが始めからパレタイズされているとパレット数にして二十数枚程度で，フォークリフトを使用すれば1名で30～60分程度で同じ入庫作業を行うことができる。

図8-5　ユニットロード化による SCM・物流効率化事例

①製品輸送時はパレットの状態
（輸送・保管・荷役は同一の状態）

輸送・保管・荷役の標準化

生産工場　　　　　　　　　　　　　　　　　　物流センター

②返却時折り畳みの状態

30%
省スペース

（出所）筆者作成

　各生産工場と物流センター間の往復輸送において，専用の通い箱導入（ユニットロード化）による梱包・包装資材削減。専用の通い箱は，生産工場及び物流センター内においてもそのまま保管・荷役用で使用でき，作業効率向上に貢献。またトラックの荷台サイズにあわせ通い箱サイズ設計を実施しており，輸送上の積載効率30%UP も実現。

　図8-5は，ある部品メーカーの事例である。従来，工場で生産された製品は段ボールのほか様々な荷姿でトラックに積載され物流センターまで運ばれて，その後パレタイズ等が行われ保管されていた。これを図のような輸送容器に統一し，工場側で製品を入れてトラック積みした結果，約30%積載効率がUP した。また，その後の物流センターの入庫作業も負荷が軽減されたほか，そのまま保管用として段積みすることにより，保管効率も大幅に改善された。

図8-3　バルクコンテナ

トラックによるフレコンバック輸送から海上コンテナ輸送への切り替えによる環境負荷削減。
バルク品（粉体や粒体）を直接，専用のバルクコンテナに積載，大量輸送を実現。
コンテナ内部は特殊インナーバッグにより輸送中の品質を確保。　（出所）筆者撮影

図8-4　無蓋コンテナ

特殊大型トラック等による輸送から，鉄道輸送への切り替えによる環境負荷低減。鉄道輸送用20
フィート級コンテナで対応不可とされた，6メートル以上や10トン超の大型商品の鉄道輸送に対応。
鉄道輸送上の基準規定に準じた，積載商品が動かない固縛技術により輸送上の安全対策を実施。
（出所）筆者撮影

3　輸送システムの設計と最適化技法

(1)　はじめに

　スポーツでもルールがあるように，物流事業においても各種の法律や法令等の遵守事項がある。一方で，試合に勝とうとするとルールを知っているだけでは不十分であり，自分や相手のデータを分析してその対策をとる。同様に，物流においても「うまく運ぼう」とすると，データに基づいた合理的な仕組みの構築が必要である。ここでは，最適な物流システム（仕組み）を構築するための考え方や事例について紹介する。

(2)　最適化技法

　物流拠点の配置や配送ネットワークの構築は，企業経営における物流コストに直結するとともに，納入リードタイム等の顧客サービスレベルにも密接に関係する。物流拠点の数やロケーションを決定する「最適立地問題」や配送ルートを設計する「巡回セールスマン問題（配送ルート問題）」では，需要データを用いた分析を行い，最適（または，よりベター）な解を探索する必要がある。これらの解は，物流の拠点や納品先となる都市の数と，それら相互間の移動コスト（距離や時間なども含む）に依存する。データ量が多くなると計算量も膨大になり解答が困難になる。そこで，これらの問題を解決するための方法として，線形計画法を用いた手法（分枝限定法や切除平面法）や，SA法（焼きなまし法）やGA法（遺伝的アルゴリズム）等のメタヒューリスティック技法を用いて，短時間で有効的な解を導き出している。

　GA法（Genetic Algorithm）は，データを遺伝子で表現した染色体を複数個用意（エンコーディング）し，交叉・突然変異などの操作を繰り返しながら，より適応度の高い染色体を選択し，解候補を生成（デコーディング）していく。この操作を繰り返しながら，より最適な解を探索していく方法である（図8-6）。

(3)　輸送システムの設計

①最適立地計画

図 8-6　GA 法の一般的なロジック

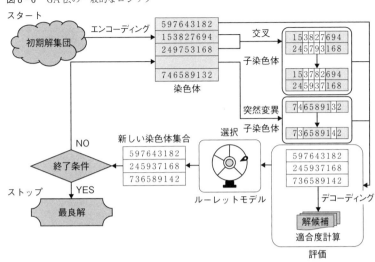

（出所）筆者作成

　自社の製品（あるいは商品）を取引先に納品するために，物流拠点をどこに何カ所配置するか？　物流戦略上の重要な問題である。この問題の一般的な考え方の一つに「重心法」というものがある。重心法はクラスター分析の一つで，ある大きな集団の中で，重心からの距離を基準としてグルーピングを行うものである。具体的には納品先までの輸送量と輸送距離のデータをともに，輸送距離×輸送量の総和（輸送エネルギー）が最小となる拠点（重心）を探索することにより，拠点の場所を求めるものである（図 8-7）。

　　　　　輸送エネルギー　＝（各納品先までの輸送距離×輸送量）の総和

　納品先数や候補拠点数が多いと膨大な計算量となることから，ここでも 3 -(2)の最適化手法が使用されるケースが多い。また，翌日着や時間指定納品などの納入リードタイムの条件がある場合には，さらに制約条件を加えた計算（シミュレーション）を実行する必要がある。

　一方で，物流拠点数は増やせば増やすほど，納品先までの距離が短縮される。輸送エネルギーも減少していくため，比例して輸送コストは削減される（図 8-

図8-7　最適立地の検証事例

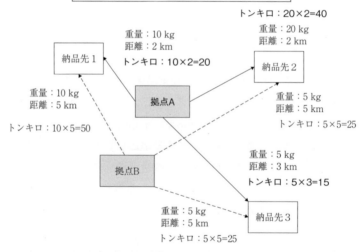

手順1：　輸送エネルギーの定義
仕入先から物流拠点まで（集荷）と
物流拠点から納品先（輸送）までの
輸送エネルギーを算出

（計算式）
輸送エネルギー＝Σ（配送量×配送距離）
ここでは，重量×距離を採用

手順2：　最適拠点候補の選定
シミュレーションを行い，
輸送エネルギーがより小さくなる拠点を選定

（計算式）
Min＝Σ（配送量×配送距離）

トンキロ：20×2=40

重量：20 kg
距離：2 km

重量：10 kg
距離：2 km
トンキロ：10×2=20

納品先1

納品先2

重量：10 kg
距離：5 km

トンキロ：10×5=50

拠点A

重量：5 kg
距離：5 km
トンキロ：5×5=25

拠点B

重量：5 kg
距離：3 km
トンキロ：5×3=15

重量：5 kg
距離：5 km
トンキロ：5×5=25

納品先3

拠点A：20＋40＋15　＝75トンキロ
拠点B：50＋25＋25　＝100トンキロ

拠点Aは，拠点Bよりもトンキロが小さい。
（Aを最適拠点として選択）

（出所）筆者作成

8）。しかしながら，物流拠点数を増やすと拠点の運営コストが増加するとい
うトレードオフの関係にある。そのため実際の拠点設定においては，輸送コス
ト以外に物流拠点の運営コスト，さらには顧客に期待される納入リードタイム

図 8 - 8　輸送コスト／輸送エネルギーのグラフ

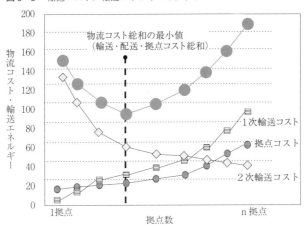

注：上記では，工場等から物流センター迄の輸送を 1 次輸送，物流セン
　　ターから最終納品先迄の輸送を 2 次輸送，と分類してグラフ化して
　　いる

（出所）筆者作成

等のサービスレベルを総合的に勘案し，配置することが必要である。

②輸送計画システム

　1 台のトラック　または　複数のトラックで多数の納入先に輸送する場合，何台の車両で，どのルートを通り，どの順番で，どこの納入先に，荷物を運ぶかを決める必要がある。これらを解決するために，輸送においても計画系システム（図 8 - 9）が導入されており，ここでも最適化手法が用いられているケースがある。最適立地計画と異なる点は，運ぶ荷物の情報（荷姿・サイズ・重量等），や納品先の条件（納入時間やバース数・サイズ等），車両条件（車両タイプや積載重量等）や通行する道路状況などの個々の制約条件が多く発生する点である。従い，納入先や荷物の量が日々変化する場合などは，これら制約条件の情報収集・管理，データのアップデートが重要となる。実際の業務では煩雑となる場合が多く，データ連携等で如何に入力業務の簡素化を図るかが運用の鍵となる。

③輸送管理システム

　実運送の管理面においても，IT 技術の進展により DX（デジタルトランス

図8-9 輸配送計画系システムイメージ

車両別タイムテーブル

① HOME1 福岡TCルート1 出発05：16 終了20：06 運行時間890.0分 走行距離797.4km 巡回右回り

10T	Alpen	1	2	3	4	5	6	7	8	9	10
重量	0.0kg		09：00 16：45	09：00 16：45	09：00 16：30	09：00 16：45	09：00 16：30	09：00 16：45	09：00 16：45	09：00 16：45	
積載率	%	福岡TC	GS 延岡昭和	GS 宮崎吉村	SD 神宮宮崎	GS 神宮宮崎	SD 都城駅前	GS イオン都城	GS 鹿児島与次	GS 鹿児島学安田	福岡TC
容量	1171.000M3	05：16	09：00	10：19	11：28	11：58	12：51	13：31	15：27	15：52	20：06
容積率	97.60%		0.0	0.0	0.0	0.0	0.0	0.0	0.0	0.0	

② HOME2 福岡TCルート2 出発06：58 終了17：00 運行時間602.6分 走行距離512.6分 走行距離601.2km 巡回右回り

10T	Alpen	1	2	3	4	5	6	7	8	9	10
重量	0.0kg		09：00 16：30	09：00 16：30	09：00 16：30						
積載率	%	福岡TC	SD 学士	SD フレスポリ	SD 鹿児島中央	福岡TC					
容量	1139.000M3	06：58	09：00	11：53	12：34	17：00					
容積率	94.90%		0.0	0.0	0.0	0.0					

③ HOME3 福岡TCルート3 出発07：05 終了15：52 運行時間527.2分 走行時間377.2分 走行距離347.7km 巡回右回り

10T	Alpen	1	2	3	4	5	6	7	8	9	10
重量	0.0kg		09：00 16：45	09：00 16：30	09：00 16：45	09：00 16：45	09：00 16：45	09：00 16：45	09：00 16：45	09：00 16：45	福岡TC
積載率	%	福岡TC	MF 諫早久山	SD 諫早イン	SD 諫早イン	MF 長崎時津	SD 長崎時津	GS 長崎時津	GS 佐世保大塔	GS フォレスト	15：52
容量	1195.000M3	07：05	09：00	09：45	09：45			11：11	13：11	シ	
容積率	99.60%		0.0	0.0	0.0	0.0	0.0	0.0	0.0	15：01	

④ HOME4 福岡TCルート4 出発07：29 終了12：51 運行時間322.4分 走行時間232.4分 走行距離242.2km 巡回右回り

10T	Alpen	1	2	3	4	5	6	7	8	9	10
重量	0.0kg		09：00 16：30	09：00 16：45	09：00 16：45	09：00 16：30					
積載率	%	福岡TC	SD 熊本イン	GS 熊本イン	GS 熊本イン	SD 熊本本	福岡TC				
容量	1119.000M3	07：29	09：00	09：30	10：12	10：27	12：51				
容積率	93.30%		09：30	09：30	0.0	0.0	0.0				

⑤ HOME5 福岡TCルート5 出発07：53 終了14：52 運行時間418.5分 走行時間313.5分 走行距離246.9km 巡回右回り

10T	Alpen	1	2	3	4	5	6	7	8	9	10
重量	0.0kg		09：00 16：45	09：00 16：45	09：00 16：30	09：00 16：30	09：00 16：45				
積載率	%	福岡TC	GS 佐賀	SD 佐賀	SD 佐世保大塔	GS 唐津	福岡TC				
容量	1140.000M3	07：53	09：15	09：15	10：44	12：51	14：52				
容積率	95.00%		0.0	0.0	0.0	0.0	0.0				

⑥ HOME6 福岡TCルート6 出発07：53 終了14：52 運行時間418.5分 走行時間313.5分 走行距離246.9km 巡回右回り

10T	Alpen	1	2	3	4	5	6	7	8	9	10
重量	0.0kg		09：00 16：45	09：00 16：45	09：00 16：30	09：00 16：30	09：00 16：45				
積載率	%	福岡TC	GS 佐賀	SD 佐賀	SD 佐世保大塔	GS 唐津	福岡TC				
容量	1140.000M3	07：53	09：15	09：15	10：44	12：51	14：52				
容積率	95.00%		0.0	0.0	0.0	0.0	0.0				

車両別運行ルートマップ

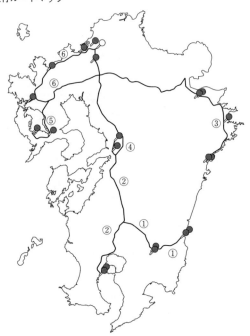

（出所）筆者作成

図 8-10　輸送管理システムイメージ

（出所）筆者作成

フォーメーション）が浸透しつつある。(図8-10) は，輸送管理システムの例であ
る。輸送計画システムにより立案された情報は，携帯端末等にデータ転送され，
ドライバーと情報共有される。輸送計画をチェックし，変更がなければ端末に
表示される輸送ルート及び案内に従い，運行を開始する。納品先に到着後，到
着確認及び納品確認（受領確認）を行い，そのデータは管理者に転送される。
GPS を用いることによってトラックの輸送状況がリアルタイムで把握できる
ほか，配送完了後の事務作業も軽減される仕組みである。

　車両や荷物のトレーシングシステム以外にも，輸送を支援するいくつかのシ
ステムがある。デジタルタコグラフ（通称：デジタコ）は，車両に搭載され，運
行時間や速度の変化などをグラフ化し，稼働状況を把握するための運行記録用
計器である。運行の速度・時間・距離の他，急加速や急減速・アイドリング情
報などの管理も可能である。また付加機能として，免許リーダーやアルコール
チェッカー・非接触の体温計などの点呼システムが搭載されているほか，事故
防止用のボイスアラームシステムが搭載されている機種もある。

　これらの新しい IT 技術は，効率的な輸送のみならず，燃費の向上や事務作

業の効率的化にも寄与している。また，安全な運行やドライバーの負荷軽減，環境負荷の低減等を支援する仕組みとして導入が進められている。

4　課題・将来設計

(1)　トラック輸送の規制緩和の流れ

　1989年12月に交付され，翌年12月に施行された「物流二法」(貨物自動車運送事業法と貨物運送取扱事業法) は，規制緩和等を目的とした約40年ぶりの法改正であった。その後，2003年の法改正を経て事業参入規制や運賃・料金規制等の段階的緩和が行われてきた。

　貨物自動車運送事業法では事業の免許制を許可制に，運賃の許可制を事前届出制に替えるなどの経済規制の緩和が行われた。半面，運行管理者の国家試験化などの運送の安全確保を考慮して社会的規制の強化を図ったのが特徴である。貨物運送取扱事業法では，各利用運送事業と運送取次事業を一本化して取扱事業と実運送事業を明確に区分した。これにより複数の輸送機関を利用する一貫輸送の料金設定が分かりやすくなった。

　その結果，事業者数は約1.6倍に増加し，競争促進による運賃の抑制やサービスの多様化にも支えられ，国内貨物輸送量は増加した。一方で，新規に参入した事業者の大半が経営基盤の脆弱な中小・零細企業であったことから，競争の激化によりこれら事業者の経営は厳しい状況となった。市場の活性化という点では一定の効果があった一方で，経営環境の逼迫は法令上の義務を免れる不適正事業者の増加も招き，市場の健全性には必ずしもプラスには作用していない。

　今後も燃料価格の高騰や安全・環境に係るコストの上昇が見込まれる中，事業者のさらなる経営環境の悪化が懸念される。行政や物流事業者のみならず，荷主・消費者を含めた受益者全体の対応が喫緊の課題となっている。

(2)　ドライバー不足

　2028年度にはトラックドライバー不足が約28万人に拡大するとの予測がある (鉄道貨物協会)。トラック輸送は3K職場[(2)]であり，他の産業と比較しても労働

図 8 -11　ドライバーの総移動時間ルール（自動車運転者の拘束時間と運転時間）

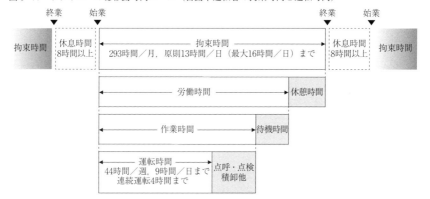

注：休憩時間と休息時間の違い
休憩時間：勤務時間内の休憩時間。拘束時間に含まれる。運転時間 4 時間ごとに必ず30分以上の休憩が必要。
休息時間：勤務と勤務の間の，連続8時間以上の，勤務していない時間。8時間以下の場合は休息時間とみな
　　　　　されず，連続勤務状態となる。

（出所）筆者作成

時間が長い・賃金が低いとされ，少子高齢化や人口減少は他業界と比較して大きな影響を及ぼす。トラック運転手の40％以上が50歳以上であり，30歳未満は10％以下となっている。ドライバー不足は各産業の経済活動に深刻な影響を及ぼすことから，様々な最善への取り組みがなされている。

①ドライバーの労働環境改善

　労働環境の改善は，行政・業界・荷主の三位一体による活動が行われている。労働時間の改善では働き方改革法案に基づき，大企業に対しては2019年 4 月から残業時間や総労働時間の上限規制が施行された。中小企業においても2020年 4 月より施行されたが，ドライバーについては少し遅れて2024年 4 月に施行される。また，連続拘束時間の制限や勤務間に 8 時間以上のインターバルを設けて休息時間を確保するなどの新たな取り組みも実施されている（図 8 -11）。賃金面でも改善が進められている。2023年 4 月より中小企業においても60時間／月を超える残業時間に対する割増率は25％から50％に引き上げられる。

　商習慣の見直しによる改善も行われている。運送約款の改正では，これまで規定のなかった待機時間料や積込料・取卸料などの具体例が追加され，貨物を

輸送した対価である運賃と区別されることとなった。これにより運送事業者の収益改善やドライバーの処遇改善につながることが期待される。

②ホワイト物流推進運動

　ホワイト物流推進運動は深刻化するトラック運転者不足に対応し，国民生活・産業活動に必要な物流を安定的に確保することを目的に，国土交通省，農林水産省，経済産業省が推進する運動である。具体的には以下の2つの内容がある。

① 　トラック輸送の生産性向上・物流の効率化
② 　女性や60代以上の運転者等も働きやすい，より「ホワイト」な労働環境の実現

　運送事業者だけでは，輸送の改善や運転者の労働条件・労働環境の改善に取り組むことは難しいため，荷主企業が「ホワイト物流」推進運動へ賛同し「自主行動宣言」を行うことで，荷主企業と運送事業者（及び国民の三者）が連携した改善への取り組みが期待されている。

(3) 輸送の技術革新

　AIやロボット技術・5Gなど，輸送分野でも新たな技術導入が進んでいる。これらの取り組みは労働力不足や環境問題等の課題を解決する可能性がある。現在，取り組まれている新技術（図8-12）の活用について業界動向を述べる。

①自動運転・隊列走行

　自動運転とは，乗り物や移動体の操縦を人手によらず，機械が自律的に行うシステムである。人間が行っている，認知・判断・運転操作といった行為を人に代わり機械が行う。航空業界では既にオートパイロット機能が導入されており，さらには船舶や自動車等にも導入が進んでいる。我が国における自動車の自動運転は2016～2018年頃から全国各地の高速道路や空港・道の駅などの特定エリアで実証実験が開始され，一部の地域では導入が進んでいる。自動運転にはドライバーがすべての運転操作を行うレベル「0」から完全自動運転を行うレベル「5」までの6段階（表8-1）があり，現在はレベル2～3の実用化が

図8-12　物流の技術革新

自動運転・隊列走行

ドローン技術による輸送

物流施設内の搬送ロボット
（出所）株式会社千代田組提供

表 8-1　自動運転の段階

レベル	自動運転レベルの概要	運転操作の主体	対応する車両名称
レベル1	アクセル・ブレーキ操作またはハンドル操作のどちらかが部分的に自動化された状態。	運転者	運転支援車
レベル2	アクセル・ブレーキ操作及びハンドル操作の両方が，部分的に自動化された状態。	運転者	運転支援車
レベル3	特定の走行環境条件を満たす限定された領域において，自動運転装置が運転操作の全部を代替する状態。ただし，自動走行装置の作動中，自動運行装置が正常に作動しないおそれがある場合においては，運転操作を促す警報が発せられるので，適切に応答しなければならない。	自動運行装置（自動運行装置の作動が困難な場合は運転者）	条件付自動運転車（限定領域）
レベル4	特定の走行環境条件を満たす設定された領域において，自動運転装置が運転操作の全部を代替する状態	自動運行装置	自動運転者（限定領域）
レベル5	自動運行装置が運転操作の全部を代替する状態	自動運行装置	完全自動運転者

（出所）国土交通省報道発表資料より引用（2020年12月11日付）

進んでいる。

　隊列走行とは，複数のトラックが連なり，自動で車間距離を保って走行する技術である。高度な通信技術と安全技術によって走行状況をリアルタイムで共有し，走行の支援を行っている。2018年から新東名高速道路等で公道実証実験が行われ，以降，様々な実証走行を重ねながら信頼性の向上に取組んでいる。

　これらが実用化されれば，事故や渋滞を減らし，ドライバー不足の解消や環境問題の改善への一助になる。一方，本格導入のためには技術面以外にも，インフラ整備や法整備が必要となっている。

　ここでカーボンニュートラルへの対応についても触れておこう。2020年10月の臨時国会において「2050年までに温室効果ガスの排出を全体としてゼロにする」すなわち「2050年カーボンニュートラル，脱炭素社会の実現を目指す」ことが宣言された。トラック輸送においても，急発進・急停車をしない・アイドリングストップ等のエコドライブの実践，宅配ボックスや置き配の活用による再配達の抑制のほか，電気自動車（EV）や水素エンジン車の導入など，各種

取り組みが実践されている。

②ドローン

　小型無人機（いわゆるドローン等）による荷物配送は，小口輸送において積載率の低いトラック輸送に代わる手段として期待されている。特に過疎地域では，地域内の荷量が減少して非効率な輸送が行われていることから，ドローンを活用した荷物配送の実現が期待される。早期の実用化を図ることにより，非効率なトラック輸送を減少させ，ドライバー不足，CO_2排出量の削減を目指している。

　アメリカではアマゾン社による個人宅への配送がニュース等で話題になったが，我が国では2018年から全国各地で実証実験が開始されている。山間部や離島，河川の上空を活用した事例が多いが，2021年6月には新潟市の駅前都市部でも実証実験が行われ本格的な導入も間近に迫っている。

③物流施設の自動化

　物流業の担い手不足が懸念される中，物流センター等の施設内においても自動化・機械化が加速している。物流センター内の工程ごとの省力化・自動化はもとより，入荷から出荷までの物流業務全体を自動化する例もある。最近，注目を浴びている主な自動システムとして，次の例が挙げられる。

　・無人フォークリフト
　・ロボット搬送システム
　・ロボットストレージシステム
　・ソーティングロボットシステム，高速立体仕分機
　・自動バン・デバンニングマシン
　　　※これらの詳細については，第10章「物流機器業界と物流」で紹介する。

(4)　with／after コロナ

　新型コロナウィルスの感染拡大により，社会全体での価値観の変化とそれに伴う人々の生活様式や企業活動の変化が生じている。物流面でもSCMの見直しや働き方の変化など今後の活動に影響をもたらす内容がある（表8-2・3）。

表8-2　社会変化

価値観の変化	事象	内容	影響
人の移動集まりがリスク	渡航制限	外国人観光客減，国内外の旅行キャンセル	一時的影響
	緊急事態制限	あらゆるイベントの自粛	一時的影響
		生活需要品以外のあらゆる添付の営業自粛	購買行動の変化
		外出自粛・3密回避	生活様式の変化
		テレワークの拡大	働き方の変化
	オリンピック延期	観光客の大量キャンセル・関連キャンペーンの中止	一時的影響
医療体制や社会的安全網の充実	患者急増，医療現場の逼迫	医療品（人口呼吸器など）や衛生用品（マスク，消毒）の需要増	医療意識向上医療体制増強
		ワクチン（治療薬）開発開始	一時的影響
生命・健康の優先	海外での都市封鎖	製造業の工場操業停止，生産調整	SCM の見直し
		経済停滞により原油需要減，原油価格下落	一時的影響

（出所）筆者作成

表8-3　物流の変化

物流動向	国内・国際輸送量は減少，荷動き鈍化で在庫上昇，倉庫がスペース不足
	企業間物流が低迷，EC 利用拡大で宅配需要な伸長
運賃	減便により国際物流で航空，海上運賃が上昇
	受給バランスの変化で国内トラック運賃は軟化
雇用情勢働き方	人手不足感が緩和，ドライバー職の求人倍率も低下
	物流減でドライバー・作業員の労働時間が短縮
商習慣業務	当日オーダー・当日出荷の見直し，運行管理におけるロボット点呼の普及が本格化
	伝票処理等のペーパーレス化，「非接触」対応で置き配，検品レス，パレット化が進展
規制緩和DX その他	タクシーによる飲食宅配を特例化，小型・低速自動配送ロボットの社会実装の動き
	DX で物流スタートアップの存在感高まる，金融商品として物流不動産脚光

（出所）筆者作成

コラム▶▶サスティナビリティ

　最近「SDGs」（エス・ディー・ジーズ）という言葉をよく耳にする。「Sustain-able Development Goals」の略で，2015年に国連で採択された2030年までに達成する持続可能な開発目標で，17の目標と169のターゲットが示されている（図8-13）。

図8-13　持続可能な開発目標　17の目標＆169ターゲット

　その中でも目標の1と2の「貧困をなくそう」「飢餓をゼロに」は物流に期待される役割が大きいと言える。世界の人口は2050年までに90億人を超えて100億人に迫る。このうち飢えや栄養不足で苦しむ人は約8億人と言われている。世界的に見ると食料生産量の1／3の約13億トンが廃棄されており，食べ物は足りているのに必要なところへうまく配分ができていない。日本においても食べられるのに捨てられている「食品ロス」の量が年間約600万トンにものぼる。このうち事業系ロスが約324万トン，家庭系ロスが約276万トンとなっている。事業系ロスの原因にもなっている賞味期限の1／3ルール（図8-14）や家庭での買い過ぎなど身近なところにも課題がある。持続可能な社会を実現するためには「水」「食料」「エネルギー」とそ

図8-14　食品ロス

世界で約13億トン　⇒　1/3が廃棄
日本でも…　⇒　621万トン
賞味期限の1/3ルール

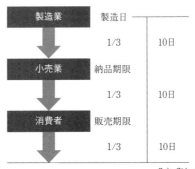

注：賞味期限は製造日から30日間とする

（出所）筆者作成

れらを分配する「ロジスティクス」の仕組みが必要である。

コラム▶▶動物の輸送

　皆さんサーカスを見に行ったことがありますか？　ライオンやトラの火輪くぐりなど，そこで活躍する動物達の迫力が印象的である。筆者はこれら動物たちの輸送を担当したことがある。この時の動物たちは調教師と共に世界を船で移動しながら日本にやって来た。入国に際しては輸入手続きが必要となり，申告価格の確定や動物検疫の証明を要するが，申告価格には海上で食べたエサ代なども含まれるため煩雑な手続きになる。この時の「キリン」の輸送では2段式の特殊なコンテナ（檻も兼ねる）を用いているため，船から降ろす際にはコンテナの高さが縮められ，首を曲げながら窮屈そうにしている表情？がとても印象的でした。この時筆者は，黄色いヘルメットを被って輸送の立ち合いをしていたが，柵の間から顔を覗かせたキリンにそのヘルメットを「パクッ」と齧られた思い出がある。多分キリンにとってはおいしそうな柑橘系の木の実に見えたのかもしれません。

（石渡教雄）

演習問題
1　主要な輸送形態とその特徴，ならびに二酸化炭素排出量の関係について述べなさい。
2　物流センターを設置する場合，どのようなことを検討する必要があるか考えを述べなさい。
3　ドライバー不足が深刻化する中，ドライバーの労働環境改善についてどのような取り組みがされているか述べなさい。

注
(1)　輸送分担率：全交通手段に占めるトリップ数（トン数）の割合。数値は2019年度公表値。
　　2020年度の国内の各交通モードの分担率（トンベース）は，営業用と自家用を合わせたトラックが91.9%を占め，内航海運：7.2%，鉄道：0.9%，航空：0.02%である。一方我が国発着の国際貨物輸送では船舶：99.7%，航空：0.3%となっている。
(2)　「きつい（Kitsui），汚い（Kitanai），危険（Kiken）」な職場で，労働環境や業務内容が過酷な仕事を表す。

引用・参考文献

国土交通省　『令和 3 年版　交通政策白書』勝美印刷。

日本物流団体連合会『数字でみる物流　2020年度』日本物流団体連合会。

全日本トラック協会『日本のトラック輸送産業──現状と課題2021』

農林水産省　ホームページ

Hiroshi Katayama[1]　(2008),　"Management of 2-way Global Logistics System between Factories in Japan and China"[1] Department of Industrial and Management Systems Engineering, Graduate School of Science & Engineering, Waseda University

推薦図書

『ロジスティクス・オペレーション 3 級』社会保険研究所。

『ロジスティクス管理 3 級』社会保険研究所。

<table>
<tr><td>第9章</td><td>国際物流と3PL
情報・サービス・ソリューションの提供</td></tr>
</table>

　物流は世界経済の動きに直接的に関与するものであり，業界の中にいるとそのダイナミックな動きを常に意識することができる。

　国際物流がサプライチェーンマネジメント網構築においていかに重要な役割を果たすのかを理解してもらうこと，その成熟度の高い企業が海外市場進出を成功させる中で，3PL（サード・パーティー・ロジスティクス）事業者がいかにサービスを提供すべきかを考察することが本章の目的である。

キーワード

国際物流　サプライチェーンマネジメント（SCM）3PL 多国籍化（グローバリゼーション）距離の脅威（セミグローバリゼーション）

1　はじめに

　COVID-19の混乱の渦中における2020年度は，世界各国の経済成長率が鈍化したことは明白であったが，そのような中でもプラスの経済成長を記録した国がある。中国である。

　2021年4月に国際通貨基金（IMF）が公表した「世界経済見通し（World Economic Outlook）[(1)]」によれば，先進国，途上国問わず GDP 成長率がマイナスを記録する中，中国のみが2.3%のプラス成長を記録していた。

　本報告によれば，2021年度，2022年度はコロナ禍の反動から世界中で先進国，途上国問わずプラスの成長が予測されているが，日本の成長率はそれぞれ3.3%，2.5%と予測されており，先進国平均の5.1%，3.5%，途上国平均の6.7%，5.0%と比較して低い予測となっている。

　物流の教科書でありながら，最初に世界経済の動きに触れたのは，物流は世

172

界経済の動きに直接的に関与するものであり，業界の中にいるとそのダイナ
ミックな動きを常に意識することができることを知ってもらいたいからである。

(1)　2020年後期から始まった海運市場の歴史的な混乱

COVID-19の影響により世界の海運市況は大混乱に突入，多くの日本企業が
2020年11月頃から海上運賃急騰の状況に直面し，それまで考えられないレベル
の運賃が続くこととなった。

多くの船会社が，運賃が高く巣ごもり需要を背景に物量が増えた中国発北米
向け，または欧州向けに不足するコンテナーを回し，コロナ禍で稼働の落ちた
インフラ状況においてスケジュールの遅延が多発する中，複数の港において本
船の寄港回避を意図的に行ったことが背景にある。

物流が世界経済の動きに直接的に関与すると述べたが，まさにこの運賃高騰
の背景にある中国発北米向けの輸出の動きはその主要因であると考えられてお
り，また中国が2.3%の経済成長をコロナ禍において記録したことにも関連し
ていると思われる。

もちろん早々にコロナ禍から抜け出したことでの内需押上による成長もある
と思われるが，中国の輸出貿易額は2020年度のコロナ禍において6月以降2019
年度を上回っており，2020年10月には北米向けコンテナー貨物輸送量が史上最
高の117万5,631TEU（月間）に達していた。

2020年10月と言えば，中国と丁々発止のやり取りを行っていたアメリカはト
ランプ政権のさなかにあり，一般的にはアメリカが中国からの輸入品を史上最
高の物量となるほど受け入れるはずがないと考えてもおかしくない状況の時で
ある。

(2)　グローバル企業のサプライチェーンマネジメント

一方の日本は，1980年代から2010年頃までは貿易収支黒字国であった
が，2011年以降は貿易赤字の年度も多く，もはや恒常的な貿易黒字国ではなく
なっている。

日本貿易会（JFTC）の「日本貿易の現状[2]」における統計によれば，2020年
度においても一般機械，電気機器，輸送用機器の輸出金額が大きく，これら製

造業の存在感は大きい。

　一方で小売・流通業に目を向けてみると，デロイトトーマツが売上高をベースに毎年発表する「世界の小売業ランキング2021[(3)]」によれば，イオン（14位），セブン＆アイ・ホールディングス（18位），ファーストリテイリング（51位）等日本企業もランキングには登場するものの，トップ10企業はウォルマート（1位），アマゾン（2位），コストコ（3位）を筆頭に10社中7社をアメリカ企業が占め，ドイツ企業2社，イギリス企業1社という状況となっている。

　これら自国以外の海外市場に進出し，多くの国で市場シェア獲得に成功しているグローバル小売企業は，トップマネジメントがサプライチェーンマネジメント（以下SCM）の重要性を理解し，ロジスティクス分野にも積極的なリソースの投入が行われていると思われる事例が多い。

　これは，特に人口が少なく自国の市場だけでは継続的な安定成長が困難な国々の企業や，圧倒的な売上高，ブランド力と共に，グローバル市場で存在感を示すアメリカ企業に顕著な傾向であると考えられる。

(3) 本章の目的と構成

　本章の目的は，国際物流がSCM網構築においていかに重要な役割を果たすのかを理解してもらうことと，その成熟度の高い企業が，海外市場進出を成功させる中で，サード・パーティー・ロジスティクス事業者（以下3PL）がいかにサービスを提供すべきかを考察することである。

　海外市場進出を成功させている企業は，本社トップレベルからSCM及びロジスティクスの重要性を理解し，自社の事業戦略を支える独自SCMモデルを構築する傾向が強いといえる。

　顧客を起点とした販売戦略の構築及びその実現のための供給戦略の実装まで，グローバルレベルでのSCMの成熟度が海外市場進出の成否に関わっている可能性が高いという前提において，国際物流及び3PLがいかに重要な役割を果しているか，または果たすべきかを考察していきたい。

　本章は，はじめに国際物流はなぜ必要なのか，国際物流の構造はどのようなものか，国際物流を実現するための手段は何かについて考察する。

　次に3PL企業がいかに荷主のSCM網構築に貢献すべきか，どのような

サービスを提供すべきかについて議論し，最後に事例を紹介するものとする。

2　国際物流の背景とは

　国際物流を考察する上での前提として，そもそも企業はなぜ海外との輸出入取引を行うのかという根本的な命題を考察する必要がある。

　本節において，まずは企業の多国籍化への道筋を示し，次にセミ・グローバリゼーションという概念を紹介し，国際物流が最も活発なのは距離及び文化的に近い国々との分業体制においてであることを示す。

(1)　企業の多国籍化への道筋

　まず本項においては実際に企業が海外進出する上で重要となる多国籍化への道筋を考察する。図9-1で示されるように，企業の多国籍化プロセスは4段階を辿ることが多い。第一段階では国内に焦点をあて，第二段階で輸出を開始し，第三段階で輸出先から地域を絞って海外直接投資に乗り出し，第四段階になると，複数の国・地域を跨いて最適に経営資源を配置しながら事業を展開する，いわゆる多国籍化，あるいは国境なきグローバル化を進める。

　企業の多国籍化（グローバリゼーション）においては，設立当初からグローバルに事業を行うボーングローバル（Born　Global）企業はIT業界などで存在するものの，大半は自国市場での成功という段階を経る。

　国内で成功すると生産量を増やすことで規模の経済によりコストが下がり，次いで余剰分を海外に輸出することで海外市場でも成功すると，そこからより多くの利潤が得られることとなる。

　輸出に成功すると輸出先地域の顧客ニーズが見えてくるため，そのニーズを満たすためにそれぞれの地域で開発，生産を行うなど「現地化」「地域化」が求められる段階となる。

　ここまで来ると，最後の第四段階では「グローバルな統合（Global　Integration）」と「ローカルな適応（Local　Responsiveness）」の両者が求められることとなり，企業はグローバルでの統合，地域ごとのローカルでの適応という二つの軸を適切に管理する必要性に迫られることとなる。

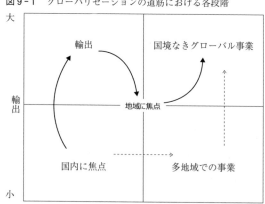

図9-1　グローバリゼーションの道筋における各段階

（出所）：J.Steward Black and Allen J. Morrison（2010），*"Sunset in The Land of the Rising Sun"*

　多国籍化したグローバル企業とはこの第四段階にいる企業のことを指すと考えられ，これらの企業において複雑な国際物流が発生するわけである。

　図9-1において「多地域での事業」から「国境なきグローバル事業」を展開するに至った企業においては，いかに多国籍企業としてグローバル市場で成功を収めるかが主要なテーマとなり，SCM及び国際物流管理能力が重要になってくるのである。

(2)　「距離の脅威」に基づく現実の国際貿易像

　ここまで，(1)で企業の多国籍化（グローバライゼーション）の道筋について議論したが，(2)では企業が実際に多国籍化を目指し，自国以外の国に進出する上で「なぜ特定の国々への進出に至るのか」を考慮するために有用だと思われるパンカジュ・ゲマワット（以下，ゲマワット）の「距離の脅威」という考え方を紹介する。

　ゲマワットは，「セミ・グローバリゼーションが今日，そして明日における世界の現実の姿である」と主張し，「世界はフラット化しつつある」というフリードマンらの「グローバリゼーション津波論」や，レヴィットの「嗜好の収束」といった主張を真っ向から否定した。

　「セミ・グローバリゼーション」とは，例えば海外直接投資に限らず，国内
の多くの活動においての国際化レベルが世界中で概ね10％以下に収束しており，
比較的国際化が進んでいると思われる「貿易金額対GDP比率」ですら実質
20％程度のレベルであり，概ね各国の国際化レベルは「10％」程度であること
を表した比喩である。

　ゲマワットは，「セミ・グローバリゼーション」という考え方が重要なのは
「国境を越えると大きな差異が表れる」という現実があるからであり，この差
異には文化的（Cultural），制度／政治的（Administrative／Political），地理的
（Geographical），経済的（Economic）隔たりがあると主張した。これら差異を
「距離の脅威」としてその頭文字をとったのがCAGEフレームワークである
（図9-1）。

　国際貿易という観点からゲマワットの主張を考慮すると，海外との取引とい
うのは現実的には「文化的」「政治的」「地理的」「経済的」に近い国々との関
係がより活発になりやすく，国際物流においてもそれが反映されたものになる
ということである。

　図9-2は，コロナ禍直前2019年度のアメリカと日本の貿易相手地域（輸出
入合計の地域別シェア）を比較したものであるが，アメリカは北中南米の国々と
の貿易取引が他地域と比較して多く，日本は東アジア諸国との貿易取引が他地
域と比較して多いという現実を理解できる。

　図9-2を見ると，アメリカにとって地理的に近い北中南米の国々との取引
割合が高いのと同時に，文化的に近いEUとの貿易量と合わせれば57％ほどに
達する。一方の日本は東アジアとの取引量が高いのと同時に，欧米よりは文化
的に近いASEAN諸国との取引と合わせればやはり49％程度と全体の約半分
を占めている。

　IoTの活用や，コロナ禍でのリモートワークの普及により国境を超えるコ
ミュニケーションが以前と比較して今後さらに容易になることが予想されるが，
「距離の脅威」とセミ・グローバリゼーションの現実を認識すると，国際物流
においても未だ地理的，文化的に近い地域同士の物量が必然的に多くなること
が理解できるはずである。

　同時に多国間にまたがる活動は「相互に異なる経済的機能＝経済的隔たり」

表9-1 CAGEフレームワーク

	文化的な距離 (C)	政治的な距離 (A)	物理的な距離 (G)	経済的な距離 (E)
距離を生み出す特性	■ 異なる言語 ■ 異なる民族性、紐帯となる民族性や社会的ネットワークの欠如 ■ 異なる宗教 ■ 異なる社会規範	■ 旧植民地と旧宗主国の関係、あるいは旧植民地同士の結びつきの欠如 ■ 共通の通貨あるいは政治的同盟がない政治的な対立関係 ・政府の方針 ・未整備な社会制度	■ 物理的な隔たり ■ 国境を接していない ■ 海・川からのアクセスがない ■ 国の大きさ ■ 交通の便や通信状況が悪い ■ 気候の違い	■ 消費者の所得レベルの違い ■ 以下のコスト及び質の違い ・天然資源 ・資金的資源 ・人的資源 ・社会的インフラ ・仲介者のインプット ・情報あるいはナレッジ (知識)
距離に影響される産業や商品	■ 言語の影響が大きい商品 (テレビ番組など) ■ 消費者の文化的あるいは国家的アイデンティティに影響する商品 (食品など) ■ 以下の点で特徴が異なる商品 ・大きさ (車など) ・基準 (家電など) ・パッケージ ■ 品質が特定の国と結びついているもの (ワインなど)	■ 以下の業界には政府の介入度が高い ・必需品の生産者 (電気など) ・その他の「基本的人権にかかわる」商品の生産者 (薬など) ・大量雇用者 (農家など) ・政府への大手サプライヤー (公共送信機器など) ・国威をかけた産業 (航空線など) ・国家安全保障に欠かせない産業 (通信など) ・天然資源を利用する産業 (石油、鉱山など) ・サンク・コストが高い産業 (社会的インフラなど)	■ 重量あるいは容積当りの価値が低い商品 (セメントなど) ■ 壊れやすい、あるいは腐敗する商品 (ガラス、果物など) ■ コミュニケーションと通信手段が重要 (金融サービスなど) ■ 地元の規制・運営の基準が高い (多くのサービス)	■ 所得水準で需要特性が変わる (車など) ■ 基準化あるいは規模の経済が重要 (携帯電話など) ■ 人件費やその他のコスト要因の差が顕著である (衣料など) ■ 流通 (販売)、システムや事業のシステムが異なる (保険など) ■ 企業は市場対応力があり俊敏である必要がある (家電など)

(出所) Ghemawat, P. (2001) "Distance Still Matters: The Hard Reality of Global Expansion", *Harvard Business Review*, 2001 September. (「海外市場のポートフォリオ分析」『DIAMONDハーバード・ビジネス January 2002』)

図 9 - 2　2019年度　米日貿易相手地域

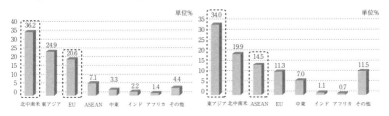

注 1 ：金額ベース；%
注 2 ：東アジアは日本、中国、韓国、台湾、香港。EUはイギリス含む2019年度時点での
　　　EU加盟28カ国。
（出所）財務省「貿易統計」データをもとに筆者作成。

を通じて起きることが多く，企業は国際的な分業を行うことで，多国間でのサプライチェーンを構築することとなる。

　図 9 - 2 からもわかるとおり，アメリカに対する北中南米，日本に対する東アジアとの貿易シェアが高いものとなっているのは，その背景として先進国（＝市場）・途上国（＝生産拠点）間での国際的分業が反映されている証明ともいえる。

3　グローバルサプライチェーンにおける 3 PL の役割

　前節では企業が多国籍化される道筋，「距離の脅威」を前提としたセミ・グローバリゼーションを紹介したが，本節では実際にサービスを提供する 3 PL の役割に関しての議論を行うため，まずはグローバルサプライチェーン網構築において克服すべき各国での差異と複雑性の要因を明確にする。

　さらに事例として小売り企業に対する 3 PL のサービスモデルを紹介する。

(1)　克服すべき各国での差異と複雑性

　まずはグローバルサプライチェーンの構築において克服すべき各国での差異と複雑性に関して議論することとする。

　図 9 - 3 において下部に記述されている①OTD（Order to Delivery）リードタ

図9-3 グローバルサプライチェーンにおける各国での差異と複雑性

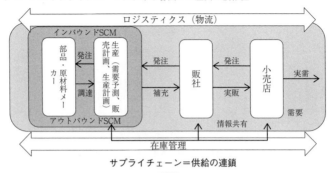

（出所）圓川隆夫，「制約条件の理論が可能にするサプライチェーンの全体最適」『ハーバードビジネ
スレビュー』1998年10-11月号の図表，及び D.J.Bowersox et al.,2002,*Supply Chain Logistics
Management*,pp.174-178をもとに筆者作成

イムの差異，②輸送モード選択の複雑性，③業務要件の差異，④システム統合
の複雑性，⑤提携管理の複雑性の５つの要因は，企業がグローバルにサプライ
チェーンを構築する際に直面する各国での差異と複雑性である。これら差異と
複雑性を理解した上でグローバルにサプライチェーンを統合する活動は実務的
であり，高度な専門性が要求される。

　３PLの活動において顧客に対して提供すべき価値は，上記５つの差異及び
複雑性を十分に理解し，顧客がグローバルサプライチェーン網構築を成功させ
るための情報，サービス，ソリューションを提供することにある。

　以下にそれぞれの差異及び複雑性の意味合いと，３PLが提供すべき役割を
整理する。

①Order to Delivery（OTD）リードタイムの差異と３PLの役割

　発注時点から，その発注した部品，製品または商品が自社なり顧客先に届く
までの期間を一般的に受発注リードタイム（Order to Delivery Lead time，以下
OTD）と呼ぶが，グローバルにサプライチェーンを構築すれば，国内で調達す
るよりもOTDの管理が複雑化する。

OTD におけるリードタイムの適切な把握，管理が必要となるのは，企業にとって重要な在庫の増減に大きな影響を与えるからである。

リードタイムは，適正な在庫量を算出する上で重要な要素であり，通常リードタイムが長くなれば，必要在庫量も増加することになる。

また，リードタイムは現実的には常に一定ではなく，海上輸送を行う場合などは，台風の影響や事故，海賊によるテロ行為，港湾の混雑，ストライキなどの要因によりスケジュールの遅延が発生することは珍しくない。また，輸出入時に税関での検査が発生すれば，さらにリードタイムが伸びることになる。

3PL には，顧客に対して情報の提供を適宜行うと共に，不測の事態に備え常に代替案を提供できるようなサービス体制を構築することが望まれる。

②輸送モード選択における3PLの役割

輸送モードの選択とひとことで言っても，どの国を基準として輸出入を考えるのかによって最適な選択肢が変わってくる。四方を海に囲まれた日本の国際物流といえば海上，航空が二者択一の手段であるし，陸続きで多くの国々が国境を接するユーラシア大陸においては鉄道，トラックも選択肢に入ってくる。

図9-4はグローバルサプライチェーンを構築する上での①輸出入，②国内輸送において考慮すべき輸送モードの選択肢を整理したものである。

まず輸出入に関していえば，選択肢としては海上輸送，航空輸送，複合輸送の3つの形態が存在する。これら3つの輸送モードは，一般的にリードタイムとコストの2つの軸で比較される。即ちリードタイムが最も短い航空輸送が最も運賃が高く，リードタイムの長い海上輸送が最も運賃が安い。鉄道を中心とした複合輸送は，リードタイム，運賃ともに航空輸送，海上輸送の中間となる。

図9-4 グローバルサプライチェーンにおける輸送モード選択肢

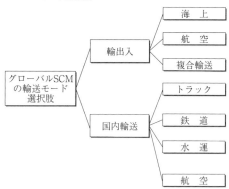

（出所）筆者作成

重要なことは海上，航空，複合輸送のそれぞれの違いと特徴を理解した上で最適な輸送モードを選択することであり，調達，販売のロジスティクス網構築を異なる国々で行うには，ただ単にリードタイムとコストのトレードオフを考慮するだけでなく，競争優位を確立するための競合他社との差別化，及びリスクマネジメントも含めて総合的に判断すべきである。

　また，グローバルな調達網構築，販売網構築を行う場合，必然的にそれに伴う調達国，販売国での国内輸送における輸送モードを選択することにもなるが，一般的にはここまでを含めて国際物流と認識することが実務的には自然である。

　3PLが顧客に最適な輸送モードを提案するためには，自社のネットワークを活用してそれぞれの地域で最も安定した輸送サービスを構築，提供できる体制を整えると同時に，顧客の事業及び商品特性を十分に理解し，顧客視点での提案力を備えることが必要である。

③業務要件の差異と3PLの役割

　グローバルサプライチェーンを構築する際の業務要件の差異とは，(1)複数言語が要求されること，(2)各国間標準，(3)関連書類，(4)関税払い戻しに伴うルールの差異などである（Bowersox et al.,2002）。

　例を挙げれば商品の値札や説明書などは複数言語が必要となるし，商品の荷台となるパレットの標準サイズ（縦×横）は日本，韓国では1,100×1,100mm，欧州では1,200×800mm，アメリカでは1,219×1,016mmと差異があり，さらに各国の業界ごとに標準が異なってくる。

　また国際取引における関連書類は売買契約書から始まり，信用状，インボイス，パッキングリスト，原産地証明書，船荷証券や航空貨物運送状，保険証券，為替手形などがあり，取引国別に要件が異なるケースが多々存在する。また，関税払い戻しの制度も各国間でことなることが多く，高い専門性が求められる。

　このような業務要件上の差異は多岐に渡るが，3PLとしてはこれらの差異をしっかりと把握した上でサービスを提供することが必要であり，SOP（Standard Operating Procedure：業務標準定義書）と呼ばれるマニュアルを策定してミスの発生を未然に防ぐ等の対策をとる必要がある。

④システム統合の複雑性と3PLのITソリューション

　グローバルサプライチェーンのシステム統合を考慮したとき，情報として必

要となる要素は，(1)連結在庫の把握，(2)リードタイムとボトルネックの把握，(3)実績に基づく計画見直し，の3つに整理できる（森川，野村総合研究所，2010）。

　(1)連結在庫の把握とは，SKU（Stock Keeping Unit：在庫管理用語で最小の管理単位）ごとの連結在庫がどこに，どれだけ，どれだけの期間，誰の管理下において存在するのか把握することであるが，この場合の連結在庫には，輸送途上の在庫，流通段階における在庫も含まれる。

　(2)のリードタイムとボトルネックの把握とは，サプライヤーまたは自社の輸出側工場，輸出側倉庫，港湾・空港，輸送（船舶・航空）途上，輸入側港湾・空港，輸入側倉庫，店舗などで，それぞれどれだけのリードタイムが必要で，どこにそのボトルネックがあるのかを把握することである。

　(3)の実績に基づく計画見直しとは，SCMの実行プロセスにおいては，調達，生産，出荷，配送において計画と実行のプロセスが連鎖することを前提として，それぞれの計画に対する実績値を把握し，ボトルネック見直しのPDCAサイクルが機能しているかということである。

　これら3つの要素は，当然のことながらグローバルサプライチェーンが高度化，複雑化する過程において把握，管理することが困難となり，多くの国に進出することでさらに複雑性が増していく。

　3PLはグローバルな物流管理において，複数の顧客及び多国での知見を蓄積することが可能なポジションに位置付けられることから，グローバルな物流の最適化に特化したITソリューションを提供することが望まれるが，上記(1)から(3)の要件を満たすのは，すなわち「SKU単位での国際物流上の動きと各拠点における在庫を把握する必要がある」ということである。

　3PLのITソリューションといえば，グローバル物流可視化システム，WMS（Warehouse Management System：倉庫管理システム），TMS（Transportation Management System：輸送管理システム），4PLソリューション（大手グローバル企業が採用する複数の3PLの活動を一つのプラットフォームで包括的に可視化するシステム）などがあるが，これらとともに顧客のERPとEDI連携可能なソリューション提供力を備えることが必須であるといえる。

⑤提携管理の複雑性に対する3PLの役割

　企業がグローバルサプライチェーンを構築する上では進出先の各国において

　ここでは，３PL，フォワーダーのグローバルランキングを提供するホームページを紹介したい。

　Armstrong & Associates, Inc.（A & A）は1980年に設立され，３PL 市場調査と企業のアウトソースを支援するコンサルティング活動，多くの３PL へのコンサルティング及び投資活動支援を通して国際的に認知された企業であり，日々世界中に３PL 業界の情報を発信している。

　グローバル３PL＆フォワーダーランキング：Armstrong & Associates, Inc.（A & A）

　https：//www.3plogistics.com/

　Armstrong & Associates, Inc.（A & A）のホームページでは売上高実績をもとに，グローバル３PL のランキングを提供している。また，３PL ランキングとは別に，売上高と取り扱い数量をもとにグローバルフォワーダーのランキングも提供している。

他企業との提携を行うことが多く，その場合相互に協力的な関係を築くことが必要である。特に相互の利益の追求とリスクの共有は重要な要件となるが，これを言語，文化，商習慣が異なる複数の外国企業と行うことを考えれば，高度な専門性と共に経験の蓄積が必要となる。

　企業がグローバルに調達を行うようなケースにおいては，各国のサプライヤーが市場となる国に向けてそれぞれの国から輸出を行うことになるわけであるが，このケースにおいて３PL が価値を提供できる要素は多い。

　まずサプライヤーは物流の専門家ではないため，輸出時の一連のプロセスにおいて３PL が窓口となってサプライヤーの適切な輸出をサポートすることができる。

　また，輸入者となる側の企業がより深くサプライヤー管理を行いたい場合，現地の言語で現地サプライヤーとコミュニケーションを取れる能力は重要であり，自社にリソースが不足する場合，グローバルネットワークを持つ３PL に

委託すれば比較的に容易なコミュニケーションが可能となる。

　3PLは同時に顧客企業から見た場合の提携先となるわけであるが，グローバルネットワークという3PLに不可欠な要件そのものが顧客企業のグローバル化を支援する上での重要なインフラとなり得るのである。

(2)　3PLサービス事例

　それでは最後に，3PLが顧客価値を高めることに成功したサービス事例を紹介する。ここで紹介する事例は，クライアントである日本及び外資の小売り企業が中国，東南アジアを中心とした生産国より日本への商品の輸入を行い，日本の市場において最終消費者に販売するサプライチェーンモデルを対象とする。

①クライアント：日系大手小売企業

■クライアント企業の課題

　クライアント企業は大手商社を介して中国，東南アジアを中心にサプライヤー主導のCIF（Cost, Insurance & Freight；インコタームズ[4]の一つ，以下CIF）によるロット購買で商材を輸入していたが，①コンテナーフル積載を条件とした購買による輸入港，国内倉庫での在庫過多，②ブラックボックス化して詳細が分からない中間マージンの発生，③日本国内で販売地域ごとに複数設置されていた倉庫間での横持ち費用など，無駄な物流費用が発生するという課題を抱えていた。

■3PLの提案した解決策

　そこで3PLは解決策として，サプライヤーも多く輸入商材のSKUも多い中国調達拠点での混載オペレーションを導入すると共に，①CIFからFOB（Free On Board；インコタームズの一つ，以下FOB）／FCA（Free Carrier；インコタームズの一つ，以下FCA）への変更による輸入コスト可視化と管理プロセスの導入，②在庫拠点上流化による需要に応じたプル型混載小ロット出荷スキームの導入，③IT活用によるSKU単位での在庫・輸送情報の見える化を提案し，商社主導のサプライチェーン管理から3PL主導の包括的管理スキームに変更することを提案した。

■3PLの提案した解決策による効果

サービス開始後に輸入数量は年々増加し，結果として以下のような効果をクライアントに提供することに成功した。

① 　CIF から FOB，FCA へのシフトにより顧客による管理範囲が拡大，それまでブラックボックスとなっていた商社に対する輸入関連の中間マージンを削減する一方，3PL が適正なマネジメントフィーで船会社を選択，提案することで輸入コストを大幅に削減することに成功した。

② 　中国での混載拠点設置により少量多品種の輸送網構築に成功，輸入コンテナー本数を減らすことで結果的に輸送コストの低減を実現した。

③ 　在庫拠点の上流化（日本から中国）により保管費，人件費を含む在庫管理コストの低減に成功した。

④ 　上流拠点からの適正補充により，欠品にともなう国内倉庫間転送が減少，日本国内での配送コストの低減に成功した。

　本事例は日本を主な市場とする日系大手小売企業の事例であるが，本事例に限らず中国及び東南アジアの工場またはサプライヤーから商材を輸入し，それを先進国中心の市場で販売するスキームは小売りの業態如何に関わらず一般的な形態といえる。

　このようなスキームの導入においては，それまで取引先として依存していた商社を介した間接貿易から，自社で直接サプライヤーと取引を行う直接貿易の移行にともなう自社内での組織構築，プロセス構築，知識・経験の蓄積が必要になると同時に，それまで自社のサプライチェーン網構築に貢献してきた商社の介入をいかに断ち切るかという課題が発生する。

　このような事例で 3PL が提供できるクライアントへのサポートといえば，まずはグローバルネットワークを活用した組織構築においてである。

　グローバルにオフィスを展開する 3PL であれば，中国，東南アジアに自社リソースを保有する企業は一般的であり，これらリソースがクライアントの社員に代わって調達国現地のサプライヤーとのコミュニケーション窓口になることが期待される。

　クライアント企業はこれら 3PL の人員をうまく活用することにより，調達

国に配置する自社の人員を必要最低限に抑制することが可能となる。

　また，新たなプロセスの構築，知見の提供においても3PLが価値を提供する機会となる。ここでITを活用したサービスを提供する3PLはその強みをより発揮できることとなるが，その際に必要な要件は，①SKU単位まで追跡可能な国際輸送の進捗管理システム，②スキーム全体，調達国3PL社員及び現地サプライヤーの組織及び活動を規定した業務管理マニュアル（SOP）策定能力，③船会社，航空会社，税関，倉庫，関連物流企業との人的チャネル及び交渉力を含むソフトスキルを有することである。

　クライアント企業と商社との交渉において3PL企業ができることは限られているが，いかにクライアント企業からの信頼を得られるかという観点でいえば，これら活動を包括的に管理するプロジェクトマネジメント能力は非常に有効である。

　当然のことであるが，それまでクライアント社内に定着したスキームを変更するということは，企業規模が大きくなるほど担当者の責任も重くなるわけであり，信頼に足る十分なプロジェクトマネジメント能力を有する3PL側担当者の存在は，非常に重要な要件の一つと考えられる。

②クライアント：外資系大手製造・小売り企業

■クライアント企業の課題

　倉庫オペレーションにおいて定量的なKPI（Key Performance Indicator＝重要定量指標，以下KPI）が設定されておらず，在庫差異は毎期末数千点に及んだ。

　また，当初見積もった倉庫面積に誤りがあり，倉庫スペースが恒常的に足りない中，海外から輸入される貨物量のコントロールが行われず，オーバーフローした商品が複数拠点に点在するような状況にあった。

　また，WMSが完全には導入されておらず，システムを介した在庫把握が十分に行われていないことから，店舗からの出荷依頼対応も十分にこなせないような状況に陥っていた。

■3PLの提案した解決策

　このような状況の中，3PLは輸入フォワーディングを含めた包括的なサービス網の構築，緻密な計画に基づいた倉庫移転，AGV（Automated Guided Vehicle＝無人搬送ロボット，以下AGV）の導入，詳細な業務プロセスの定義，SOP

策定，WMS導入及びクライアント企業ERPとのインターフェース構築，計画的なワーカーの採用を提案し，首都圏近郊に大型の新設倉庫を設置した。

■3PLの提案した解決策による効果

既存倉庫からの移転時には10トントラック数百台の移転を大きなトラブルなしに遂行した。同時に自社WMSを導入し，顧客側ERPシステムとインターフェースを構築。また，AGVの導入，設置を行うことで，出荷生産性は対既存の人的オペレーションに対して260％超を実現した。

また，物流業界の人手不足が継続する中，「人にやさしい倉庫」を標榜し，緻密な採用戦略のもと100人規模の採用枠に対し500人超の応募者を集めることに成功。採用後は現場ワーカーの声に耳を傾け必要な改善を継続，職能別賃金制度を導入するなどにより，コロナ禍にあっても高い定着率を維持することに成功した。

本事例においては，輸入フォワーディングから通関，港から倉庫までの配送，倉庫から全国の店舗向け配送網を構築。グローバルSCM（輸入）から国内フルフィルメントまでの包括的なサービス網を構築し，当初の課題を解決することに成功した。

本事例は外資系大手小売企業の事例であり，クライアント企業は日本のみならず世界の主要な市場で大きな成功をおさめている。よって日本国内への輸入において商社の介在はなく，グローバルのフォワーディングを本社及びローカルの担当者が包括的に管理している。

本クライアントに限らず，グローバルの市場で成功している企業の特徴として，SCMの重要性を理解し，専門性の高い社員を本社及びローカルオフィスに配置した上でグローバルでの輸出入管理をしっかりと行っている企業が多いといえる。

一方で各市場での倉庫オペレーションは千差万別であり，各国での法的要件，労働環境，業界慣習が異なることから，本事例のように当初失敗に陥る企業も少なくないものと考えられる。

本事例において，3PLは輸入フォワーディングから日本国内での倉庫オペレーションまでを包括的にサービス提供することで，少なくとも国内の在庫状況をクライアント側と即座に共有し，海外の輸出国側にもアラートを出すこと

ができる環境を整えている。

　十分な保管面積があり，WMSを導入するというのは現代のあらゆる倉庫オペレーションでは当然の要件のように思われるかもしれないが，この立上げ段階での失敗事例というのが少なくない。

　特に倉庫移転時の最大の課題は，顧客に迷惑をかけたくない販売側（店舗側）の意向を尊重し過ぎて無理な移転計画を立て，ロジスティクス担当側が異を唱えられないまま計画を遂行した挙句の入荷計上の失敗に起因するものが多い。

　この場合「もの」がどこにあるのか分からなくなるため，出荷依頼に対していわゆる「宝さがし」が発生することになる。ところがこの状況の難しさは中々倉庫外部の人員には理解されず，倉庫担当者が社内外からのクレームを浴び続け，最後に組織として立て直しが困難な状況に陥るのである。人手不足が叫ばれる中，立上当初から悪評が流れる現場となると，その後の採用も難しくなる。

　緻密な採用計画による採用の実現，SOPの策定，WMSの導入，AGVの導入は，全て倉庫で働くワーカーの定着率向上につながる施策であり，その後の持続可能なオペレーション構築に不可欠な要件である。

　3PLが現状の社会的課題を把握せずにサービスを提供しようとしてもうまくいかないことは明白であるが，同様の問題認識を顧客側と共有することで協力体制を構築できれば，素晴らしい現場環境を構築することができるであろう。

4　本章のまとめ

　本章では企業のSCM網構築における国際物流の重要性と，企業がその成熟度を高めて海外市場進出を成功させる上での3PL事業者の役割について考察してきた。

　2010年当時の日本では，企業においてSCMやロジスティクスと名のつく部署は稀有な存在であったが，2011年の東北における大震災を契機としてその重要性が認識され，ECの発展に伴う再配達問題や高齢化による労働者不足が認知されるに至り，今や「物流」は国内外での活動を問わず企業における重要な機能として認識されるに至ったと考えられる。

3PLとして日本に進出してきたグローバル企業へのサービス提供を通じた経験から言えることは，海外市場進出を成功させる企業はグローバルサプライチェーン及びロジスティクスの重要性を認識し，リソースの投入をしっかりと行っているということである。

　日本の企業が日本のみならず海外の市場で成功を収めるためにも，日本全体が現在の潮流を継続してグローバルサプライチェーン及びロジスティクスの先進国となることが必要である。

（樫山峰久）

演習問題
1　第2節(2)「距離の脅威」に基づく現実の国際貿易像の図9-2 2019年度米日貿易相手地域を参考に，日本にとっての最大貿易相手国，アメリカにとっての最大貿易相手国及びそれぞれの品目を調査した上で，「なぜそうなるのか」という仮説を立てなさい。
2　第3節(2)3PLサービス事例の①クライアント：日系大手小売企業の中で登場する「インコタームズ」に関して，JETROホームページ，その他資料を参考にしてどのようなものがあるか整理してください。

注
(1)　国際通貨基金（IMF）「世界経済見通し（World Economic Outlook）」 World Economic Outlook,April 2021 : Managing Divergent Recoveries（imf.org）
(2)　日本貿易会（JFTC）の「日本貿易の現状」　https://www.jftc.or.jp/research/
(3)　デロイトトーマツ「世界の小売業ランキング2021」　https://www2.deloitte.com/jp/ja/pages/consumer-business/articles/dis/gpr.html
(4)　インコタームズ（Incoterms）は1936年国際商業会議所（ICC）が制定した貿易取引条件とその解釈に関する国際規則であり，JETROホームページで詳細が説明されている。https://www.jetro.go.jp/world/qa/J-200309.html

引用・参考文献
浅川和宏（2003）『グローバル経営入門』日本経済新聞社。
江夏健一，太田正孝，藤井健編（2008）『シリーズ国際ビジネス1　国際ビジネス入門』中央経済社。
江夏健一，長谷川信次，長谷川礼編（2008）『シリーズ国際ビジネス2　国際ビジネス理論』中央経済社。
圓川隆夫著（1998）「制約条件の理論が可能にするサプライチェーンの全体最適」『ハー

バードビジネスレビュー』1998年10月11月号，ダイヤモンド社。

森川健（2010）「グリーンサプライチェーンとトレーサビリティー」，CUMOT-SSS 2010，p28

Black,J.Stewart and Morrison,Allen J.(2010) "*Sunset in The Land of the Rising Sun : Why Japanese Multinational Corporations Will Struggle in the Global Future*",Palgrave Macmillan.

Bowersox,D.J.,Closs,D.J.,Cooper,M.B.(2002) "*Supply Chain Logistics Management*"，The McGrow-Hill Companies,Inc.(阿保栄司，秋川卓也，大林茂樹，武田泰明，中村博，福島和伸，藤巻二三年，牧田行雄訳『サプライチェーン・ロジスティクス　SUPPLY CHAIN LOGISTICS MANAGEMENT』pp. 170-179，朝倉書店).

Ghemawat,P.(2001) 'Distance Still Matters : The Central Challenge of Global Strategy'，*Harvard Business Review*(*Mar*),pp55-68.

Harrison,A.and Hoek,R.V.(2002) "*Logistics Management and Strategy*",Pearson Education Limited.(アラン・ハリソン，レムコ・ファン フック，水嶋康雅・浦上忠之訳 (2005)『ロジスティクス経営と戦略』ダイヤモンド社).

推薦図書

パンカジュ・ゲマワット，琴坂将広監訳，月谷真紀訳（2020）『VUCA 時代のグローバル戦略』東洋経済新報社。

山本裕，男澤智治編著（2020）『物流を学ぶ――基礎から実務まで』中央経済社。

<table>
<tr><td>第10章</td><td></td></tr>
</table>

物流業界を支えるマテハン機器
サプライチェーン合理化のキーテクノロジーへ

　　　様々な業界で物流を支えているのがマテハン機器である。物流現場で
荷役及び保管を合理的かつ効率的に運用させるための機器であり，特に
物流センターにおいては，複数の機器を組み合わせ，情報管理も含めた
有機的なシステムとして構成される。

　　　2000年代に入ると，Eコマースの発展とともに，新たなマテハン機器
が登場してきた。ロボットの活用と相まって，物流拠点の完全自動化，
さらに広範なサプライチェーンの効率化に向かって進化するマテハン業
界を学ぶ。

キーワード

システム・インテグレーション　自動倉庫　G2P　ロボット倉庫
WES　ニューリテール　OMO　CPS

1　マテハン機器とシステム・インテグレーション

(1)　マテハン機器の市場

　マテハンとは，Material　Handling（マテリアル・ハンドリング）の略称である。
日本マテリアル・ハンドリング（MH）協会ではマテハンを「あらゆる“目的”
“時”“場所”とで，何らかの物を何らかの方法で取り上げたり，移動したり，
置いたりすることによって，経済性や生産性及び品質を向上させる手法」と定
義し，「各種施設や職場内でのフォークリフト，無人搬送車，運搬車両，自動
倉庫，ピッキングマシーン，コンベヤ，パレタイザ，ロボット，エレベータな
ど，産業の様々な分野及び日常生活でマテハンのシステムや機器が活躍」と紹
介している。こうした定義並びに紹介を見ても，マテハンの実態は極めて広範
に及ぶことが分かる。

　日本ロジスティクスシステム協会（JILS）が公表している「物流システム機器生産出荷統計」では，日本国内向け及び輸出の生産出荷額は約6,000億円（2019年度5,757億円）と報告されている。物流システム機器とは主に工場や物流センターで使用されるマテハン機器で，自動倉庫，台車系機器（天井走行台車システム，有軌道台車システム，無人搬送車（AGV）），コンベヤ，仕分け機，ピッキング系機器，自動棚（回転棚，移動棚），固定棚（重量棚，中軽量棚，流動棚），パレタイザ／デパレタイザ，垂直搬送機，情報管理システムなどが含まれる。このうち自動倉庫，台車系機器，コンベヤがそれぞれ約2割ずつ，合計で全体の2／3を占めており，保管及び搬送の自動化を推進する機器の比重が大きい。

　物流システム機器に，代表的な荷役機器であるフォークリフト（同2,348億円）や，ユニットロードを構成するための重要な容器であるパレット（同2,067億円）まで含めると約1兆円規模となる。マテハン機器を広く捉えれば，効率的な物流に欠かせない貨物のパッケージングを担う包装機器や，クレーンなどの港湾荷役機器，さらに近年輪配送で応用が進むドローンや自動配送ロボットなども含める必要があるが，本章では，この1兆円市場に含まれるマテハン機器について主に述べる。世界市場は，各国で統計対象が異なること，公表されている数字が限定的であることから厳密には不明だが，おおよそ日本市場の10倍程度が見込まれる。

(2)　マテハン機器のユーザー　製造業

　マテハン機器は製造業から流通業，サービス業まで，モノが動くあらゆる業界で必要とされるため，その顧客は多岐にわたる。

　最大の顧客は半導体製造業である。JILS物流システム機器生産出荷統計額の約1／3を同業界が購入している。半導体工場では，厳密に空調を管理したクリーンルームと呼ばれる塵を極限まで抑制した空間で微細な加工を行う。そのためマテハン機器も給電時に塵を発生させない非接触給電方式を採用するなどクリーンルームに対応した仕様が求められる。また工程が多く，繰り返しもあるなど製造フローが複雑なため，工程間の搬送には，生産設備の上空を走行し，各工程の生産機器への供給が容易な天井走行台車システムが多く使用されている。

食品，医薬業界も，継続的にマテハン投資を行ってきた業界である。HACCP（Hazard Analysis Critical Control：（食品製造・品質管理における）危害分析重要管理点）やGMP（Good　Manufacturing　Practice：医薬品の製造及び品質管理基準）など厳密に定められた衛生基準をクリアするため，自動化を推進するマテハン機器が積極的に採用されてきた。例えば医薬品では，製造途中の中間品を自動倉庫の移載装置を使用して各工程の部屋（工室）に直接供給する，すなわち自動倉庫を仕掛品保管と工程間搬送に兼用することで，人手の介入を最小限に抑える運用がある。同じ理由で無人搬送車（AGV）の利用も多い。他にも洗浄しやすいステンレス製のコンベヤを使用するなど，随所に異物の混入を避ける工夫が施されている。

　製造業では，1950年代からフォークリフトや天井クレーン，コンベヤ，パレットトラックといった荷役機器，パレットラック（固定棚）などの保管機器が幅広く使われてきたが，特に1970年代に入ると，汎用コンピュータの普及に伴う機械の電子制御化，いわゆるメカトロニクス化が進展し，自動化機器としてのマテハン機器が普及するようになる。

　代表的なものが自動倉庫である。当初，パレットラックに保管された貨物をフォークリフトで入出庫していた作業を，走行機能，昇降機能，移載機能を備えたスタッカークレーンに作業者が搭乗して操作する仕組みで置き換えるようになり，次にメカトロニクスによりスタッカークレーンをコンピュータ制御する無人化された自動倉庫が登場する。どの棚に何が保管されているかもコンピュータで管理され，自動で必要な保管物を入出庫できる。

　自動倉庫は主に原材料や部材，そして製品の保管に利用される。また仕掛品自動倉庫など生産ラインの工程に組み込まれる例も多い。先に挙げた医薬の中間品倉庫をはじめ，食品の冷凍倉庫や化学の危険物倉庫など，それぞれの物流特性に合わせた自動倉庫も開発されており，様々な製造業で幅広く利用されている。

　自動化を推進する搬送機器としてはコンベヤとAGVが挙げられる。コンベヤは物量が多いモノを連続的に搬送するのに適しており，箱状や袋状，粒状など搬送物の形状に対する汎用性も高いため，大量生産を行う工場では業種を問わず利用されている。モノを吊るして搬送するハンガー式コンベヤは，地上の

生産設備と干渉しないことから自動車生産ラインで，あるいは製品がかさ高に
なるアパレル工場などで多用される。

　AGV は，指示された場所まで自動走行し，人手または自動で搬送物の積み
込み，荷卸しを行う。積載が安定していることから重量物や大型品の搬送に適
しており，鉄鋼や金属加工の鋼板ロールや，製紙，出版の紙ロール，液晶，化
学のフィルムロール，電池の極板ロール，あるいは食品や医薬の原料コンテナ，
機械部品や自動車のボディ搬送など，様々な業界で主に工程間搬送に使用され
ている。搬送経路に固定設備を敷設するコンベヤに比べるとルート変更などの
柔軟性も高い。

　フォークリフトは最も販売されているマテハン機器であり，長らく荷役の主
役であるが，自動化機器としての進化は遅れていた。無人タイプのフォークリ
フトの開発は1990年代後半に始まるが，熟練ドライバーの扱う有人タイプに比
べると機動性に劣ることもあって普及は進まなかった。しかしドライバーの減
少や高齢化などの社会的な要請の高まり，そして誘導方式，充電方式，多数台
の制御などの技術的進化もあり，2010年代に入ると世界中で実用的な無人
フォークリフトが続々と登場するようになる。欧米では「End of line」，すな
わち生産工程の終わりから出荷場への搬送，積込前の荷揃え，さらにはトラッ
クコンテナへの乗り込みまで視野に入れ，主にパレタイズド貨物（ケースなど
をパレットに積載した貨物）のハンドリング（貨物の取り扱い）で汎用性の高い，
まさに熟練ドライバーを代替できる自動化搬送機器として期待が高まっている。
フォークの昇降機能を活用すれば AGV では難しい高所での移載も容易なこと
から，工程間搬送での用途も広がる。

　このように製造業では主に自動化による省力化，省人化を期待して，1970年
代以降，化学，自動車，電器，アパレル，繊維，鉄鋼，金属，機械，精密機械，
出版印刷，石油ゴム，太陽電池，二次電池など，それぞれの時代で活況な業界
がマテハン機器を購入してきた。継続的に投資規模が安定している業界は少な
いが，このような顧客業界の幅広さが，ある業界での需要縮小を別の業界の需
要拡大でカバーすることにつながり，長期的にマテハン機器業界が成長してき
た重要な要因となっている。

(3) マテハン機器のユーザー　流通業・その他

　流通業でも様々なマテハン機器が使用されるが，多様な商品を仕入れ，消費者に届けるため，製造業に比べると，仕分け機，ピッキング系機器の比重が高くなる。

　例えば1980年代後半から1990年代にかけてコンビニエンスストアが普及するとともに，飲料メーカーが大規模な物流センターを相次いで建設する。各地の工場から製品を入荷し，小売店舗向けに出荷する物流センターでは，多品種少量で在庫をもつコンビニエンスストア向けに，店舗単位で商品を仕分け，配送順に出荷することで，配送トラックからの積み下ろしの際に商品を仕分ける手間が減り，駐車時間の短縮や多店舗配送の効率化が図られる。

　同時期に物流センターへの投資を進めたのが通信販売業界である。店舗を持たず，消費者がカタログで選んだ商品を直接届ける通信販売では，多様な商品を仕入れ，保管し，個人客向けに仕分け，包装し，配送地域単位で荷揃えを行い出荷する。一連のフローを効率的に運用するために，様々なマテハン機器を導入，連携させた大規模物流センターが登場した。

　1990年代後半から2000年代にかけては，急増した宅配便貨物に合わせて，宅配業界での投資が拡大。仕分け機が主役となり，ソーターなどのマテハン機器が進化する。

　卸売，小売では，フォークリフト，コンベヤ，仕分け機，ピッキング機器，垂直搬送機，小型運搬車，パレタイザ／デパレタイザなどの荷役機器，固定棚や自動棚といった保管機器が多用されてきたが，2000年代に入ると業界の再編が進み，より自動化機器を積極的に導入した大規模な物流センターも建設されるようになる。運輸倉庫業でも，荷主の物流業務を包括的に受託する3PL（3rd Party Logistics）ビジネスで，同様の動きが見られる。

　流通業で使用される主なマテハン機器，物流センターの機能については次項以降で，また近年急成長しているEコマースについては第2節で紹介する。

　他にも，官公庁や図書館では文書図書保管に自動倉庫が，電力などインフラサービスでは部材部品用の自動倉庫，ピッキング機器が，JAなど農産品関係では青果のサイズを分類する仕分け機が，空港ではバッゲージ搬送にコンベヤや仕分け機が，また介護やインバウンド旅客業のニーズを背景とするリネン

図10-1　物流センターの様々なマテハン機器

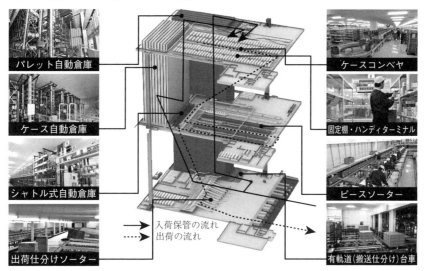

（出所）村田機械株式会社

　サービス業では洗濯機，乾燥機と連動した自動倉庫や仕分け機，ピッキング機器が利用されるなど，マテハンのユーザー業界は幅広い。
　また外食産業では多店舗向けの調理を集中して行うセントラルキッチンに付属して，食材や運送用クレートなどを厨房に供給する自動倉庫や台車機器，店舗向けに料理，食材を揃えるピッキング機器，仕分け機などが使用されており，病院などの医療機関で手術器材や薬剤の搬送にAGV，自動納骨堂で自動倉庫など，その用途は近年ますます広がっている。

(4)　物流センターのマテハン機器

　ここでは主に流通業の大規模物流センターについて述べる（図10-1）。物流センターは，大きく入荷検品，保管，ピッキング，仕分け，出荷のフローで構成され，各フローで様々なマテハン機器が利用されている。

①入荷検品

　商品は，ケース，通い容器などの容器に充填され，さらにそれらをパレットに積載したパレタイズド貨物などの状態で，コンテナトラックで入荷される。

パレタイズド貨物は入荷検品でバーコードを貼付された後，フォークリフトなどの荷役機器によって運搬し，有軌道台車によって仕分け搬送されてパレット自動倉庫へと保管される。

ケース貨物はコンベヤに投入され，バーコードリーダを使用した入荷検品を経てケース自動倉庫に保管される。RFID（Radio Frequency Identifier：ID情報を埋め込んだタグから，電磁界や電波を用いた近距離無線通信で情報を交換する通信技術）などの自動認識技術の進化により，コンベヤに投入された商品情報を連続で読み取る自動検品も登場している。

より細かい単位で単品管理される商品は，ケースや通い箱から取り出し，1個単位で入荷検品された後，折り畳みコンテナ（オリコン）などの容器に格納されてコンベヤで運ばれ，作業者がハンディターミナルなどの指示に基づいて，ロケーション管理された固定棚へと保管する。

②保管

ロットが大きい商品はパレタイズド貨物の荷姿でパレット自動倉庫に，少量多品種で入出荷頻度の高い商品はケース自動倉庫に，頻度の低い商品は固定棚になど，商品はそれぞれの物流特性（入出荷頻度や量）に合わせて，最適な保管機器が選択される。

入出庫を迅速に行うためにはロケーション管理が重要である。品目ごとに保管位置を固定した固定ロケーション管理と，都度空いたスペースに保管するフリーロケーション管理がある。フリーロケーション管理は，より保管効率を高めることができ，需要変動，例えば季節ごと，曜日ごとの物量変化への対応も容易である。情報管理システムと連動することで，どの場所にどの商品がいつ保管されたかも把握できる。

自動倉庫は，多段高層の保管ラックに荷物を格納し，走行及び昇降機能を有するスタッカークレーンで自動的に入出庫を行う代表的な保管機器である。

③ピッキング

オーダーに応じて保管場所から必要な商品を取り出すのがピッキング作業である。固定棚で単品管理された商品の場合，作業者が巡回し，ハンディターミナルなどのピッキング機器の指示に基づいて商品を収集，オリコンなどに格納していく。商品を単品でピッキングするピースピッキングには，自動倉庫やロ

ボットを使用した方法もある。それらの詳細については第2節で述べる。

　ケース単位のピッキングでは，自動倉庫から出庫したパレタイズド貨物から，多関節ロボットを使用して必要なケースを自動で取り出す運用も広がっている。

　④仕分け

　商品を品種別，顧客別などに仕分ける作業では，仕分け機（ソーター）が使用される。様々な種類があり，荷姿の特性や用途に応じて使い分けられている。

　商品を単品で仕分けるのに適したベルトキャリア式やチルトトレイ式のソーターは，顧客別のオーダー商品仕分けで良く使用される。

　⑤出荷

　ピッキング，仕分けを終えた商品は，出荷ソーターで送り先方面別に仕分けられ，ロールボックス台車などに積載されてトラックに搭載される。

⑸　システム・インテグレーション

　需要に対して商品を提供するためには，十分な品揃え，保管量が必要であり，荷姿や物流特性に合わせた最適な保管機器を選択しなければならない。商品提供の際，需要側と異なる供給側のニーズに対応するためには，例えば入荷したパレタイズド貨物をケース単位，ピース単位で出荷する荷姿転換が必要であり，適切なピッキング運用方法や搬送機器の選択が求められる。さらに限られたリードタイムの中で迅速に出荷するためには，それぞれのマテハン機器が適正に配置され，各プロセスが遅滞なく連携する仕組みが必要である。在庫や補充，入荷，出荷などのフロー全体にわたって正確な情報管理も必須となる。

　マテハン機器は単体でも有効だが，複数の機器を組み合わせ，関連する情報システム等を含めてシステムとして有機的に機能することで，こうした課題を解決し，物流センターをより合理的・効率的に稼働させることができる。これをマテハンのシステム・インテグレーションという。

　システム・インテグレーションは，入荷元の件数と入荷量，出荷先の件数と出荷量，出荷を止めないために必要な保管量，保管物の荷姿と物流特性，オーダーから出荷までのリードタイム，そこから算出される必要な処理能力，それに見合った運用方法などを包括的に検討し，それに合わせて情報システムを含めたマテハン機器の選定，配置を行うことで，物流センターの最適化を図る作

業である。

　システム・インテグレーションはもちろん製造工場においても欠かせないが，特に需要側と供給側のギャップを吸収する物流センターの需給調整機能を最大限に高めるという意味で重要である。

2　マテハンの進化

(1)　労働力不足と物流量の増加

　2000年代に入ると，マテハン業界を取り巻く社会環境に大きな変化が現れた。人手不足と物流量の増加である（図10-2）。

　日本国内の生産年齢人口は，2000年に8,622万人だったものが，2020年には7,449万人と，1,200万人弱，14％も減少している（内閣府「令和3年版高齢社会白書」より2020年数値は推計値）。

　物流の担い手である運輸業・郵便業の就業者数は2010年に352万人まで増加した後，2019年は347万人と近年はほぼ横ばいで推移しているが，トラック運転手等では55歳以上の就業者が28.9％に上るなど高齢化が進んでいる（国土交通省「令和3年版国土交通白書」）。

　その一方，物流量増加の例として宅配便取扱個数を挙げると，2000年の26億2,600万個が2020年には43億2,300万個へと，20年で64％も上昇している（国土交通省「令和元年度宅配便等取扱個数の調査及び集計方法」）。

　物流量の増加と担い手の不足というギャップは，配送ドライバーの業務過多につながり，2017年には荷物が届かない「宅配クライシス」として世論をにぎわした。なぜこれほど物流量は急増したのか？　その最大の要因と見なされているのがEコマースの急成長である。

(2)　Eコマースが促した物流現場の変化

　日本におけるB2C物販系Eコマースの売上高は2010年から10年で約3倍，12兆円強にまで拡大している。それでもEコマースが取引に占める割合＝EC化率は8％，アメリカの11％や中国の44％に比べると，世界的にはまだまだ遅れており，その分伸び代が十分に見込める状況である（経済産業省「令和2

図10-2　労働力不足×物流量の増加

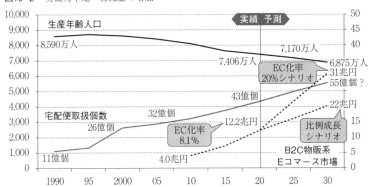

（出所）内閣府「高齢社会白書」Ｒ３版＋経済産業省「電子商取引に関する市場調査」Ｒ２版＋国土交通省「宅配便等取扱個数の調査」Ｒ１版から筆者作成

年度電子商取引に関する市場調査」よりB2C市場）。

　Ｅコマースは，リアル店舗に届ける従来の商流と異なり個人客に届ける必要があるため，当然物流量は激増するが，単純な物量の増加だけではなく，物流業界に与えた大きな影響として，主に以下の四つが挙げられる（図10-3）。

　第一がSKU（Stock Keeping Unit：管理単位数）の増加である。例えばアパレル商品なら，同じアイテムでも色違い，サイズ違いで在庫を管理しなければ，消費者からの注文に的確に応えることはできない。この最小管理単位がSKUである。アイテムにＳ，Ｍ，Ｌがあれば，１アイテム３SKUとなる。Ｅコマースでの購買行動は，他サイトへの移動も容易で，比較機会が多い。顧客流出を回避するため事業者は品揃えの充実を図るようになり，結果として物流現場のSKU増加につながった。

　また豊富な品揃えで個人客の選択肢が広がり，より好みに合った商品を購買しやすくなったことで，売れる商品が多様化し，従来の流通で一般的に言われてきた８割の売上を２割の商品で賄う「80／20ルール」が崩壊する，いわゆる「ロングテール化」現象が進行した。そのため従来はマイナー／ニッチと呼ばれたカテゴリー，いわゆるＢ／Ｃランク商品の保管やピッキングについてもより生産性の高い工夫，仕組みが必要となる。

　第二が，貨物の小口多頻度配送化である。個人客が直接発注するＥコマース

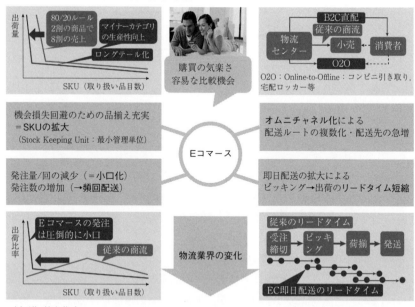

図10-3 Eコマースが促した物流現場の変化

（出所）筆者作成

では，リアル店舗に配送する従来の商流に比べて，発注数が激増するのに対し，一回あたりの発注量は少なく，オーダー貨物は小口となる。物流現場ではより小さな，しかし圧倒的多数となった貨物のハンドリングを強いられることになる。

　第三に，配送段取りの複雑化である。ICTの進化に伴って，ネットで注文して個人宅で受け取る，ネットで注文してコンビニやリアル店舗で引き取るO2O（Online to Offline）を利用する，物流センターに在庫がない商品をリアル店舗の在庫から配送するなど消費者の購買行動は多様化し，対応する販売のオムニチャネル化を促した。個人客に届けるまでの手段が複数化したオムニチャネルの物流では，オーダー貨物と配送先の紐付けはより煩雑となり，管理する出荷元，配送先の数も膨れ上がる。

　第四に，即日配送の拡大によるリードタイムの短縮である。注文を受けた当日に出荷するためには，ピッキング，荷揃えなど各工程の作業を迅速に行うとともに，一連のサイクルを一日に何度も回すことが必要となった。

　以上のように，Eコマースは物流現場に大きな変化を促し，それに伴って
2010年代に入ると様々な新しいマテハンが登場する。

(3)　G2P

　新しいマテハンのキーワードが，ピッキングに関わる「G2P＝Goods to
Person」である。作業者が保管エリア内を巡回して商品をピッキングする
「Person to Goods」の反対概念として，作業者の手元にピッキングする商品が
自動で届けられる仕組みが「Goods to Person」である。中国では「貨到人」
と表現されるが，分かりやすい訳語だろう。

　G2P が重要なテーマとなったのは，Eコマースの成長により，膨大な保管
SKU から，小口だが多数のオーダー商品を，短いリードタイムの中で迅速に
ピッキングする必要が増えたためである。Person To Goods で対応する場合，
オーダー数が増えれば増えるほど多くの作業者が必要となり，かつSKU の増
加に伴い保管エリアも拡大するため，1日に数十キロメートルの歩行を要する
例もあるなど，作業者の負担増が課題となる。一方，作業者が歩き回らず定点
でピッキングを行う G2P なら，より少ない人員が，より少ない負荷で，効率
よくオーダー商品を揃えることができる。

　G2P を成立させるためには，まずEコマースにおいて売れる商品が多様化
するロングテール化が進んだことで，より多くのSKU を保管する必要がある。
そしてそれをピッキングする定点に迅速に搬送できる仕組みが求められる。

(4)　シャトル式自動倉庫

　より多くのSKU を保管するために，物流現場ではパレット単位よりも小さ
いケース単位で運用するケースハンドリング機器が進化した。その代表がシャ
トル式自動倉庫である（図10-4）。

　シャトル式自動倉庫は，保管ラックの各段をシャトル台車が走行してケース
単位の貨物を入出庫し，垂直方向の搬送はリフターなどの昇降機が担う。走
行機能と昇降機能を兼ね備えた1台のスタッカークレーンが通路を走行して両
側の保管ラックから荷物を移載する通常の自動倉庫に比べて，水平方向に複数
の搬送機器を備えること，水平方向と垂直方向でそれぞれの別の搬送機器を使

図10- 4　シャトル式自動倉庫

（出所）村田機械株式会社

用し組み合わせることで，時間当たりの入出庫能力が高くなる。

　2000年代の後半に欧州で登場したシャトル式自動倉庫とピッキングステーションの組み合わせは，オーダー商品を探し回ることなく一カ所でピッキング作業を完結させる＝「Only one touch, no slotting」と喧伝され，G2P に対応した最適なシステムとして，欧州に続いて2010年代には日本で，2010年代後半からは中国でも普及するようになった。

　シャトル式自動倉庫は本来，高い入出庫能力を生かしてピッキングステーションへのオーダー商品の迅速な供給を実現する機器であるが，近年はより多くの SKU 保管を志向して保管ラックの奥方向に複数の貨物を保管するマルチディープ対応が進んでいる。マルチディープ対応は，奥に保管された荷物を移載するためにシャトル台車走行通路側の荷物を他の場所に移動しなければならないなど，高度な制御が求められる。またシャトル台車が他の段や系列に移動できるトラバースタイプも登場している。トラバースタイプなら１台の台車ですべての保管物を搬送することが可能となる。マルチディープ対応もトラバースタイプも入出庫能力を低下させることにはなるが，より多くの SKU をピッキングステーションに届けることができる。

　シャトル式自動倉庫は，G2P のみならず，配送順にあわせて迅速に貨物を出庫する順列出庫にも適しており，限られたリードタイムの中で配送段取りを効率化する機器としても有効であることから，Ｅコマース物流におけるマテハンの主役となっている。

図10-5　ガントリー式自動倉庫

（出所）村田機械株式会社

(5)　ガントリー式自動倉庫

橋形（ガントリー）クレーン形式の移載機構が，床に直接段積み保管された容器を入出庫する自動倉庫（図10-5）。ケースハンドリング機器の一種であるが，貨物は段積みされるため，同一サイズによる段積み，移載機構による把握が可能なクレート容器など，貨物には一定の制約がある。

保管ラックなどの構造物が不要で高密度に貨物を積み重ねられることから大量保管，多数のSKU保管に有利で，また貨物がなければ保管スペースには何もない状態となり清掃が容易であることから，食品などの保管にも適している。

移載機構は貨物を段積みされた状態で搬送するため，短時間での大量入出庫に適しており，出荷前の荷揃え機器として使われることが多いが，把握時に下部の貨物を仮置きすることで，オーダー商品を格納した貨物が中段にあっても抜き出せるため，G2Pのマテハンとしても有効である。

1990年代にフィンランドのシムコープ（Cimcorp）が開発し，主にタイヤ製造工場で利用されてきたが，流通分野でも貨物の規格統一＝ユニットロードが進んだ欧州で採用が進み，Eコマースや食品スーパーなどで使用されている。

(6)　ロボットストレージシステム

保管庫の天井部を走行するロボット（垂直方向の移載機構を有する無人搬送車）が，保管庫に段積みされた貨物を垂直方向で入出庫し，ピッキングステーションへと搬送する自動倉庫システム。ロボットの台数の増減で事業規模に応じた

能力が発揮できるなど，拡張性と柔軟性に優れている。

　他の自動倉庫システムと異なり，スッタカークレーンやシャトル台車が走行する通路が不要なため，ほぼデッドスペースがなく貨物を高密度で保管できる。そのため狭いスペースで大量のSKUが保管でき，特にロングテール化で課題となるＢ／Ｃランク商品の保管，ピッキングに有効なG2Pシステムを構築できる。

　保管庫に段積みするため，下部の貨物を取り出すのには上部の貨物を移動させなければならないが，運用を続けると自然と出庫の多い貨物は上部に，出庫の少ない貨物は下部へと滞留するようになるため，一定期間で高い出庫能力を発揮できるようになる。

　1990年代後半にノルウェーのオートストア（Autostore）が開発，2010年代後半には世界中に普及している。

（7）　ロボット倉庫

　ロボット（リフトアップ機構を有する無人搬送車）が商品保管棚の下部に潜り込み，保管棚ごとピッキングステーションまで搬送，作業者が定位置でピッキングするシステムである。

　事業規模に応じてロボットの台数を増減でき，拡張性，柔軟性があるとともに，ロボットにトラブルが生じても作業者が保管棚にアクセスできるため，冗長性にも優れている。

　ロボットは通常１システムで数十台から数百台単位で稼働するため，高度な制御が求められる。

　2000年代後半に米 Kiva Systems が開発，アマゾンが採用（アマゾンは2012年にKiva Systemsを買収）したことでG2Pに対応した新しいマテハンを代表するシステムとして認知，世界的に追随されるようになる。特に2010年代後半からは中国でも爆発的に普及している。

　2010年代後半には，小型無人搬送車が搭載された商品を仕分けシュートへと搬送，投入するロボット仕分けシステムも登場し，ソーターの代替も可能になった。

コラム▶▶中国のマテハン

　中国製マテハンが注目されるようになったのは比較的最近のことである。特にAGV（無人搬送車）を活用したロボット倉庫の進化は著しく，毎年上海で開催されている CeMAT ASIA（亜州国際物流技術与運輸系統展覧会）では，2016年に10社程度だった AGV 関連出展社は，翌2017年には30社，2018年には60社と急増しており，その数は他国を圧倒している。

　ギークプラス（Geek＋）やフラッシュホールド（Flashhold）など，ロボット倉庫の主なメーカーには，中国の代表的な理工系大学の情報制御系の研究室出身者が集まり，2015年前後に創業したスタートアップ，という共通点がある。各社は数年のうちに中国の大手企業で納入実績を重ね，機器のデザインも洗練され，2010年代末には欧米や日本の展示会にも出展するようになった。

　この急速な進化は，製造業や物流の高度化・IT 化を図る「中国製造2025」「智能物流」など中国の国策による資金的，経営的なバックアップは想像できる。しかし注目すべきなのは，制御技術者の集団が数年で成功を収めた，という点にある。ロボット倉庫にしてもロボット仕分けシステムにしても，個々のハード（＝無人搬送車）の機能よりも，多数のロボットを混乱かつ遅滞なく制御，協調させ，AI を活用した自律的な進化も含めてシステム全体で高い能力を発揮することに特徴がある。

　つまりハードの作り込みや単なる模倣，低コストではなく，制御あるいは AI 技術によって後発の中国が一挙にマテハンの世界最前線に躍り出たわけである。ビッグデータを駆使してリアル店舗とオンラインの情報連携を進めることで，効率の良い物流を推進する「ニューリテール」というコンセプトが中国発であることも無関係ではない。ロジスティクス4.0で提示された物流の装置産業化の流れを，あるいは中国が先導し始めていると言えるのかもしれない。

(8)　3 Dロボット倉庫

　3 Dロボット倉庫は，保管ラックの各段を走行するロボット台車が，自ら段移動の昇降も行い，さらにラック外，ピッキングステーションまで自走する自動倉庫システム（図10-6）。保管ラックの入出庫，ピッキングステーションでの入れ替えを1台の台車ですべて行うことで G2P システムを構築できる。

　ロボット倉庫システムを立体保管に応用したと捉えれば，事業規模や要求能

図10-6　3Dロボット倉庫

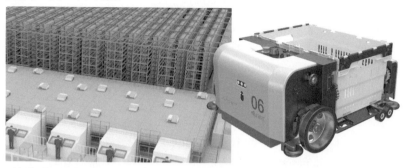

（出所）村田機械株式会社

力に応じてロボットの台数を増減できる拡張性，柔軟性というロボット倉庫の利点を維持しつつ，保管量の拡大に比例して床面積が増加するというロボット倉庫の弱点を補うことができる。

　シャトル式自動倉庫のシャトルを保管ラックの外まで走行させる，あるいはAGVを保管ラックに進入させるという発想は2010年代初頭から欧州企業で見られたが，大規模な3Dロボット倉庫としては，2010年末にフランスのEXOTEC，アメリカのAlert Innovationが開発，実績を重ねている。

⑼　WES

　物流センターの情報管理は，WMS（Warehouse Management System：倉庫管理システム），WES（Warehouse Execution System：倉庫運用システム），WCS（Warehouse Control System：倉庫制御システム）の3つの階層に分類できる。一般にモノがどこにどのような状態であるのか＝在庫管理と入出庫管理を行うものがWMS，今現在モノを動かすために必要な作業者やマテハン機器がどのような状況にあるのか＝作業の運用管理を行うものがWES，モノを実際に動かすためにマテハン機器を動かす＝設備制御を行うものがWCSとされる。人体に例えれば，マテハンという手足を動かす神経系がWCS，手足がどのような状態にあって，どう動くのかを判断，指示する頭脳がWMSあるいはWESと言える。

　情報管理システムは，在庫管理とマテハン機器の制御にコンピュータが利用

されるようになった1970年代から普及し始めた。在庫管理を核とした機能は，MRP（Materials Requirement Planning：資材所要量計画）や ERP（Enterprise Resource Planning：企業資源計画）と密接に関わることから，WMS はいわゆる上位系情報システムと呼ばれる MRP や ERP を提供する情報システムサプライヤーが主な担い手となり，一方マテハン機器の制御は WCS としてマテハン機器サプライヤーが中心になって進化していく。

　2000年代の後半から注目を集めるようになったのが WES である。本来 WMS や WCS との違いが明確に定義されているわけではなく，実際 WES 的な機能を有する WMS や WCS も珍しくはないが，E コマースの成長とともに WES 機能を強力に訴求するサプライヤーが急増した。短いリードタイムでピッキングから出荷荷揃えまで対応する必要がある E コマースでは，現場の作業状況をリアルタイムで収集，可視化し，キャンセルなど細かいオーダーの変化に柔軟に対応した作業指示や機器制御，配送トラックの状況に応じた出荷順制御など，動的な（ダイナミックな）進捗管理，現場運用を行う WES が求められるからである。

　2010年代半ばから，E コマースの物流センターを「フルフィルメントセンター（Fulfilment center）」と称するケースが増えている。フルフィルメントは，受注から在庫管理，梱包，発送，受け渡し，代金回収までの一連の業務プロセスを意味する。物流センターが単に商品を保管，発送するだけの場所ではなく，E コマースビジネスの中核を担う存在として認知されるようになった結果であるが，フルフィルメントのレベル向上に欠かせないのが高度な WES だと言える。

3　マテハンの未来

(1)　OMO

　2016年10月，アリババグループの創業者ジャック・マーは，新しい流通のコンセプト＝「ニューリテール」を提唱した。OMO（Online Merge with Offline：オンラインとオフラインの融合）で，より満足度が高い，優れた顧客体験を核にした新しい流通のカタチを作ろうとするコンセプトである。

OMO の例としては，アリババグループが運営する生鮮食品スーパー「盒馬鮮生（フーマーフレッシュ）」が知られる。フーマーフレッシュでは，すべての商品にバーコードが貼付され，一品一品が現物管理されている。リアル店舗としては，来客は商品を実際に手に取り，目で見て吟味するというショッピングの楽しみを味わいつつ，アプリでバーコードを読み取り，その場で商品の詳細を確認することができる。海鮮物などは店内で調理し，イートインコーナーで食事を楽しむこともできる。一方ネットスーパーとしては，オンラインで注文し，3 km 以内の配送先なら最短30分以内で届けてくれる。オンラインで注文された商品は，ハンディターミナルを持った従業員が店舗内を巡回してピッキングし，収集が完了したカートが店舗内に設置された垂直搬送機と天井搬送システムを経由して待機する配達員に届けられる仕組みが構築されている。店舗に買い物に来て配送だけ依頼して手ぶらで帰ることも可能だ。オンラインでもオフラインでも購買行動がシームレスに連携できるため，消費者はフーマーフレッシュを自分に最適な方法で利用できる。

　OMO の店舗スタイルとしてはフーマーフレッシュのようなネットスーパー以外にも，店舗内のカメラを通じて商品のピッキングなど訪問客の購買行動を追跡し，アプリと連携した電子決裁を行う無人店舗や市内を巡回する移動店舗も挙げられる。OMO 店舗の販売状況，どの場所でどの顧客がどの商品をいつ購入したかというビッグデータはリアルタイムで収集，解析され，より売れやすい商品が補充されるようになる。つまりリアル店舗は，顧客体験を保証する場であるとともに，より消費者に近い在庫のネットワークを形成するサテライト型物流センターとしても機能することになる。

(2)　マイクロ・フルフィルメントセンター

　OMO 店舗に大規模なマテハン機器を導入する例も登場している。

　アメリカ大手スーパーマーケットチェーンのウォルマートは2019年に店舗のバックヤードに3Dロボット倉庫を導入した。来店者が店内で買い物している間に，オンラインショッピングを通じて注文した商品が3Dロボット倉庫により自動で出庫，品揃えされ，退店時に受け取ることができる仕組みだ。3Dロボット倉庫は1万5,000ケースの保管，冷凍，冷蔵，常温の3温度帯対応が可

能で，スーパーマーケット一店舗の品揃えとしては十分である。オンラインと
オフラインをシームレスに連携させることで，リアルな買い物を楽しみながら，
特に吟味する必要のない日常的な買い物を大量に抱えて歩き回る手間は省略で
き，顧客の体験価値は高まる。

　このウォルマートの例は，従来の物流センターに比べれば小規模だが，充実
した SKU の G2P マテハンシステムを備えることで一定のフルフィルメントセ
ンター機能を発揮する仕組みであり，「マイクロ・フルフィルメントセンター
（Micro-fulfilment　center）」と呼ばれる。例えばショッピングモールにマイク
ロ・フルフィルメントセンターを設置すれば，モール全体の在庫保管と購入品
の受け取りを集中的に行うことで，各店舗は在庫管理不要でショーウインドウ
機能に徹することができる。顧客体験に隣接してフルフィルメントサービスを
提供するという意味で，マイクロ・フルフィルメントセンターは OMO との親
和性が高い。E コマースの場合でも，中核のセンターと機能分担するサテライ
ト型物流センターとして，顧客の多い都心や郊外への分散配置を行えば，配送
効率の面で効果が大きいだろう。

(3)　プラットフォーマーの描くサプライチェーンの未来

　2016年，中国第二の E コマース JD.com（京東商城）が「JD.com's vision for
the smart logistics center of the future」と題する動画を公表した。

　動画で描かれた物流センターに作業者の姿は見られない。まず無人フォーク
リフトがコンテナトラックから貨物を積み下ろす。貨物はフォークリフトに
よって何十台と並んだ巨大な自動倉庫に運ばれ保管される。自動倉庫から出庫
されたパレタイズド貨物は AGV で搬送され，ケースピッキングロボットに
よってケース単位でコンベヤに投入されていく。途中バーコードを貼付された
ケースは，さらに垂直搬送機で地下へと運ばれ，地下トンネルの搬送システム
に格納される。地下トンネルは都市中に張り巡らされ，搬送システムは途中分
岐や仕分けを繰り返しながら各地域の無人店舗や無人配送センターへと届けら
れる。無人配送センターからは配送ロボットやドローンで顧客に荷物を配達す
る。

　地下トンネルの配送システムを除けば動画に登場するマテハンシステムは公

開段階でもほぼ既存の技術であるが，顧客に届けるまで一気通貫のシステム，サプライチェーンを統合的に最適化し得るシステムを提案している点に注目しなければならない。

　中国の二大ITプラットフォーマーであるアリババグループとテンセントグループは，それぞれTmall, JD.comという巨大Eコマースを運用しており，ネットスーパー，無人店舗，移動店舗でも，先に挙げたフーマーフレッシュや未来便利店といったOMO店舗を展開，さらにドローンや配送ロボットの企業を傘下に収め，「ラストワンマイル」と呼ばれる消費者に届ける最終段階でも存在感を高めている。何よりも両社のAlipay, WeChat Payというモバイル決済サービスは，利用者6億人，消費額は中国全体の2／3を超える。その膨大な購買行動履歴はビッグデータとして解析され，需要予測や消費者の信用評価に使われている。つまり消費者が購入してから（あるいは購入する前から）モノが届くまでのサプライチェーン全てを自社サービスで完結する体制を築きつつあるのだ（図10-7）。

　しかもジャック・マーは，消費者の購買活動のビッグデータがサプライチェーンを支配する構図は，さらに川上の製造業にまで達する「C2B2M＝Consumer to Business to Manufacturing」になると予言している。この構図においてマテハン設備に要求されるのは，リアルタイムかつシームレスでビッグデータに応答する情報連携とそれに追随できる柔軟なハードであろう。

⑷　物流センターの完全無人化

　物流センターの完全無人化には3つの課題がある。

　まずデバンニング（入荷貨物の荷卸し）の自動化。貨物を積み重ねると重みによる荷姿の変形や埋没が発生する例は多く，自動で荷卸しするのは難易度が高い。しかし貨物の状態を認識する技術，様々な形状を取り出し把握するためのハンドリング技術は日々進化している。

　次にピースピッキングの自動化。様々な形状，サイズ，重量の商品が混在しているケースから，スピーディーに状態を認識し，ピース単位で確実に把握する自動ピースピッキングについては，処理能力はまだ熟練作業者には追い付いていないレベルにあるが，精度も速度も向上を続けている。

図10-7　プラットフォーマーが目指すニューリテール

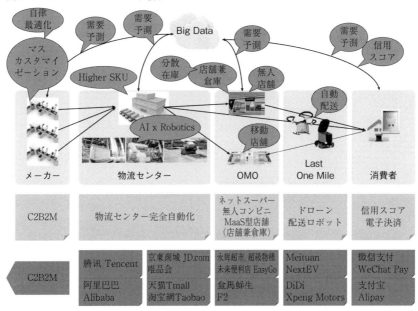

（出所）筆者作成

　最後が出荷貨物の積み込み。荷捌き場の柔軟性を重視する視点から固定設備
が敬遠され人手が主体の職場であるが，トラック運転手に積み込み作業を強い
るいわゆる「荷主の庭先問題」に対する行政の改革意識も強まっており，さら
に今後普及が進む配送ロボットや自動運転トラックに対応するためにも自動化
への圧力は高まっている。

　以上のように現状まだ課題はあるものの，基盤となる技術開発は進んでおり，
物流センターの完全無人化はもはや夢ではない段階にあると言える。

⑸　"Connected"なマテハン

　完全無人化された物流センターはどのように運用されるのだろうか？

　無人化されても，必要な時に稼働しなければ意味がない。止まらない物流セ
ンターであることが求められる。そこでマテハン機器にカメラやセンサを搭載，
AIでデータを分析するIT武装化が進んでいる。

物流センターでは，例えば保管棚の貨物がずれる，貨物に貼付されたテープが剥がれて垂れるといった些細な原因でセンサが異常を検知し，重大なトラブルとは言えないが数分から数十分のレベルで設備を停止させるチョコ停の発生は珍しくない。マテハン機器のカメラを通して状況を確認できれば，原因の早期特定や解消が容易で，レベルによっては異常を無視して再起動をかける対応も可能だ。

　センサで駆動部の振動や温度，湿度，発生音などを常時検知していれば，例えばモーターの消耗実態を把握し，破損する前に交換する予知保全を行うこともできる。

　こうした運用は，現場から離れた場所で設備状態を診断し，トラブル対応や解消を行うリモートメンテナンスに応用されている。

　機器の保全だけではない。立体自動倉庫の各所に配置したセンサが各棚の温度や湿度を計測，状態が均一になるよう保管物の置き換えを行い，商品の品質管理に利用する例もある。

　マテハン機器のIT武装化は単に設備が止まらないにとどまらず，自ら最適化するサイクル＝「CPS（Cyber-Physical System）」を目指す（図10-8）。

　PHYSICAL＝現実空間のマテハン設備に搭載されたセンサやカメラがリアルタイムで収集したデータは，マテハン設備を稼働するWCSや，物流センターを運用するWMS，WESのデータと連動し，CYBER＝仮想空間において全ての設備のあらゆる状態が再現，監視される。さらにそれのデータをAIで分析，診断し，検証のためのシミュレーションを繰り返すことで導き出した最適な運用で，現実空間のマテハン設備を稼働させる。CPSによって，物流センターは人が介在しなくても自律的に最適な運用，保守を行うようになるのだ。

　物流センターの中だけではない。他の物流センターやOMOの店舗やマイクロ・フルフィルメントセンターといったサテライト型物流センターともデータ連携することで，ネットワーク全体で最適な分散在庫や横持ち＝在庫の移動も可能となる。さらにERPやMES（Manufacturing Execution System：製造実行システム），TMS（Transport Management System：輸配送管理システム）などのシステムとも連携することで，販売，製造，配送を含めたサプライチェーンの最適運用につながることになる。そうなれば在庫切れや出荷遅延といったトラブル，

図10-8　"Connected"な物流センター

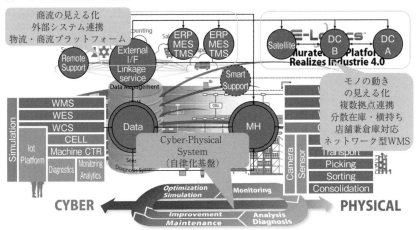

（出所）村田機械株式会社提供

　いつ配達されるか分からない，どこに行けば買えるかも分からない，といった心配も不要だ。消費者は欲しい商品を，好きな場所で，好きな方法で入手することができる。

　このようなマテハンの未来像は，消費者の購買活動のビッグデータがサプライチェーンを支配する構図において必須の進化である。その構図がプラットフォーマーの支配となるのか，様々なプレイヤーによる緩やかな連合で実現するかは不明だが，全体で無駄のない，より最適なサプライチェーン，本当の意味でのサプライチェーンマネジメント実現のためには，マテハン設備は"Connected"であること＝つながることが必須である。すべての人が公平に利用でき，クリーンで資源を浪費しないサプライチェーン構築は，COVID-19感染症流行下で生まれたニューノーマル，そしてSDGsに対しても物流業界が成し得る貢献であろう。

（根尾佳珠機）

演習問題

1　Eコマースの成長がマテハン機器の進化を促した理由と，それに対応したマテハン機器の具体的な進化について述べなさい。

2　ニューリテールがもたらすであろうマテハンの未来像とその課題について述べなさい。

参考文献

小野塚征志（2019）『ロジスティクス4.0』日本経済新聞出版。

田中道昭（2017）『アマゾンが描く2022年の世界——すべての業界を震撼させる「ベゾスの大戦略」』PHP ビジネス新書。

一般社団法人日本マテリアルフロー研究センター MH 研究会編著（2019）『MH ハンドブック——物流センターシステムの計画・構築・運用』流通研究社。

推薦図書

小野塚征志（2019）『ロジスティクス4.0——物流の創造的革新』日本経済新聞出版社。

田中道昭（2019）『GAFA×BATH 米中メガテックの競争戦略』日本経済新聞出版社。

角井亮一（2018）『アマゾン、ニトリ、ZARA……すごい物流戦略』PHP 研究所。

田中道昭（2017）『アマゾンが描く2022年の世界——すべての業界を震撼させる「ベゾスの大戦略」』PHP 研究所。

林部健二（2017）『なぜアマゾンは「今日中」にモノが届くのか』プチ・レトル。

第11章

物流現場管理

役割明確化と作業標準化で生産性を向上するしくみ

　物流はあらゆる産業の中に存在する。一方で我が国における物流の認識度は低い。物流に注目して改善していく力は極めて弱い。物流の生産性も決して高いとは言えない。その大きな要因として物流業務について標準化ができていないことが挙げられる。さらに物流の実態を見える化し，その数字をコントロールする物流管理も十分に行われていない。この遅れた機能をいかに高度化していくか。そのトリガーとなる現場管理の内容と重要性について解説していく。

キーワード

SQDCM 管理　技能向上　標準化　物流標準時間　物流生産性向上

1　物流における現場管理

(1)　現場管理とは何か

　現場管理とはその名の通り，現場を管理状態に置く様々な活動のことを指す。管理状態に置くとは業務の状況を数字に置き換え見える化し，その数字を上げるまたは下げるための実活動をコントロールしていくことだ。例を挙げて確認していこう。多くの物流現場で行われているピッキング作業。この作業の生み出す付加価値とは棚から正確な商品を取り出すことだ。ピッキング品質について，間違った商品を取り出してしまう不良が考えられる。ピッキング不良率は現時点でどれくらいであり，それを年度末までにどれくらいまで下げるのか。このような数字上の管理が一つ。さらにその実現のためにどのような実活動を行うのか。その進捗はどうか。遅れがあった場合の措置は何なのか。このような改善活動の進捗管理を行っていくことがもう一つの活動だ。一言でいうとこのような管理を行っていくことが現場管理であるが，これからもう少し詳しく

解説していく。

(2) SQDCM 管理

　物流現場では5つの視点での管理が求められる。5つとはSafety（安全），Quality（品質），Delivery（納期），Cost（コスト），Management（マネジメント）のことである。この5つの視点から物流現場を管理していくことになるが最初にそれぞれの視点から現場の状態を見える化していくことが求められる。見える化するためには数値化する必要がある。そのために使用する指標をKPI（Key Performance Indicator）と呼ぶ。KPIには活動の結果を表す結果系KPIと活動の過程の状態を示す要因系KPIがある。例えば輸送コストが結果系KPIだとすると，その結果につながる要因であるトラック積載率が要因系KPIということになる。

　上記KPIはコスト系KPIであるが，それ以外の4つの視点でも同様に例を挙げて確認しておこう。

　まず安全について。結果系KPIは運搬時の貨物損傷率を挙げよう。運搬にフォークリフトを使用する場合，その使用ルールをきちんと守っていれば貨物損傷などの事故は発生しない。そこで要因系KPIはフォークリフト標準作業順守率が考えられる。フォークリフト作業について会社として定められた標準からの逸脱が貨物の損傷につながるという関係性があるからだ。

　次に品質について。結果系KPIは誤出荷率を挙げてみよう。間違った商品を出荷してしまったり，数を間違ってしまったりするエラーの比率だ。その要因には現品とオーダーシート，出荷ラベルの3つを照合する3点照合を確実に実施したかどうかを確認する必要がある。この確認行為を作業観察と呼ぶ。従って要因系KPIは作業観察実施率だということになる。

　納期について。結果系KPIは顧客に納期通り商品を届けたかどうかを管理するものとして納期遵守率を挙げよう。もし納期通り商品が届かなかったとしたらその要因の一つに出荷遅れが考えられる。そこで要因系KPIとして出荷時刻遵守率がふさわしいことになる。

　マネジメントについて。物流現場にとって重要なマネジメントの一つに人財育成が挙げられる。計画的に作業者が職場の要求水準に達することで，育成の

進捗が確認できる。そこで結果系 KPI は要求水準達成作業者比率ということ
になる。要求水準に達成するためには OJT（On-the-Job Training）や Off-JT
（Off-the-Job　Training）などの計画的な教育が欠かせない。そこで要因系 KPI
として教育計画実施率がよいだろう。

　これら5つの視点での管理は物流現場に管理ボードを設置し，そのボードに
KPI のデータを示すグラフを掲示することで実施していくことが望ましい。で
きれば朝と夕方のミーティングはこのボードの前で行い，全作業者に現場の実
態を共有できればベストだ。

⑶　標準化

　物流が苦手とする分野だ。仕事の基準を明確化するとともに，作業手順を
しっかりと決めて作業者にその通りの仕事をさせることで上記 SQDCM 目標
を達成していく活動である。この標準化については第2節で詳説させていただ
く。

⑷　技能向上

　現場管理の柱の一つに技能向上がある。技能向上とは監督者が部下の育成を
行い，各自の力量を向上させることを通して組織のレベルアップにつなげる活
動のことである。物流現場では技能向上の類義語で多能工化という言葉がある。
その名の通り，1人の作業者が多数の仕事ができるようになることを意味する。

①物流現場の「作業」と「管理業務」

　具体的な技能向上の話に入る前に物流現場で行っている業務について確認し
ていこう。物流現場には「作業」と「管理業務」が存在するが，まず物流現場
の「作業」について仕事のフローから見ていく。外部からものが入って来る入
荷業務がある。会社に入ってきたものを指定場所に格納する行為を入庫という。
入庫されたものを取り出す行為を出庫という。出庫の一部としてピッキングと
いう作業がある。これは出庫オーダーに基づき棚から商品などを取り出す行為
だ。出庫されたものを工場であれば生産工程に届けることになる。その仕事を
供給と呼ぶ。物流倉庫であれば梱包工程に運ばれ梱包される。梱包されたもの
を外部へ送るために荷揃えという作業を行い，運送事業者に引き渡す。この工

程を出荷と呼ぶ。大きな物流の作業の流れはこのような形になっている。

　一方で物流の仕事には管理業務と呼ばれる事務作業が存在する。主なものを挙げておく。工場や倉庫の中の「在庫管理」。品質を保持しながら保管するとともに、数量面での適正化業務などがある。工場であれば「生産管理」があるだろう。生産計画に基づき必要な部品と完成品を入れる容器、生産指示情報として出荷ラベルやかんばんなどを生産工程に届けることを通して生産コントロールを行う業務だ。次に「配車管理」。外部のものを出荷する時にトラックの配車手配を行う。同時に輸送コスト適正化のための積載率管理、得意先への納期遵守のための納期管理もこの業務に含まれる。その他の主要なものだけを挙げるとフォークリフトやクレーンなどの物流に必要な設備の管理を行う「物流設備管理」、部品や製品を入れる容器の品質と数量を管理する「容器管理」、梱包する時に必要となるダンボールや緩衝材などを管理する「梱包資材管理」などが物流現場には存在する。

②技能向上の具体的進め方

　これらの物流作業と物流管理について、物流スタッフは複数の仕事ができるようにならなければならない。そのために物流現場の監督者は現場管理の一環として技能向上に取り組むことになる。

　技能向上のプロセスは3つある。一つ目が現時点での力量評価。二つ目が一年後の要求レベルの設定。三つ目が教育の実行。これらを監督者は計画的に実施していくことになる。

　1と2については評価できるレベルの設定が必要だ。レベルの一例を挙げてみよう。よくあるパターンとして3段階評価が考えられる。レベル1は上司の指導を受けながら実行できるレベル。これは新入社員やその業務に初めて就いた人をイメージするとわかりやすい。レベル2は一人前にできるレベル。新たな業務に就いて一定の期間を経過すると自分だけで自律的に業務をこなせるようになる。この段階がレベル2だ。レベル3は他者を指導できるレベル。言うまでもなく監督者やリーダー層はすべての業務についてこのレベルに達している必要がある。

　全作業者に対して業務ごとにこのレベルを使って評価を行っていく。まず現時点での評価だ。例えば作業者Aのフォークリフト運搬はレベル2、ピッキン

グ作業はレベル3，梱包作業はレベル1のように評価していく。これで現時点でのその物流現場の総合力が顕在化される。その結果に対して監督者は自分の部署の力をどこまで上げていきたいかを考える。その結果に基づき，部下である作業者ごとに「どの業務」について「どのレベル」まで向上させたいかについて決めていく。このステップが1年後の要求レベルの設定である。たとえば作業者Aの要求レベルについてフォークリフト運搬をレベル3に，梱包作業をレベル2に設定するイメージだ。

　ここまでできたらあとはそれを実現するための方策，つまり教育の実行のステップになる。教育には大きく二つのパターンがある。一つ目が「OJT」と呼ばれるパターンだ。OJTとは　On-the-Job Training　の略で，仕事を通して技能を身につけるやり方だ。実際に監督者が作業者に標準作業書を見せながら作業をやらせて見せ指導する。これを何度も繰り返して覚えさせていく方法だ。二つ目がOff-JTだ。これは現場から離れて外部研修機関に行って教室の中で学ぶイメージだ。この二つをうまく組み合わせながらトレーニングを行っていくことが求められる。

　③技能向上3-3-3の法則

　物流現場でどのレベルまで技能向上を図ればよいのか。その判断基準は個々の会社，それぞれの現場で異なってくることだろう。しかし最初に技能向上に取り組む会社はぜひ「技能向上3-3-3の法則」を実践してみるとよいだろう。この法則の最初の「3」は次を意味する。1人の作業者が3つの作業ができること。つまりその職場で検品，入庫，フォークリフト運搬といった3種類の作業ができるようになることだ。次の「3」は1つの作業をこなせる作業者を3人育てることを意味する。例えばピッキング作業ができる人財を3人育成するというイメージだ。最後の「3」はその職場のすべての作業ができる人を3人育てることだ。これはその職場のリーダーを含めて考えればよい。

　技能向上に計画的に取り組んだことがない職場ではとかく難しく考えすぎ，着手に時間がかかってしまうケースが散見される。しかし大切なことはまず一歩を踏み出すこと。技能向上初年度はこの「技能向上3-3-3の法則」を実践してみること。そしてこれが達成できたら次のステップを考えればよい。大多数の物流現場ではこの法則の実践のみで作業編成の自由度が向上し，それに伴う

ロス削減に寄与することができるだろう。

(5) 改善の実行

　現場管理において大切なことは，その活動を通じて職場が進化していくことを心がけることだ。私たちは常に他社と戦っている。自社・自職場の進化がなされなければ他社に負けてしまう。その進化のために欠くことができない重要機能が「改善の実行」だ。日本の製造業は労働生産性において，かつて世界一のポジションを誇ってきた。昨今は東南アジア各国の追い上げもあり従来ほどではないにせよ，世界の中で生産性分野でのリーダーであることは間違いない。その大きな理由の一つに製造現場における現場管理と改善の実行が挙げられる。今や「カイゼン」は世界共通用語にまでなっているのだ。

　一方物流現場での改善は遅れている。いくつかの理由があるが最大の要因として多くの経営者が物流に関心を持たなかったために，物流現場に改善のできる人財が投入されてこなかったことが挙げられる。物流現場の作業者に改善の意識を持たせ，改善スキルを教えていくことを怠ってきたことも問題だ。これからの物流現場にはこの状況を変えていくことが求められる。

　ここでは具体的な改善手法についての解説は割愛させていただくが，一点だけ物流現場の監督者に知っておいて欲しい「ムダの見つけ方」について記しておく。私たちの職場は2種類の要素から成り立っている。それは「仕事」と「ムダ」である。仕事とは付加価値を生じさせる行為。そしてそうでない行為がすべてムダだということだ。

　一つの例を挙げて考えてみよう。出庫作業の一つにピッキング作業がある。ピッキング作業の仕事とは「棚の中の製品を取り出してカートに置く」作業のことだ。このように仕事を定義すればそれ以外に実施している動作がムダだということになる。例えば「オーダーシートを確認する」「オーダーシートにピッキング済みマークを記入する」「カートを運搬する」といった当たり前にやっている動作はすべてムダだということ。「棚を探す」「歩行する」「開梱する」などが全くのムダ動作であることは言うまでもない。

　ムダが見つかれば後は淡々とそれらを排除していくことになる。ムダには今すぐなくせるムダとお金と時間をかければなくせるムダ，今の科学技術ではな

くせないムダがある。大切なことは「ムダをムダとして認識すること」であり，それがあたかも必要なことであるという考え方を持つべきではない。なくせるムダから一つひとつ解消していくことが監督者の役割なのだ。

2　物流における標準化

　日本は標準化が苦手の国のようである。その要因としてほぼ同じ民族で同じような考え方を持っている国民性が挙げられる。一方で多民族が一緒に仕事をする欧米では標準化がなければ職場が混乱するため，比較的標準化は進んでいる。ここに来て東南アジアに代表される新興国の経済発展はすさまじい限り。このまま作業者に丸投げではそのような国々に抜かれることは時間の問題だろう。第2章では日本の中でも最も遅れを取っている物流機能における標準化について解説していく。

(1)　物流現場の実態

　日本のものづくりはかつて世界一だといわれた時代があった。輝いていたあの頃を懐かしむ世代もそろそろ定年を迎えているのではないだろうか。今は新興国に追い上げられ，製造業でさえ昔のような「世界のお手本」ではなくなりつつある。そうはいっても世界の上位レベルにあることは確かのようだ。物流を除けば……。

　なぜか日本の製造業は物流に無頓着である。「物流は本業ではない」といわんばかりに物流的業務は外部業者に丸投げ状態。しかもその業者の仕事のパフォーマンスを正しく評価できている会社も少ない。しかし物流をよくすることで確実に工場の生産性と品質は向上する。このことだけは断言できる。なぜなら物流は単なる運搬業ではなく工場運営に大いに貢献するサービス業であるから。

　ただしその効果を享受するためには条件がある。その条件とは物流の業務を定義するとともに仕事の出来栄えを評価できるようにすることだ。

　皆さんは関心をもって構内物流作業をご覧になったことはあるだろうか。多くの方は物流を単なる運搬担当としか見ていない，つまり工場にとって大きな

影響を与えない存在と認識している可能性がある。結果的にじっくりと物流作業を観察することもなければ仕事の良し悪しを認識することもないかもしれない。

　そこで筆者が常日頃工場で物流作業を見ていて感じることを記したい。最初に同じ作業でも作業者によってやり方が異なることに気づく。物流作業は製造工程とは異なり，作業手順が違っても同じ結果になることがある。二つ目として人により作業速度が異なることが見えてくる。作業手順の違いが処理スピードの差となって表れるのだ。三つ目に結果が同じように見えても「物流品質」に差があることに気づく。作業者によって正確に作業する人とそうでない人がいるのだ。数の数え方一つを取ってみても５個単位に数える人がいたり１個単位で数える人がいたりとやり方がばらばら。後述の分析から明らかなように，作業者のばらばらなやり方は品質と生産性の向上を妨げる。

　次に物流現場の監督者に視点を移してみる。最大の問題点は監督者業務ができていないということだろう。製造現場ではきちんと人財育成がなされており，監督者として教育を受けた人がその職についていることだろう。一方で会社が物流に関心を寄せない場合，物流人財育成が十分になされていない可能性がある。その結果として物流現場の監督者が本来の監督者業務を意識せずに日々業務を遂行していると推測できる。特に真っ先にやらなければならない業務が「作業の標準化」である。作業を標準化できればそれに従って作業指導が可能となる。標準作業書と異なる作業を見つけたら異常作業として修正していく。この管理サイクルを回すことで結果的に生産性と品質の向上につながるのだ。

　もう一つ物流現場には製造現場で見かける「現場管理ボード」を目にすることが少ない。本来であれば仕事のSQDCMを掲示し見える化することで各項目の水準向上につなげたいところ。しかし物流ではそのような管理領域についても遅れているといわざるを得ない。このような現場管理のあり方についても標準化し，全体的な物流レベルを上げていかなければならない。

　物流作業標準化の要点はきちんとした手順を定め，誰が行っても同じ速度で同じ結果が得られることにある。この重要性を一例で示そう。物流には出荷という機能があるが，作業のやり方が作業者ごとに異なるために時々出荷ミスを発生させている。これは工場では致命傷だ。生産工程でせっかく高品質の製品

をつくっても，得意先に間違った製品を届けてしまっては工場の努力が台なしになってしまうからだ。

　このような事象が発生することのないように，構内物流も標準化を通して生産工程に１日でも早く追いつくことができるように努力していくことが重要だ。

(2)　物流標準化は「基準」と「手順」を定めること

　標準化についてよく作業標準という言葉と標準作業という言葉が使われる。標準化を実行していくにあたり，この二つの用語を正しく理解する必要がある。前者は作業のための標準（前提条件）のことを指す。例えば物流倉庫でピッキングを行う場合，エラーを防止するためには一定の明るさが必要となるが，その明るさの基準が「作業のための標準」である。本テキストでは以降「基準」と呼ぶ。一方で標準作業とは標準の作業のことを指す。例えばピッキング作業では最初にオーダーシートを確認し，製品を取り出し，オーダーシートの製品番号と製品の刻印と出荷ラベルの製品番号の３点を照合する。つまりこのように作業の手順を定めたものが標準作業ということになる。以降「手順」と呼ぶ。

　この「基準」と「手順」をきちんと定めていくことを「作業の標準化」と呼ぶ。これがなされていないと先に記したように作業者によって作業の仕方が異なり，結果的に作業速度や品質にばらつきが出てしまう。物流では大半の会社でこの作業の標準化がなされておらず，物流品質と生産性に支障をきたしているのだ。

(3)　基準を定めよう

　標準化は基準を定めることから始まる。物流作業に関わる基準を定めることで安全と品質，そして効率を確保することが可能になる。物流基準について一例を挙げて考えてみよう。

　ロケーションという物流用語がある。これは保管する場所のことを指す。広い工場や倉庫の中におけるロケーション管理をしっかりできていないと物流効率は低下する。行き当たりばったりで保管するのではなく，きちんとロケーションの管理基準を定め，それに沿った形で作業を進めたい。

　ロケーションには２種類ある。一つ目は「固定ロケーション」だ。列車でい

うと指定席のイメージ。毎回必ず決まった場所に保管することになる。もう一つが「フリーロケーション」だ。列車でいうと自由席のイメージ。置場は定めずに，毎回空いている場所に保管していく方式。ものの物流量が比較的安定している場合には固定ロケーション，大きく変動する場合はフリーロケーションが好ましい。会社の物流量に応じて選択していってほしい。

　ロケーションを管理するための基準として二つ考えたい。一つ目は「ロケーション番号基準」だ。住所表示をイメージしてルール化するとわかりやすい。「所番地」を工場や倉庫の中で割り付けていくのだ。まず大きく保管場をゾーン分けする。そのゾーンをAゾーン，Bゾーンといったように住所でいうところの「町名」を割り振る。次にその中の通路番号を決める。「丁目」のイメージだ。通路番号01，02というように決めればよい。さらにその通路の両サイドの棚について右であれば「R」，左であれば「L」というように定義づける。これが「番地」。ここに棚位置番号を加える。手前から01，02……という連番でよいだろう。これは「号」のイメージ。最後に棚の中の位置を定める。上段をX，中段をY，下段をZとする。これは集合住宅の「部屋番号」といったところである。

　次に各ロケーションの間口にはっきりとした表示を取り付けることを「ロケーション表示基準」として定めよう。表示のサイズも重要。よく間口に小さな表示をつけている工場を見かけるが，それだと間違いのもとであり保管品質にも影響を与える。間口には「のれん方式」の表示をつけることをお勧めする。間口の上部に間口がやや隠れるくらいの「のれん」のような表示をつける。この少々邪魔に感じる表示は投入，取り出しの際に作業者の意識を喚起し，間違いを減らす効果があるのだ。

　以上のように保管作業の標準作業設定前にロケーション管理基準を定めておくことが望ましい。

　これが「基準」の一例だ。これ以外に「フォークリフト荷扱い基準」「荷姿設定基準」「保管基準」「荷物取り扱い基準」などあらかじめ会社のルールとして決めておきたい基準がある。特に安全，品質についてはどの物流作業でも共通して守るべきルールを定め，事故が発生しないように心がけるべきだ。

(4)　手順を定めよう

　基準が設定されたところで次に手順を定めていこう。理解しやすくするために物流作業の一機能である「入荷作業」を例にとって見ていきたい。

　入荷作業はサプライチェーンにおいて工場の入口をコントロールする作業である。ものづくりの第一歩は生産に使用する部品や資材（以下，部品等）を調達すること。構内物流の仕事として発注行為があり，発注後に実際に部品等が納品される。納品時には発注通りの部品等が届いたことを確認するとともに会社として受け入れることになる。これが入荷作業である。

　具体的には，正しい部品等が，正しい数量，正しい品質で納入されたことを確認し，その証として受領書に受領印を押して納入業者へ手渡す。下請代金支払遅延防止法では原則として受領したものを返品することは禁止されている。だからこそこの工程は慎重に実施することが求められる。不良を見逃して工場に搬入してしまっては手遅れだ。誰が行っても同じ結果となるように標準化を実施していこう。

①作業の要件整理

　標準化に先立ち，各工程の作業要件を洗い出しそれを「作業要件一覧表」にまとめておきたい。物流作業における作業要件には「品質基準」「必要機器」「必要知識」「必要技能」「習熟の難易度」「習熟必要期間」の6項目がある。入荷作業についてこの6項目を洗い出してみよう。

　図11-1に例として挙げてみた。この中で「必要知識」として製品知識と製品番号の読み方を入れてある。このような必要知識については何を使ってどのような方法で教えていくのかについても定めておく必要がある。習熟期間30日の中で教育計画を作って実行していこう。

②入荷作業の標準作業

　構内物流作業は多少手順が違っても見かけ上の結果が同じになることがあることは既に述べた。例えば運搬時に通る通路

図11-1　作業要件一覧表　入荷作業

	要　件
品質基準	正しい製品　正しい数量　瑕疵ない製品
必要機器	発注書　納品書　電卓
必要知識	製品知識　製品番号の読み方
必要技能	類似品との識別
難易度	中
習熟期間	30日

（出所）著者作成

が異なったとしても目的地には到達できるようなケースだ。このような自由度が高い作業ゆえに標準化が遅れ，効率や品質に影響が出ていると考えられる。

入荷作業でも作業員全員が標準作業として定められた通りに実行することで目的通りの品質と効率を確保したい。標準作業書の主なステップと急所の例を図11-2，11-3に示した。重要なことはできるだけ急所を詳しく記すことにある。その目的は作業者の恣意性を排除することで物流品質低下を防ぐことにある。

特に図11-3に記したように「文章」と「写真（絵）」を合致させ，誰が見ても一瞬で理解できる工夫が必要だ。ここでは入荷作業で必須となる「3点照合」についての例を示してある。同様に「発注書」のどの部分と「納品書」のどの部分を見比べて未納の有無を確認するのか，「箱つぶれ」や「製品瑕疵」の例にはどのようなものがあるのか等を「写真（絵）」で示すことが望ましい。

標準作業書には「禁止事項」についても示しておきたい。図11-3では照合時には黙読を禁止する旨記してある。

さらに当工程における「異常の状態」と「異常を発見した時の処置」についても記しておこう。入荷作業での例を一つ挙げてみよう。異常とは「納品書の数量」と「現品の数量」が合致しないこと。それを発見した時の処置として以下のルールを定める。「①納入業者と確認し，納品書の数量を変更し，サインをもらう」，「②上司へ報告するとともに，部品管理責任部署へ連絡する」。製品瑕疵を発見した場合には勝手な判断をせずに TYM（止める，呼ぶ，待つ）を徹底させることなどをきちんと記しておくことが重要だ。

いかがだろうか。例に示したこと以外にも入荷作業ではいくつもの留意点が考えられると思われる。標準化の判断基準として「作業者が勝手な判断をする余地を与えないこと」と考えれば精度の高い標準作業が組み立てられるだろう。

3 物流標準時間の導入

各物流作業に対して標準作業を設定できたら次のステップとして「物流標準時間」を導入しよう。標準時間とは何か。それは標準の熟練度を持つ作業者が，①一定の設備と作業方法により，②既定された品質の製品を生産するために，

図11-2　標準作業書(1)

#	主なステップ	急　所
1	発注書と納品書を準備する	納品書がない場合は受け入れを行わないこと。
2	製品ごとに未納の有無を確認する	未納があった場合は購買課へ速やかに連絡する。
3	荷崩れ等，製品瑕疵を確認する	荷の周りを一周し，荷崩れ，箱のつぶれ，濡れ，製品瑕疵等がないことを確認すること。
4	納品書と納入品を照合する	現品の刻印（①），ラベルの製品番号（②），納品書の製品番号（③）を指差呼称にて照合を行う。 3点照合するものは製品ごとに1箱のみでよい。それ以外の箱は②と③の照合を行うこと。
5	納品書の箱数と現物の箱数を照合する	指差呼称にて確認すること。
6	3，4，5で問題がないことを確認できたら受領書に押印する	受領後は返品できないので各プロセスは慎重に行うこと。
7	受領書を納入業者へ返却する	

（出所）著者作成

図11-3　標準作業書(2)

主なステップ	標準時間	急　所
納品書と納入品を照合する	10秒	現品の刻印（①），ラベルの製品番号（②），納品書の製品番号（③）を指差呼称にて照合を行う。 3点照合するものは製品ごとに1箱のみでよい。

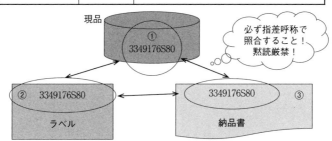

[過去トラ] 2018年3月5日指差呼称未実施で誤品見逃して受入

注：過去トラとは過去のトラブルのこと

（出所）著者作成

③通常の努力を払って，④一定の仕事を行う場合の作業時間のこと。つまり普通の人が一定の作業訓練を行ったときに作業にかかる時間のことである。正しい作業人員の数や物流機器の数の計算，物流労働生産性の管理などに活用できる便利なツールが標準時間である。

(1) 実績原単位法

より効率的な経営を行うにあたって月間所要人員や月間所要機器数を計算し，それに基づき物流現場を運営していくことが理想である。そのために物流標準時間の設定や物流機器の能力把握が必要である。例えば物流標準時間では小物ピッキング1個あたり0.80分，物流機器の能力ではトラック1台の日当たり能力がAルートでは70m³のような数値で把握することである。もし現在これら所要人員や所要機器数を勘で把握しているのであればぜひ原単位を基に計算で算出していくとよいだろう。おそらく勘で行っていると多めに確保することが一般的であるため，これを理論的に求めるようにするだけでも効率化への一歩が踏み出せるはずである。

ではその計算の基となる原単位をどのように決めたらよいだろうか。ここでは「難しく」考えないことがポイントである。今すぐに把握できる数値で原単位を作ってみるのである。それが「実績原単位法」という方法である。

例えばピッキング作業の原単位は以下のようにして求める。

1個あたりピッキング工数＝過去3ヵ月間のピッキング時間数÷当該期間のピッキング総数

実際に計算してみよう。
・過去3ヵ月間のピッキング時間数　270,000分
・過去3ヵ月間のピッキング総数　247,700個
この実績より1個あたりピッキング工数＝270,000分÷247,700個≒1.09分となる。

これはすべてのピッキング作業に要した時間値をすべてのピッキング数で除して求める最も単純な方法である。この中には作業スピードが速い者も，遅い

者も含まれている。また，ピッキング時に発生したトラブル（製品補給待ち，設備トラブルによる手待ち）などもすべて含まれている。本来であればこのような異常時間は除外して原単位を設定すべきであるが，第一歩としてはこのやり方でも構わない。なぜなら目的は原単位に基づく所要工数を把握することにあるからだ。

(2)　作業時間実測法

　次にもう一歩踏み込んだ「標準作業」を設定してみよう。これも同じように現状の実績から作成する。

　まずその職場でもっとも効率的に仕事をこなしている作業者を選定する。選定できたらその人の作業をビデオで撮影し，どのようなやり方をしているか徹底的に分析する。オーダーシートの見方から製品のピッキングの仕方，ピッキングカートの押し方やピッキング後のチェックのやり方などを観察する。不安全行為を除き原則その人の作業をトレースし，それを標準作業書に記載する。つまりこの作業者の作業をその職場の標準作業とするのである。この標準作業に対する時間値が標準時間になる。時間値はビデオを見ながらストップウオッチで測定したものを採用する。この方法を作業時間実測法と呼ぶ。

　この標準時間と先ほどの方法で算出した実績原単位との差がこのピッキング作業における改善代だと考えればよい。例えば標準時間が0.80分に対して実績原単位が1.09分だとすればその差0.29分が改善余地だということになる。それは作業のやり方の違いなのか，習熟度の差なのか，あるいは異常が発生しているためなのか要因は様々だろう。それについては今後要因を調査して改善していけばよい話である。ここでの成果は1個ピッキングする工数が職場全体平均では1.09分だが最も効率的に作業している人は0.80分でできているということがわかったことである。

　標準作業書ができたらそれを全ピッキング作業者に配り教育を行う。ビデオを見せながら自分の作業のやり方とどこが異なるのかを考えさせる方法がよいだろう。この教育を行い自分の作業の問題点を修正するだけでも生産性は向上するはずだ。

(3)　基準時間法

　現状の最も優れた作業者の作業を標準作業とし，その時間値を標準時間とするとともに標準時間と職場の総平均値のギャップを埋める努力をすることは生産性向上活動として正しいステップであることに間違いはない。

　ただしここで一点問題があることも認識しなければならない。それはその職場で最も優れた作業者の作業が果たして市場でベストであると言い切れるか，という点である。その作業者の行っている作業が完璧であるのではなく，改善余地が残っていると考える方が自然であろう。

　そこで次のステップとして作業の「あるべき姿」を設定し，その作業の時間値を職場の目指すべきターゲットとすることについて考えていきたい。このあるべき姿の時間値を求めることを基準時間法と呼ぶ。

　①標準作業からムダを排除する

　その職場で最も効率的に作業を行っている作業者であったとしても，その作業の中にムダが含まれていることが考えられる。

　ピッキング作業で付加価値を生む作業は製品を棚から「とり」ピッキングカートの中に「おく」という行為だけである。では実際はこの「とり・おき」だけで済んでいるであろうか。答えは No である。実際には次のような行為を行っていることがわかるはずだ。

　　・オーダーシートを見てピッキングすべきアイテムを確認する
　　・該当するアイテムの棚まで歩行する
　　・棚を見てそのアイテムがどこにあるか探す（迷う）
　　・アイテムをとる際にアイテム同士の絡みをほぐす
　　・アイテムをカートに入れる
　　・オーダーシートにチェックマークを記入する

　一連の作業の流れではアイテム 1 個ピッキングするためにこういった行為をしていることがわかるだろう。さらに次のような行為をまれにしていることがわかる。

・棚の中のアイテムが段ボール箱に入っているのでその箱を開ける

・棚の中のアイテムがポリ袋に入っているのでそのポリ袋を開ける

・空になった段ボール箱を回収レーンに返却する

・空になったポリ袋を棚の脇に置いてあるゴミ箱に捨てる

・ピッキングしようと思ったアイテムが棚にないことに気づき，補給担当者
　に知らせに行く

　これらの行為は毎回のピッキング時に行われるのではなく，1日に数回ある
いは週に1〜2回の頻度で発生するレベルのものかもしれない。

　さて上記のような行為はほとんどがムダであると考えるべきだ。なぜなら
ピッキング作業の付加価値作業は「とり・おき」だけだからである。従って
「あるべき姿」から作成される標準作業からは極力ムダは排除しなければなら
ない。もしムダを含んだ標準作業を作成してしまうとそのムダは存在を認めら
れたことになる。なぜなら標準作業とは会社としてこうしなさいという「手
順」であるから。

　そうは言っても繰り返しとなるが，これらのムダは①すぐになくせるムダ，
②時間とお金をかければなくせるムダ，③今の科学技術をもってしてもなくす
ことが困難なムダが混在している。そこでこの3種類のムダを考慮に入れて標
準作業を作成する必要がある。

　ではその結果作成される手順はどのようなパターンかといえば，次のように
なるだろう。

①　オーダーシートを見てピッキングすべきアイテムを確認する

②　該当するアイテムの棚まで歩行する（最短距離で）

③　アイテムをとる

④　アイテムをカートに入れる

⑤　オーダーシートにチェックマークを記入する

　この中で③と④だけが付加価値作業になり，それ以外はムダを含んでいる。
②についてはゼロにすることは難しいかもしれない。しかし倉庫内レイアウト

や棚の中でのアイテムの配置などを工夫することで減らすことは可能である。①と⑤についてはデジタルピッキングシステム（DPS）を導入することでなくすことはできるが投資が発生する。DPSとはピッキング指示オーダーをシステム化し、該当間口にランプと取り出し数を表示するしくみのことである。

　一方でアイテムの場所に対する迷いはピッキングリストにロケーション番号を明記するとともに、棚に大きくロケーション番号表示することでなくすことができる。段ボール箱やポリ袋を開ける行為は一旦補給作業者に作業移管することでなくすことが可能である。アイテム棚には段ボール箱やポリ袋から出してアイテムだけ補給する方法も考えられ、それによって空になった段ボール箱やポリ袋の後処理をピッキング作業者が行う必要性はなくなる。

　以上の作業はピッキング場で行われるが、実際にはピッキング場とオーダーシート出力場、出荷場は離れた場所にあることが多い。したがってそれに伴うカートとピッキングリストの運搬行為が発生するのが一般的である。そこで標準作業には次のような行為を追加する必要がある。

　⑥　端末からオーダーシートを出力
　⑦　ピッキング場まで移動
　⑧　出荷場までカートを運搬
　⑨　出荷場にカートを置く

　この⑥から⑨の作業はピッキングするアイテム数が20個なら20個に1回発生することになる。頻度は少ないかもしれないが、⑥はボタンを押せば瞬時に出力されるように改良することで、⑦～⑨は倉庫内のレイアウトを見直すことで改善は可能である。

②ムダを除いた標準時間を設定する

　ムダを省いた標準作業が出来上がったら次にその標準作業に標準時間を付加しよう。「アイテムとり」で0.05分、「アイテムおき」で0.03分のようにあらかじめ時間値を定めておくことが望ましい。この時間値はどのようなアイテムをピッキングする時にも変更しないことが継続のコツである。

　では実際に標準時間を確認してみよう。

① オーダーシートを見てピッキングすべきアイテムを確認する：0.15分

② アイテムをとる：0.05分

③ アイテムをカートに入れる：0.03分

④ オーダーシートにチェックマークを記入する：0.11分

⑤ 次のアイテムの棚まで歩行する：0.06分

以上はアイテムをピッキングする単位に発生する行為であるが，合計すると0.40分ということになる。

⑥ 端末からオーダーシートを出力：0.45分

⑦ ピッキング場まで移動：0.63分

⑧ 出荷場まで移動：0.55分

⑨ 出荷場にカートを置く：0.15分

以上はピッキング作業1ラウンドに1回発生する作業である。合計すると1.78分であるが1ラウンドで20アイテムピッキングするとすれば1アイテム当たり0.089分ということになる。

　これらを合計するとムダを排除した標準時間は0.40＋0.089＝0.489分／アイテムということになる。

　ではこの標準時間と前回定めた標準時間を比べてみよう。

◆前回　　0.80分

◆今回　　0.489分

いかがだろうか。最も効率のよい作業者もこの標準時間に比べると1.63倍もの時間がかかっていることがわかる。この差がふだんの作業の中に含まれ，当たり前のように行っている「ムダ動作」に要している時間である。

　③数値でムダの大きさを顕在化させる

　さて小物ピッキング工程の全作業者の平均時間値が1.09分であることを確認した。この時間値は最良値0.80分の1.36倍であることも確認済みである。つまり最も効率のよい作業者の作業をまねることで約30％生産性が向上することになる。これを行うだけでも大幅な改善ができることがわかるが，基準時間法を

用いて「あるべき姿」を目指せば，さらに改善余地が見えてくるのである。
　では実際に計算してみよう。

1.09分÷0.489分≒2.29倍

　この職場では実質あるべき姿に対して2.29倍の時間がかかっていることがわかる。ということはこの数字を見る限りあるべき姿を実現すれば人は半分で済むということになる。この数字をご覧になってどう思われただろうか。筆者の経験から言えばあまり驚くほどの数字ではないと考えている。この程度のギャップは物流機能ではざらに発生している。物流は理想のおおよそ倍の工数がかかっていると考えてもよいだろう。
　ポイントは職場単位でこのような数字を把握し，現在抱えているムダの大きさを顕在化させて皆で認識することである。現在当たり前に行っている作業自体が工夫すればやめることができる作業かもしれない。現在当たり前に行っている作業の中にムダが含まれているかもしれない。このように考えることが改善への第一歩である。

（仙石恵一）

コラム▶▶物流標準時間のメンテナンスタイミング

　物流現場ではものの置場や容器の入数などが頻繁に変化する。ということは標準時間もその都度変更しなければならないと考えがちだ。確かに10m運搬距離が伸びたらその分の時間値を変更することが望ましい。
　筆者はかつて作業時間実測法で物流標準時間を設定し，現状が変化したら都度時間値をメンテナンスすることとした。しかし日々時間値の変更業務が発生し，結果的にその業務が現場の変化に追いつかなくなってしまった。もちろん生産場所の変更などに代表される大幅な変更は都度メンテナンスが必要だろう。一方で若干の距離や数個の入数の変更などは都度行うのではなく，時期を決めてまとめて行うことが現実的だ。ということで物流標準時間のメンテナンスは半期ごとにまとめて行うというしくみにすることが望ましいだろう。

演習問題

1　中小企業庁「2020年版中小企業白書」によると，日本の物流産業の生産性（従業員
　1人当たり付加価値額）は657万円と製造業の生産性827万円に比較すると低い実態に
　ある。その理由にはどのようなことが考えられ，また生産性を向上するためにはどの
　ような活動を実施する必要か述べなさい。

2　物流現場を標準化する際にどのような基準を定めたらよいだろうか。考えられる基
　準を洗い出しなさい。
　（例）ピッキング場の照度基準，フォークリフトの構内走行速度基準，部品の1箱当
　　たりの入数基準

参考文献

公益財団法人日本生産性本部『労働生産性の国際比較　2020』
『工場管理』日刊工業新聞社。
中小企業庁『中小企業白書』2020年度版。

推薦図書

柿内幸夫（2012）『儲かるメーカー　改善の急所〈101項〉』日本経営合理化協会出版局。
日本インダストリアル・エンジニアリング協会編（2021）『新人IErと学ぶ実践IEの教
　科書』日刊工業新聞社。

第12章	物流の統合とロジスティクス／サプライチェーン戦略の類型
	トレードオフの克服に向けて

　本書の最終章では，前章まで記述した事例と現場知見を踏まえつつ，物流統合とロジスティクス／サプライチェーン戦略の類型について既存研究を紐解きながら基本原理を説明する。まず企業物流にまつわる様々なトレードオフ現象を切口に，物流活動の統合，統合の在り方に影響するロジスティクス戦略とサプライチェーン戦略の類型，戦略類型の選択，プロセス統合，最後に水平的物流統合である共同物流という流れで解説していく。本章の狙いは学生を含む初心者には物流とサプライチェーンマネジメントを理解するための基本軸を提供し，物流管理に携わる実務家には全体最適につながる方策を検討する際に役立つ原則と思考枠組みを与えることである。

キーワード

物流統合　トレードオフ　サプライチェーン戦略　延期と投機　マスカスタマイゼーション　プロセスの同期化　共同物流　フィジカル・インターネット

1　横方向の物流と縦割りの企業管理構造の矛盾

　物流に対して，人々の見方は極端に分かれる。物流を単純な支援活動と見て，言われた通りに物を運んだり保管したりすることに過ぎないと軽視する人がいる一方で，高度な物流能力をコストや顧客サービスにおける優位性を実現する戦略的な手段として捉える人もいる。かつては前者のような見方をもつ人は日本企業の中で数多く存在していたが，次第に後者が増え，物流重視の機運が高まってきている。事務用品通販大手のアスクル社はEコマースの時代が本格的に到来する前にも，「翌日届く（明日来る）」と約束して迅速かつ確実な納品体制を構築することで，市場シェア拡大に成功した。第6章で紹介したように，

医薬品卸売企業は高い注文充足率と短い納品リードタイムを実現できる物流能力をもって，医療機関や薬品小売店の信頼を得た。トヨタで発祥したジャストインタイム（JIT）の考え方の本質は徹底的に物流を洗練させてムダとムラをなくすことであると言って過言ではない。

　しかしながら，今日でも少なからず，一部の企業では物流は依然としておろそかに扱われている。その理由は物流の特性と伝統的な企業管理構造の矛盾に求めることができる。本書で詳述された自動車企業や住設企業の事例から分かるように，企業の物流活動は調達，生産，販売，アフターサービスなどほぼすべてのオペレーション領域に存在し，原材料，部品，仕掛品，完成品，補修品などモノのすべての形態に関わる。仕入れ先のサプライヤーから企業の調達，生産，販売の部門を経て顧客までの経路を導管に見立てれば，部材がこの導管に入り，それを通過する過程で，顧客に求められる形態に転換され，求められる時に求められる量で導管を通り抜け目的地に到達する，という横方向の流れがすべて物流の扱う範囲である。当然ながら，この流れはできる限り一気通貫で滞りないものであることが望ましい。

　しかし，横方向の物流と対照的に，伝統的な企業管理構造は典型的な縦方向である。購買・調達，生産・組み立て，マーケティング・販売，研究開発，財務・会計，アフターサービスなどの職能部門は縦割りに設置され運営される。それぞれの専門領域に特化して企業内外からの関連情報を処理し，各々最善の効率化を図る。物流機能はこれらの縦割りの職能部門に分散配属され，当該部門の物流要求に応える形でモノを運んだり保管したりする役割を果たす。その結果，物流は各職能部門の従属的で後処理的な機能と扱われ，軽視されがちな立場になる。

　企業の経営機能を縦割りの職能部門に分割して情報を処理しながら遂行することが経営組織論の専門化に基づく分業という原則に合致し，それなりの合理性が認められる。その一方で，この縦割りの管理体制の中で，本来横方向でつながる物流は分割して行われることになるため，途切れたり重複したりするなど様々なムダや不都合が生じてしまう（図12-1）。

　例えば，サプライヤーと顧客企業は同じ町にある場合，部材の輸送と完成品の輸送を結合してラウンド輸送を行えば，トラックの積載率を高め片道空車運

図12-1　縦割りの職能部門に分散配置される物流活動

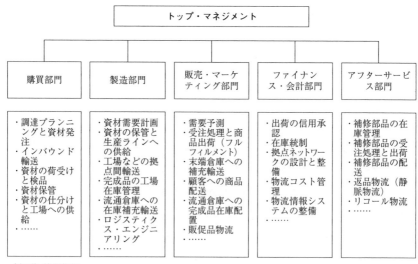

（出所）筆者作成

行の無駄が低減できるはずである。しかし，部材と完成品を運ぶトラックは別々の部署で手配されるため，このような合理的な輸送スキームはしばしば組まれない。

　また，調達部門は資材をまとめ買いすれば，購買単価を抑えることができるが，工場の倉庫に在庫が膨らみ，保管費などの物流コストの増加をもたらしてしまうケースがある。同様に，生産部門は個々の生産品目のロットサイズを大きくすることで製造コストの低減を図ると，物流担当者は完成品の安全在庫を積み増しするなど，コスト増につながる対応をせざるを得なくなる。このような現象はトレードオフ（Trade-off）関係と呼ばれる。一方が得をすれば他方が損してしまうという現象で，ビジネス活動の中でよく存在するが，横方向の特性をもつ物流と縦割り分割管理の企業構造の矛盾は様々なトレードオフをより顕在化させ，克服困難にしてしまう。

　企業の物流管理に関わるトレードオフは，機能と機能のインターフェースに加えて，物流機能内の諸活動間においても生じる。図12-2は物流活動間におけるコストをめぐるトレードオフ関係を例示している。例えば，輸送頻度と保管スペースの間でコストのトレードオフ関係が存在する。従って，様々なト

図12-2　物流活動間のトレードオフ

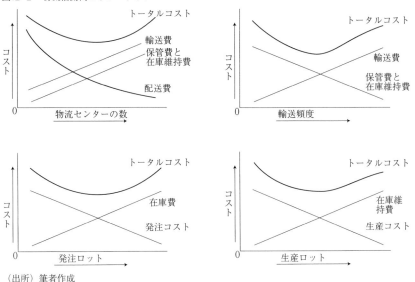

（出所）筆者作成

レードオフを分析してトータルコストの最小化を図ることが物流管理の中心課題の一つである。

　ちなみに，トレードオフ問題のほかに，物流機能の分散配属は物流管理の専門性の発達を妨げるという問題も引き起こす。輸配送，保管，荷役（マテハン），包装，在庫管理，拠点ネットワーク設計，注文処理，国際物流などを含む企業物流の諸活動は高い専門性を求めるが，各職能部門は自分のメイン機能を優先するため，物流に十分な経営資源を割り当てず，物流専門人材の採用と育成を怠ることが少なくない。第7章で解説したような物流センターの設計・運営に関わる知識，第8章で解説した輸送管理の技法，第11章で検討した物流現場管理のノウハウは分散配属の状況では磨きにくいし，蓄積も薄くなりがちである。

2　トレードオフ克服を狙う物流統合：物流段階進化説

　こうした問題を解決するためには，物流の横方向の特性に沿う取り組みを主張する物流段階論が40年ほど前から登場した。企業内でバラバラに分散する物

表12-1　物流組織の3段階進化論：活動統合（Logistics activities integration）

第1段階	第2段階	第3段階
・アウトバウンド輸送 ・企業内輸送 ・完成品の末端保管 ・ロジスティクス・システムのプランニング ・ロジスティクス統制 ・ロジスティクス・マネジメント	・第1段階の活動に加えて ・顧客サービス ・注文処理 ・完成品在庫管理 ・完成品の工場保管 ・インバウンド輸送	・第1，2段階の活動に加えて ・販売予測 ・生産計画 ・調達 ・原材料／仕掛品在庫管理 ・ロジスティクス・エンジニアリング ・国際ロジスティクス

（出所）Kearney：1981＆1985より筆者作成

流活動を段階的に統合させ，システマティックに物流業務を管理・遂行できる体制を構築すれば，トータルコストの削減が図れるという発想である。

　アメリカの大手コンサルティング会社 A.T.カーニーは1980年代初頭に唱えた企業の物流組織3段階進化論が有名である（Kearney, 1981；1985）。それによれば，企業の物流組織は段階的に各職能部門に散在するロジスティクス関連活動を自らの傘下に統合しシステム化することで，様々なトレードオフを克服して物流効率性が改善できるという（表12-1）。まず生産や販売などの職能部門と並ぶ独立した物流部門を作り，販売部門にある市場向けの完成品輸送・保管業務と生産部門にある企業内拠点間の輸送業務に加えて，スタッフ部門にあるロジスティクス統制やロジスティクスのプランニングも物流部門に移す。これを企業全体のロジスティクス・マネジメントの組織基盤とする。

　そして，第2段階では，販売部門の注文処理と顧客サービス業務，生産部門の完成品保管・在庫管理業務，調達部門のインバウンド輸送業務を物流部門に配置転換させる。続く第3段階では物流部門は販売予測と生産計画，資材物流，ロジスティクス・エンジニアリング，国際物流などの業務を取り込み，企業内のほとんどのロジスティクス関連業務が物流部門の担当領域に含まれるようになる。こうして，バラバラに分散していた物流活動を物流組織に段階的に統合する形で一元的な管理体制と物流オペレーション運営を行い，前述した様々な矛盾やトレードオフの克服を狙う。

　アメリカと10年ほどのタイムラグがあるが，日本でも90年代から物流の統合

を主張する段階論が現れた。例えば，阿保（1990）は物流管理の領域拡大と取組みの変遷に着目して，物流の発展を5段階に区分する。

- **第1段階**：輸配送，保管，荷役，包装，流通加工，物流情報などの活動を個別に管理し，それぞれの効率化・合理化を図る。
- **第2段階**：それらの物流活動を統合し物流システムとして管理することで活動間のトレードオフを克服する。
- **第3段階**：調達や生産管理をも統合するロジスティクス組織を構築する。ロジスティクスを経営戦略のツールとして活用する。
- **第4段階**：企業内に留まらず，サプライチェーン全体を管理するサプライチェーン・ロジスティクスの段階に入る。
- **第5段階**：環境ロジスティクスと称して，環境に配慮する物流システムを目指す。

　中田・長峰（1999）は時間軸で日本における物流管理の進化段階を区分した。(1)個別管理の段階（1950年代），(2)物流システム化の段階（1960年代），(3)物流管理の段階（1970年代），(4)戦略的物流の段階（1980年代），(5)社会適合の段階，の5段階である。

　李（2002）では，物流組織と輸送・保管などの現業活動に加えて，拠点ネットワークと物流情報システムも企業の物流システムの構成部分とした上で，詳細な事例研究から4段階発展論を導出した。(1)物流システム不在の段階（不連続のモノ・情報の流れ），(2)物流システム草創の段階（全社的物流管理体制の構築），(3)物流システム完成の段階（ボトルネックの解消による一元管理），(4)物流システム拡大の段階（SCMへの対応），の4段階である。

　これらの段階論は視点や基準などの違いがあるものの，バラバラで分散管理の物流活動を組織的に集約してシステマティックに一元管理することによって，トレードオフを克服し，トータルの効率を改善するという点では共通する。ちょうど90年代に，ロジスティクス・マネジメントとSCMの概念が日本に導入されたため，これらの段階論では，物流活動の統合のみならず，生産や調達の領域における物流を含むロジスティクス統合へ，さらに企業を超えて，サプ

図12-3　ロジスティクス機能の統合

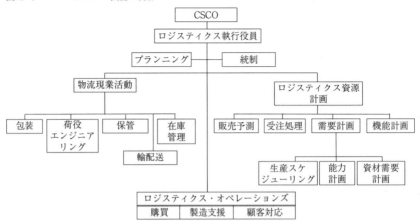

（出所）*Supply Chain Logistics Management* 4th edition p.346より筆者作成

ライチェーンのプロセス統合へと発展すると見ている（物流，ロジスティクス，サプライチェーンマネジメントの違いについては，はしがきでの関連記述を参照されたい）。

　物流の統合でトレードオフを克服するという考え方は組織構造に色濃く反映される。多くの企業はプランニングからオペレーションまで一元的に物流を統括する全社的な物流管理部門を設置するようになった。例えば，トップマネジメント層のCSCO（Chief supply chain officer,サプライチェーン最高責任者）とロジスティクス執行役員を設置し，輸送・保管・荷役・包装・在庫管理を含む物流現業活動（Logistical support），需要予測・注文処理・生産計画・資材需要計画などを含む需要と供給の計画活動，購買・生産・販売に伴う物流業務を網羅的に統括する体制が多くの企業で敷かれる（図12-3）。本書の執筆陣にもロジスティクス統括役員を務める者がいる。業種や企業によってバラエティがあるが，今は多くの企業では物流統合を反映する物流・ロジスティクス組織を構築している。

　物流組織の統合はトレードオフ克服のほかに，物流専門技術の開発と導入，物流専門人材の採用と育成にもメリットが大きい。第5章の紹介した日本の自動車企業では，物流部門やSCM部の傘下に荷姿設計を担当するロジスティク

ス・エンジニアのチームが存在している。第7章の記述から分かるように，小
売企業の物流部門は物流センターの設計と運営に精通する人材が育てられてい
る。また，第11章で解説した物流現場管理の知識・スキルは多くの企業の物流
部門内で蓄積されている。

3　ロジスティクス戦略類型：効率性 vs 応答性

　物流段階進化説は物流統合の重要性を唱え，縦割り職能部門による分割管理
から横方向のプロセス管理への転換を促す点では大きな意味を持つ。しかし，
段階説は統合度合いと効率化の間には必然的で線形的な相関があるという暗黙
の前提下で，企業物流の進化経路を描くため，企業物流の多様性を考慮してい
ない。産業や企業の戦略の違いに関わらず，どのような企業にとっても，ロジ
スティクス活動の網羅的な統合と一元管理が目指されるべきであり，そうする
ことによって，最適な物流の在り方を実現できると想定することは明らかに妥
当性を欠く。

　実際，産業特性や企業のロジスティクス戦略の差異は物流統合の在り方に大
きく影響を与える。統合範囲の違いは進化レベルというより，パターンである
可能性がある。1980年代にアメリカのミシガン州立大学のBowersox教授と
Daugherty教授は北米大手消費財メーカー16社のロジスティクス担当役員に
対して実施したヒアリング調査から，ロジスティクス戦略の3類型を導出した
（Bowersox&Daugherty, 1987）。①プロセス・ベースのロジスティクス戦略，②
マーケット・ベースのロジスティクス戦略，③チャネル・ベースのロジスティ
クス戦略の3つである （表12-2）。

　Bowersox＝Daughertyの類型説（以下，B&D類型説）によれば，プロセス・
ベースの戦略は原材料から仕掛品，完成品まで淀みのない流れ（The natural
logistical flow）の形成によるロジスティクス関連コストの削減を主たる目標と
する。効率性指向のロジスティクス戦略と言える。マーケット・ベースの戦略
は，多角化企業内で事業横断的・拠点横断的に販売物流を統合することによっ
て顧客とのインターフェースを統合化・単純化させ，顧客の利便性を高めるな
ど顧客サービス重視のロジスティクス戦略である。

表12-2　B&D3類型ロジスティクス戦略の定義

プロセス・ベースの ロジスティクス戦略	幅広いロジスティクス諸活動を一つの付加価値連鎖とし て管理する。戦略の重点は，購買・製造・スケジューリ ング・販売物流を統合されたシステムとして管理するこ とによって効率性を獲得するということに置かれる。
マーケット・ベース のロジスティクス戦 略	限られる種類のロジスティクス活動を複数のビジネス・ ユニットもしくは単一ビジネス・ユニットの複数部門を 横断する形で管理する。ロジスティクス組織は同一顧客 向けの異なる商品類を共同出荷したり，統一出荷伝票に まとめたりすることで販売とロジスティクス上の調整を 促すことを追求する。
チャネル・ベースの ロジスティクス戦略	卸や小売りなどの流通業者との協働でロジスティクス諸 活動を遂行し管理する。企業間連携（Boundary span- ning）と外部統制（External control）を重視する戦略 である。

（出所）Bowersox,et al.,1989

　チャネル・ベースの戦略は垂直的なマーケティング体制に対応して，データ処理，ディーラーマネジメント，前方物流施設の整備などのチャネル・マネジメントの活動をロジスティクス組織の管轄下に配し，チャネラーとの協働・協調を重視する。応答性指向の戦略である。

　ロジスティクス戦略の違いは物流統合の在り方に大きな影響を与える。プロセス・ベース戦略では単一事業のロジスティクス効率を徹底的に向上させるために，調達から販売までの全過程に関わる物流活動を網羅的に統合する。これに対して，マーケット・ベースの戦略では，顧客の利便性向上とコスト削減を目的に販売物流の活動を事業横断的に統合するため，限定的な統合になる。チャネル・ベースの戦略では，市場動向に迅速かつ確実に対応するために，本体の販売物流と流通チャネルの物流を連携させる形で統合を進める。

　米テネシー大学ビジネススクールのAutry教授の研究グループは効率性指向か応答性指向かの軸でロジスティクス戦略の類型化とそれによる統合範囲の差異の解明を試みた。同研究グループは668名のロジスティクス実務家を対象に実施したアンケート調査より，91項目に及ぶロジスティクス活動の重要性評価データを集め分析を行った。その結果，2タイプのロジスティクス戦略が存在すると結論付けた（Autry et al, 2008）。機能的なロジスティクス戦略（Functional Logistics Strategy，以下FL戦略）と外部指向のロジスティクス戦略（Exter-

表12-3　FL戦略とEOL戦略の定義

戦略類型	定　義
FL戦略（機能的なロジスティクス戦略）	戦略の主たる目標は，ロジスティクス効率性の極大化を実現することである。戦略の焦点は在庫と注文管理，注文処理，調達，保管に関わる諸活動に当てられる。また，顧客サービスとオペレーション統制，輸送管理に関わる機能をも重視するが，この点はEOL戦略と同様である。
EOL戦略（外部指向のロジスティクス戦略）	戦略の主たる目標は，変化する顧客のニーズに対して迅速かつ効率的に対応する能力を強化することである。戦略の焦点は企業間の調整・協働，ロジスティクスの社会的責任，戦略的な流通計画，サプライチェーン技術に当てられる。また，顧客サービスとオペレーション統制，輸送管理に関わる機能をも重視するが，この点はFL戦略と同様である。

（出所）Autryほか，2008

nally Oriented Logistics Strategy，以下EOL戦略）である（表12-3）。

　FL戦略とEOL戦略はB&D類型説に共通する点がいくつかある。例えば，戦略の基本指向と狙いにおいて，FL戦略とEOL戦略はそれぞれプロセス・ベース戦略とチャネル・ベース戦略に近い。B&D類型説では，チャネル・ベース戦略には協調性重視という特徴があるが，この協調性はチャネルにおける情報共有に基づいて協働し市場への応答力を高めることを意味する。B&D類型説のマーケット・ベース戦略は販売物流業務を束ねることで顧客の利便性を高めるなど顧客サービス重視の側面があるが，顧客ニーズへの応答性向上を狙うものではなく，納品業務のコンソリデーションによってコストを削減しようとするものである。こういう意味でマーケット・ベース戦略も効率性重視の戦略と言える。

　効率性指向か応答性指向かという軸は生産と調達を含むサプライチェーン戦略の類型化にも使われる。例えば，アメリカのコンサルティング企業KSA社（Kurt Salmon Associates）は1990年代にQR戦略（Quick Response）とECR戦略（Efficient Consumer Response）を提案した際に，情報共有に基づいて気紛れな市場動向への迅速な対応を重視するQR戦略と，消費者を基点とした，製品補充・販売促進・品揃え・新製品導入のプロセスの効率化を目指すECR戦略の違いを強く意識した。

　また，米ペンシルベニア大学のFisher教授（1997）の提示したサプライ・

表12-4　サプライチェーン戦略のタイプ

サプライチェーン戦略	調達・生産・物流の特徴
サプライ・トゥ・ス トック：効率性指向	経済的生産方式（Economical production runs）
	大量の完成品在庫（Large finished goods invento- ries）
	経済的購買量（Economical buy quantities）
	大きい出荷サイズ（Large shipment sizes）
	バッチ方式の受注処理（Batch order processing）
サプライ・トゥ・オー ダー：応答性指向	冗長性のある能力（Excess capacity）
	素早い段取り替え（Quick changeovers）
	短いリードタイム（Short lead times）
	柔軟な加工工程（Flexible processing）
	速い輸送手段（Premium transportation）
	シングル方式の受注処理（Single order processing）
	完成品在庫の最小化（Minimization of finished goods inventories）

（出所）Fisher（1997）より筆者作成

トゥ・ストック（Supply-to-Stock）とサプライ・トゥ・オーダー（Supply-to-Or-der）の2タイプのサプライチェーン戦略類型も同様な軸で分けたものである。前者は規模の経済性が得られるように大きい購買ロットと生産ロットを設定し，できるだけまとまった量で輸送と保管を行い，高水準の在庫アベイラビリティをもって顧客の需要を満たすことを狙うもので，効率性指向の戦略である。後者は余剰能力を確保し柔軟かつ迅速な生産・物流を行い，顧客需要と連動する形でサプライチェーンのプロセスを実現する応答性指向である（表12-4）。ちなみに，この2種類のサプライチェーン戦略は，予測型モデル（Anticipatory model）と応答型モデル（Responsive model），あるいはプッシュ型モデルとプル型モデル，というサプライチェーン戦略の分類法に近い。

4　物流統合を超えて：延期と投機の組み合わせ

　前節の議論からロジスティクス諸活動を機械的に統合することが一概に賢明なやり方とは言えないことが分かっていただけるであろう。統合は単に物流関

表12-5　B&D戦略の各類型を採用すべき企業の主たる特徴

プロセス・ベース戦略	商品総コストに占める部材コストの割合が高い企業
マーケット・ベース戦略	分権的構造をもち，事業部の独自性が強く，事業部間の連携が弱い企業
チャネル・ベース戦略	大量の完成品在庫を前方展開しなければならない企業

（出所）Bowersox & Daugherty,1987より筆者作成

連の活動や機能を同じ部署に配し，一元的に管理するだけでない。物流機能と他の機能，物流活動とロジスティクス・サプライチェーン戦略は整合性の取れるような有機的なものにならなければならない。例えば，前節で取り上げたサプライ・トゥ・オーダー戦略では，シングル方式の受注処理，柔軟な生産工程，素早い段取り替え，小ロット化の出荷，迅速な輸送，最小限の在庫などのプラクティスが相互強化しながら全体として市場への応答力を高めることが目指される。

　ロジスティクス戦略のタイプが統合の在り方に影響を与えることを理解すれば，次に浮かび上がる課題は，どのように戦略のタイプを選択するかである。これまで多くの研究者は戦略指向性と産業や製品の特性との対応関係の解明を試みた。BowersoxとDaugherty（1987）はプロセス・ベース戦略，マーケット・ベース戦略，チャネル・ベース戦略を採用すべき企業の特徴について，**表12-5**のように指摘する。

　しかし，この結論は少数の事例から得た印象論の域を出ず，検証に耐えられるものと言い難い。そもそもB&D戦略類型説は各戦略の具体的な構成要素の解明に十分に踏み込んでおらず，曖昧な概論に留まっているため，この対応関係は実務の指針としては使いにくい。

　B&D戦略類型と比べて，Fisherのサプライチェーン戦略論は各類型の適用範囲を分かりやすく提示している。すなわち需要が比較的に安定し予測が容易であるが，競争が激しく利益率が低い成熟期の製品類はサプライ・トゥ・ストック戦略を採用すべきである。一方，需要変動が激しく予測が困難な製品類，または新技術の製品，導入期の製品はサプライ・トゥ・オーダー戦略を採用すべきである。企業は自社の製品ライン上の個々のアイテムとサプライチェーン戦略との親和性を十分に考慮して戦略の類型を選択しなければならないのであ

る。

　Fisher の戦略類型論では2種類の戦略は二者択一でトレードオフの関係にあるという点が問題である。各戦略における要素間の整合性が高いだけに，企業は一方を選ぶと，もう一方の手段を否定することになる。しかし，純粋なサプライ・トゥ・オーダー戦略でもなければ純粋なサプライ・トゥ・ストック戦略でもない中間形態の戦略の存在は無視してはならない。例えば，中間製品の生産までの工程はサプライ・トゥ・ストック戦略を適用しておき，最終の加工工程はサプライ・トゥ・オーダー戦略を採用するケースがある。このようなやり方はマスカスタマイゼーション（Mass-customization）と呼ばれ，多くの企業に採用されている。

　マスカスタマイゼーションは mass（見込みによる大量生産）と customization（個別ニーズ対応，受注生産）を合わせた造語である。これを理解するためには，サプライチェーンマネジメントの投機（Speculation）戦略と延期（Postponement）戦略の概念を飲み込んでおく必要がある。

　投機戦略とは，製品形態や属性，在庫投資・在庫配置などに関する意思決定を早い時点に行うことである。見込みで生産・流通を行うことや在庫の分散配置などが投機戦略の行動に含まれる。延期戦略とは，製品の形態や属性に関する決定を可能な限り実需発生に近い時点まで先延ばしにすることや，在庫投資・在庫配置の決定をできる限り延期することである。受注生産や在庫の集中的配置などが延期戦略の行動に含まれる。

　意思決定のタイミングの違いが投機と延期を分けるように見えるが，その背後にあるのは投入情報の性質とタイミングである。投機戦略下では実需発生に先立って見込みや予測の情報を投下して計画の策定と実施を行うが，対照的に延期戦略下では実需発生に近い時点で実需もしくは実需に近い高精度の予測情報を投下する。

　投機と延期は異なる経済合理性と欠点を有する。投機戦略下では，大ロットの生産と物流が可能となり，規模の経済性が得られる。また，在庫を早い時点で顧客の近くにある末端倉庫に分散配置するため，短い納品リードタイムが実現できる。しかし，見込み外れによるロスや多様な顧客ニーズに対応困難といったデメリットがある。延期戦略下では，多様な顧客ニーズの充足，完璧な

需給マッチングによる市場不確実性リスクの回避といったメリットがある一方で，小ロット生産・流通の非効率性や長くなりがちな納品リードタイムなどのデメリットが指摘できる。

　延期と投機は対照的な戦略であるが，必ずしも二者択一の関係ではない。実際，延期と投機の要素を巧みに組み合わせれば，両方の長所を生かし短所を避けることが可能である。顧客の注文に対応する在庫の位置と形態という視点から，生産と物流における意思決定に限定して延期と投機の組み合わせ方を挙げれば，４つの基本的なパターンがある (図12-4)。

　パターン１は見込みで完成品を生産し末端倉庫まで在庫を前方展開するため，生産も物流も投機戦略を採り，完全投機戦略と呼ぶ。末端倉庫にあらかじめ配置された完成品の在庫をもって顧客の注文に対応する。一般に最寄品消費財産業でははこのパターンを採用する企業が多い。

　パターン２は顧客の注文を受けてから製造工程を完了し顧客に直送するため，生産も物流も延期戦略を採り，完全延期戦略と呼ぶ。一部の上流製造工程は見込みで事前に行い，標準的な仕掛品を作っておくが，完成品を仕上げる下流工程は受注時点まで先延ばす。工作機械や金型などの一品生産の企業はたいていこのパターンを採用する。本書第３章で紹介した住設企業の多くの製品はこの戦略を適用していると言える。

　パターン３は製造の最終工程は受注の時点まで延期するが，仕掛品の在庫は予測に基づいて流通倉庫と末端倉庫に分散配置するなど投機戦略を採用する。顧客の注文を受けて末端倉庫や小売店頭で最終組み立てなどの工程を終えて納品する。ペイントの製造販売はこのパターンの典型例である。工場は見込みで基本色のペイントを製造して各地の物流センターに出荷するが，センターでは顧客の注文した色に従ってペイントを配合して納品する。本書でとりあげている建材の一部もこの製造延期戦略を採用している。

　パターン４は製造においては投機戦略を採用して完成品まで見込みで量産するが，物流においては完成品在庫を前方展開せず，工場や中央倉庫に集中的に在庫をもつため，物流延期戦略と呼ばれる。顧客の注文に対しては工場や中央倉庫からの直送で対応する。大型家具や大型家電はよくこのパターンを適用する。

図12- 4　投機／延期組み合わせの基本パターン
パターン1：完全投機戦略

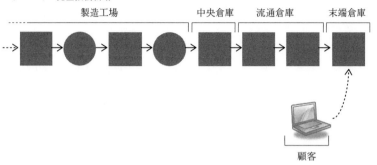

パターン2：完全延期戦略

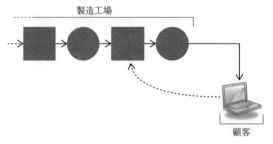

パターン3：製造延期戦略

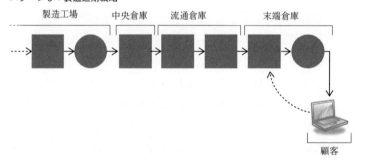

　この4パターンは完全投機戦略を除けば，程度の違いがあるものの，いずれ
も延期と投機を組み合わせるものである。パターン2は完全延期戦略と称しな
がらも上流工程に投機の要素が組み入れられている。この戦略では製造の全プ
ロセスを標準化・量産化ができる部品・仕掛品の生産と差別化が必要な完成品
の生産に分けて，前者を計画生産の投機で行い，後者は注文生産で延期の原則

パターン 4 ：物流延期戦略

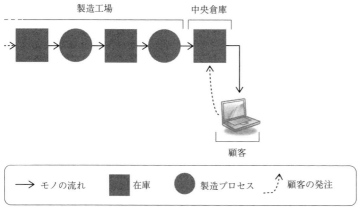

（出所）Page＆Cooper（1998）より筆者作成

に則る。まさに量産による規模の経済性と小ロット生産・流通によるカスタマイズ化の同時達成を狙うマスカスタマイゼーションである。

　企業はどのように延期と投機を組み合わせるかを決める際に，自社の製品，直面する市場，生産と物流における特徴と要請などの要素を総合して分析する必要がある（表12-6）。例えば，ある企業のA製品について，**表12-6**のフレームワークに沿って分析したところ，次のようことが分かった。プロダクト・ライフ・サイクルの成長期にあり，生産量が大きく，性能や付帯サービスが重視され，顧客によって若干仕様が異なり，製品の幅もやや狭く，価値連鎖上やや川下よりの位置にあり，金銭的密度が中程度で，比較的に多頻度かつ迅速な納品が求められ，製造と物流においてスケールメリットが大きくて専門的生産能力が必要ではない。

　A製品の特徴を**表12-6**にプロットしてみると，製造延期戦略の列とその近くに最も多く分布することが分かる。従って，製造延期戦略を選択する妥当性が高いものと考えられる。もっとも，この分析結果はあくまでもサプライチェーン戦略を考えるための手掛かりであり，機械的に適用すべきではない。これをベースにしながらも，企業の競争戦略や技術条件，ほかの製品との関連性，設備状況などの要素をも考慮に入れて戦略選択の意思決定を行わなければならない。

表12-6　延期／投機戦略の分析フレームワーク

延期か投機かの選択を規定する要素			延期／投機の戦略			
			完全投機戦略	製造延期戦略	物流延期戦略	完全延期戦略
プロダクト	ライフサイクル	ステージ	導入期	成長期 ★	成熟期	成熟期・衰退期
		生産量	小／中	中／大 ★	中／大	小／中
	製品特性	コストかサービスか	サービス重視 ★			コスト重視
		タイプ	標準製品		★	カスタマイズ製品
		幅	狭い ★			広い
	価値	価値プロフィール	川上		★	川下
		金銭的密度	低い	低い	★ 高い	高い
市場と需要		納品リードタイム	短い ★			長い
		納品頻度	高		★	低／中
		需要の不確実性	低い	★		高い
製造と物流		規模の経済性	大きい ★	小さい	大きい	小さい
		専門能力	要	不要 ★	要	不要

（出所）Page & Cooper（1998）より筆者作成

5　再び統合が課題：共同物流

　ここまでの議論から分かっていただけるように，製品属性や市場特徴などによって，サプライチェーン戦略は多様性があり，延期と投機はそれぞれ長所と短所を持つ。しかし，現在は産業を問わず，ますます多くの企業は延期の原則に則るサプライチェーン戦略を採用もしくは模索するようになった。第3章で紹介したように，浴室ユニットなどの住設製品はかつての投機型から延期型に変更してきた。このようなパラダイムシフトの背後にあるのは，消費者嗜好の

多様化，競争の激化，製品ライフサイクルの短命化，タイム・ベースの経営理念の浸透が挙げられる。またIT（情報技術）の進化と応用拡大が距離や組織の垣根を超える情報共有の能力を著しく増大させたことも延期型のサプライチェーンマネジメントを推進する力になっている。

　タイム・ベースの経営はサプライチェーンマネジメントの視点から解釈すれば，資材仕入れの在庫投資を行った時点から完成品を顧客に届け代金を回収する時点までの経過時間を最短化することである。別の言い方をすれば，実需から引っ張られるように資材がサプライチェーンという導管を素早く通り抜け，顧客の要求通りに納品されることを目指すということである。ちなみに，タイム・ベース経営のパフォーマンスを測定する指標としては，キャッシュ・トゥ・キャッシュ変換所要時間（Cash-to-cash conversion time，「在庫の供給日数＋売掛金回転日数－買掛金回転日数」の式で算出）やスループット（Throughput，「売上－資材費」の式で算出）がよく使用される。

　誤解してはいけないのは，応答性重視の延期型サプライチェーンは必ずしも短い納品リードタイムや高い即納率にはつながらない。むしろ製品を見込みであらかじめ生産しておき，さらに在庫を前もって前方展開する投機型オペレーションのほうがより短い納品リードタイムと高い即納率など高い水準の顧客サービスを維持しやすい。しかし，市場の不確実性が高まる中，投機型オペレーションは在庫の陳腐化といったリスクが大きくなるため，多くの企業はスピードの経済性を追求する延期型サプライチェーンにシフトしてきている。

　延期型のサプライチェーンは原則として需要が見えてから動き始めるため，受注から納品までのリードタイムが長くなりがちである。そこで，納品リードタイムなどの顧客サービスを向上させるためには，前述した一部工程に延期化の要素を導入するという方法に加えて，生産から納品物流までのオペレーションを高速化することが重要である。そして，高速化の実現には，生産やロジスティクスの各プロセスは情報を共有し同じリズムで協働しなければならない。このことはプロセスの同期化（シンクロナイゼーション）と呼ばれる統合である。

　そのリズムに付いていけないプロセスや工程はサプライチェーン全体のボトルネックであり，制約条件（Constraints）である。サプライチェーン全体の能力はボトルネックのところによって規定される。チェーンの強さはもっとも弱

い輪で決まるという論理である。従って，いかに制約条件たるボトルネックを見つけ，そこのキャパシティを強化できるかということが常にサプライチェーンマネジメントの中心問題の一つである。制約理論（Theory of Constraints：TOC）を説く世界的なベストセラーの小説『ザ・ゴール』はこの問題に着目し，制約条件の発見と解決の重要性を臨場感の溢れるエピソードと豊かなメタファーで語るものである。

　昨今，多くの企業のサプライチェーン，とりわけ日本企業のサプライチェーンにとってロジスティクスがボトルネックになっている。延期型のサプライチェーン戦略はロジスティクスのプロセスと調達や生産，販売などのプロセスとの緊密な協働と高次元の統合を求めるため，輸配送のスピードだけでなく，オペレーションの高い柔軟性と顧客サービスの水準も必要となる。

　その結果，工場直送，多頻度小ロット多品種のジャストインタイム納品，納入業者による在庫管理（VMI：Vendor managed inventory），ミルクラン（Milk-run：引き取り物流），需要予測と在庫補充の協働化（CPFR：Collaborative planning, forecasting, and replenishment），翌日ないし当日配送，物流センターで行う最終加工や組み立て，アクセサリー取り付けなどの付加価値サービス，などなどのプラクティスが広がっているが，いずれも物流キャパシティへの需要増加につながる。しかし，延期型サプライチェーン戦略の浸透によって引き起こされた物流需要増大がある一方，物流の供給側は不足の状況に陥っている。その結果，多くの企業はロジスティクス・キャパシティの確保に苦労しており，危機意識を深めている。

　物流供給不足は世界の多くの国や地域で見受けられるが，その原因は一様ではない。例えば，多くの途上国では交通インフラが十分に整備されていないがゆえに，基礎的な輸送能力に欠けることがしばしば報告される。また，近年，アメリカなど一部の先進国でもインフラの老朽化が原因で物流に支障を来すようになったと指摘される。日本における物流供給の問題は主として人手不足に起因するものと認識されている。全日本トラック協会の調べによると，トラックのドライバーは9万人ほど足りないという。物流センターなどほかの物流現場でも似たような状況にあり，労働集約的な作業の担い手の確保に四苦八苦する企業は少なくない。

　この問題を解決する切り札として注目を集めているのは，共同物流である。共同物流とは，文字通り二つ以上の企業は共通性ないし相補完性のある物流業務を共同で行い，サービス水準と物流品質を維持しながら所要の物流キャパシティの節約と物流コストの削減を目的とする取り組みのことを指す。その本質は企業間のロジスティクスをめぐるコラボレーションであり，物流業務の水平的統合である。企業間の水平的物流統合で延期型サプライチェーンのボトルネックの解消を図ろうと，いま多くの企業は共同物流のプロジェクトに関わっている。

　共同物流のプロジェクトは様々なタイプがある。イニシアティブ企業の属性によっては荷主主導型・物流子会社主導型・3 PL 企業主導型，対象業務の幅によってはシングル業務合同型とマルチ業務協力型，プロジェクト参加企業の数と参加方式によっては多数企業の関わるプラットフォーム型と少数企業からなるパートナシップ型，対象業務の異同によっては共通業務集約型と異質業務補完型，業務提携の地理的範囲によっては特定地域限定型と広域提携型，協力の推進・実行モデルによっては現業の共同運営を目指す実体型と合意形成を目的とするフォーラム型に分けられる。第3章で紹介した住設企業の手掛ける共同物流の事例は，同業他社と一緒に特定の地域で行う共通業務集約型と言える。加工食品業界の共同物流プロジェクト F-LINE は典型的な業界内共同物流のプラットフォームである（コラム参照）。

　共同物流の取り組みは高度な物流サービスを犠牲にせずに業務のコンソリデーションによる稼働率向上やアセット節約など多くのメリットが得られるが，その実現が容易ではない。拠点の地理的近接，業務プロセスの協調，伝票類や容器の共通化・標準化，情報交換のシステム化・円滑化，公平かつ綿密な契約や協定などの戦術次元・オペレーション次元の条件に加えて，戦略次元の条件整備も不可欠である。共同価値提案（例えば，納品先密度の低い地域での共同配送による小口多頻度配送の実現）と非公式の取引統治メカニズム（例えば，共同物流の参加企業間の強い信頼関係）の有無が共同物流のプロジェクトの成否を決めるカギになると指摘されている（Sheffi et al, 2019）。

6 DX 時代のロジスティクスとサプライチェーン

　水平的な物流統合である共同物流は，サプライチェーンのボトルネック解消
策以上のポテンシャルがある。今日の経済・ビジネスはデジタルの時代に突入
しており，突然襲ってきたパンデミックはデジタル・トランスフォーメーショ
ン（DX）を加速させた。デジタル経済の本質はデータが経済とビジネスの最
重要なリソースと駆動力となることである。また，徹底した標準化と互換性
（Interchangeability）もデジタル経済にとって重要である。膨大なデータのリア
ルタイムの収集と活用，そしてアセットの互換性ができれば，自らキャパシ
ティを抱えなくても，柔軟にビジネスを展開することができるし，顧客の多様
なニーズを満たすことも可能となる。いま盛んになりつつあるシェアリング・
ビジネスはまさにデータ駆動型の事業形態に含まれる。

　共同物流の基本的な論理はシェアリング・ビジネスに通ずるが，現状では
データの活用はまだ大きな余地が残っている。そのため，デジタル時代におけ
る理想的な共同物流のコンセプトとして，フィジカル・インターネット
（Physical Internet）が提唱され関心を集めている。2006年に米ジョージア工科
大学のモントルイユ教授により初めて唱えられたこのコンセプトは，近年に
なって日本を含め多くの国や地域で研究と実験が急速に増えてきた。フィジカ
ル・インターネットの基本的な考え方は，インターネットにおける通信の仕組
みを物流に応用し，オープン化した物流アセットを各事業者間でシェアリング
し，標準化されたコンテナによる荷姿の規格化によって，効率性と柔軟性が両
立する次世代物流体制を構築しようとすることである。

　インターネット通信におけるパケットのように，様々な荷物はπコンテナと
呼ばれる標準的な容器に搭載し複数のユニットに分割される。シェアリング化
したトラックや倉庫などのアセットの空き状況をリアルタイムで把握して利用
可能なリソースをつなぎ合わせて，目的地までの最適なルートを組み立てる。
網のようなネットワークの中で無数のπコンテナは錯綜して流れるが，混雑や
処理能力の限界に達するルートを避け，未稼働アセットを選択するため，全体
的なリソースの必要量は従来のハブ・アンド・スポーク方式や直送方式と比べ

て大幅に節約するものと期待される。個々のサプライチェーンの全体最適を超えて，社会全体の最適な物流であり，環境に優しい体制と言える。また，代替ルートが潤沢に存在するため，サプライチェーンの冗長性にもつながるといったメリットが多くの研究者やコンサルタントから強調されている。

　フィジカル・インターネットは中国の深圳市など一部の都市で実施されるパイロット実験を除いて，まだ実装フェーズに到達していない。解決していない課題が多く残っているからである。例えば，フィジカル・インターネットに対応しそれをガイドするクラウド上の情報プラットフォームを構築しておかなければならない。オープン化と標準化に応じる物流アセットを増やし，荷物と物流事業者の業務慣行やサービス水準を調整する必要がある。また，πコンテナの仕様や性能の規格設定も容易ではない。これらの合意形成と投資決定などチャレンジングの問題は山積である。フィジカル・インターネットの早期実用化に熱心な欧州諸国は数々の研究組織と推進団体を立ち上げ，2030年からの実装を目指している。日本でも導入の可能性を積極的に検討する機運が高まりつつある。

　共同物流の理想的な形態として期待されるフィジカル・インターネットはいつ，どのように実現できるかはまだ予断を許さないが，共同物流を推進するための情報基盤整備は着々と進められている。2016年にスタートした内閣府の「戦略的イノベーション創造プログラム」（通称，SIP スマート物流プロジェクト）はメーカー，卸事業者，物流事業者，小売事業者，消費者を網羅する商流・物流のデータ基盤を形成し，フィジカル空間におけるモノの動きとサイバー空間における情報共有を連動させることによって，共同物流を拡大させることを目指している。2021年3月に閣議決定された「総合物流施策大綱（2021年～2025年）」の柱の一つは，「物流 DX や物流標準化の推進によるサプライチェーン全体の徹底した最適化（簡素で滑らかな物流の実現）」を目標に掲げており，網羅的な商流・物流のデータ基盤を活用したビジネスモデルの社会実装と荷姿・データ・業務プロセスの標準化を推進することが具体的なタスクとして定められている。

　トレードオフを克服して全体最適を実現するための物流統合は，最初の活動・組織の統合から，異なるロジスティクス戦略／サプライチェーン戦略の下

での多様な統合，機能間の有機的な統合，マスカスタマイゼーションのプロセス同期化，ボトルネック緩和のための共同物流へと，時代とともに統合の幅と深みが増してきた。そして今日のデジタル駆動の共同物流は社会全体の物流最適化を目指している。この意味では前世紀に生まれた物流段階進化説は意味を失っていないと言えよう。

（李　瑞雪）

コラム▶▶加工食品業界の共同物流：F-LINE プロジェクト

　味の素、ミツカン、ハウス食品、日清フーズ、日清オイリオ、カゴメの大手加工食品企業6社は2015年2月に、持続可能な物流体制の構築を目的に、F-LINEプロジェクトを立ち上げた。翌16年から北海道と九州で共同配送をスタートし、北海道向けの共同幹線輸送も実施した。19年に共同物流事業の企画立案から運営管理まで一手で引き受ける物流会社F-LINE（株）を共同出資で設立し共同配送などの事業の全国展開を進め始めた。また、キッコーマンとキューピーの2社も加わる8社は共同で「食品物流未来推進会議（SBM会議）」を立ち上げ、納品の待ち時間や付帯作業など物流生産性に影響する長年の共通課題を議論し、さらに行政や流通業、運送業の参加を呼び掛けて「持続可能な加工食品物流検討会」を発足させ、深刻なドライバー不足に対応する物流の在り方と加工食品サプライチェーン全体の最適化を目指して議論を重ねている。

　このように、F-LINEは加工食品業界における共同物流のプラットフォームとして役割を果たし、今後より多くの同業企業を巻き込み、物流業務の水平的コラボレーションを推進するものと期待されている。既に様々な成果を収めている。例えば、北海道での共配では配送車両18%減、積載効率11%向上、配送拠点数半減の改善効果を上げた。現業の共同化を円滑に進めるために、納品書などの伝票、外装表示方法、納品ルール、輸送管理KPI（Key Performance Indicator）などの統一が図られ、業界標準づくりに取り組んでいる。

演習問題

1　大手企業数社の物流体制を調べ，それぞれの組織図を描こう。本章で学んだ理論枠組みに依拠しつつ，各社のサプライチェーン戦略と物流体制との整合性について論じなさい。

2　延期／投機組み合わせは4つの基本パターンがあるが，各パターンに適する産業をできるだけ多くを挙げ，挙げる理由を述べなさい。そして，ほかの人たちの答えと突

き合わせて，異なる点を巡って討論しなさい。さらに，4パターンのいずれにも当てはまるケースがあるか考えなさい。

参考文献

阿保英司（1990）『物流サービスの戦略的展開』白桃書房。

中田信哉・長峰太郎（1991）『物流戦略の実際』日本経済新聞社。

みずほ銀行　産業調査部（2020）「フィジカル・インターネットによる物流の変化～3PL事業者が目指すべき方向性～」『Mizuho Short Industry Focus』第181号。

李瑞雪（2002）「日本企業の物流システムの形成と発展：事例研究に基づく段階論的考察」『国際開発研究フォーラム』22号。

李瑞雪（2013）「ロジスティクス戦略論の再検討：新興国市場におけるロジスティクス戦略の理論枠組みに関する予備的考察」『経営志林』第49巻第4号。

Autry, C. W., Z. G. Zacharia and C. W. Lamb (2008), "A Logistics Strategy Taxonomy," *Journal of Business Logistics*, Vol. 29(2).

Bowersox, D. J. and P. J. Daugherty (1987), "Emerging Patterns of Logistical Organization," *Journal of Business Logistics*, Vol. 8(1).

Bowersox, D. J., D. J. Closs, and M. B. Cooper (2002), *Supply Chain Logistics Management, 4th ed.*, New York : McGraw-Hill/Irwin.

Fisher, M. L. (1997), "What Is the Right Supply Chain for Your Product？" *Harvard Business Review*, Vol. 75(2).

Kearney, A. T. (1981), "Organizing Physical Distribution to Improve Bottom Line Results," Chicago IL：*The National Council of Physical Distribution Management*.

Kearney, A. T. (1985), "Emerging Top Management Focus for the 1980s," Chicago IL：*Kearney Management Consultants*.

Page, J. D and M. C. Cooper (1998), "Supply Chain Postponement and Speculation Strategies：How to Choose the Right Strategy？" *Journal of Business Logistics*, Vol. 19(2).

Sheffi, Y., M. J. Saenz, L. Rivera, and D. Gligor (2019), "New Forms of Partnership：The Role of Logistics Clusters in Facilitating Horizontal Collaboration Mechanisms", *European Planning Studies*, Vol. 27(5).

Sternberg, H. and A. Norrman (2017), "The Physical Internet-review, analysis and future research agenda", *International Journal of Physical Distribution & Logistics Management*, Vol. 47(8).

推薦図書

圓川隆夫（編著）（2015）『戦略的SCM——新しい日本製グローバルサプライチェーンマネジメントに向けて』日科技連。

苦瀬博仁（編著）（2017）『サプライチェーン・マネジメント概論——基礎から学ぶ

SCM と経営戦略』白桃書房。

苦瀬博仁・岡村真理（2015）『みんなの知らないロジスティクスの仕組み——暮らしと経済を支える物流の知恵』白桃書房。

国領英雄（編著）（2003）『現代物流概論』成山堂書店。

ジェイアール貨物リサーチセンター（2004）『日本の物流とロジスティクス』成山堂書店。

中田信哉・湯浅和夫・橋本雅隆・長峰太郎（2003）『現代物流システム』有斐閣アルマ。

宮下國生（2011）『日本経済のロジスティクス革新力』千倉書房。

Alan Harrison, 2019, *Logistics Management and Strategy : Competing through the Supply Chain,* 6th Edition, Pearson.

Alan Rushton, Phil Croucher, Peter Baker, 2022, *The Handbook of Logistics and Distribution Management : Understanding the Supply Chain,* 7th Edition, Kogan Page.

Donald J. Bowersox, David J. Closs, M. Bixby Cooper, John C. Bowersox, 2020, *Supply Chain Logistics Management,* 5th Edition, McGraw Hill Education.

James R. Stock & Douglas M. Lambert, 2001, *Strategic Logistics Management,* 4th Edition, McGraw-Hill Higher Education.

John Mangan, Chandra Lalwani, Agustina Calatayud, 2021, *Global Logistics and Supply Chain Management,* 4th Edition, Wiley, 2021

Martin Christopher, 2016, *Logistics & Supply Chain Management,* 5th Edition, FT Publishing International.

Ronald H. Ballou, 2003, *Business Logistics / Supply Chain Management,* 5th Edition, Pearson/Prentice Hall.

Samir Dani, 2019, *Strategic Supply Chain Management : Creating Competitive Advantage and Value Through Effective Leadership,* Kogan Page, 2019

Shoshananh Cohen and Joseph Roussel, 2013, *Strategic Supply Chain Management : The Five Core Disciplines for Top Performance,* 2nd Edition, McGraw Hill.

あ と が き

　最初に李教授より本書の執筆に関して相談があったときに，まずこれは画期的な教科書になると直感しました。なぜならば，物流／ロジスティクスに関しての教科書は「基礎的な内容を体系立てて整理したもの」もしくは「個別の物流に関して説明しているもの」が中心で，このような企画で出版されたものはなかったからです。

　物流そのものを各業界のより現場に近い肌感覚で解説いただいた本書は，これから興味を持っていただく学生はもとより，すでに第一線で活躍している物流実務に携わっている人にも大きな興味と関心を持って読んでいただいたことと思います。

　諸外国と比べ，物流に関する学習の機会が限られている，日本の現状は第1章でも述べたような，「必要性」や「重要性」に照らし合わせて，納得してしまう反面，これからの日本の物流を考えた場合，経済や事業継続性などの構造変化に対応して，物流も進化していくことが求められており，それを支える人材育成には重要な意識を持って取り組むことが必要となっています。そのためには，今回代表的な業界を取り上げて，それぞれの物流管理をただ単なる内容の紹介だけではなく，さらに深堀が必要な特徴的な部分を抽出して，各筆者には記載していただきました。

　第2章では食品業界の中でも難しく，また海外からの交流要望の高い「低温物流」に焦点をあてて紹介し，いかに日本の物流の仕組みが先進的であり，またきめ細かい管理の上に成り立っているかを紹介しました。第3章，4章では建築業界との密接な関係を持つ，住宅設備・建設材料の物流に関して，歴史的な背景や，これからの優先的に取り組むべき課題を明確に，特に物流業界との密接な協力が必要なことが紹介されました。

　第5章は，業界として最大の物流量を扱う自動車の取り組みに関して紹介し，さらに生産管理という物流管理と切っても切り離せない概念についても紙面を割いて説明してもらいました。第6章では中々目に触れることが少ない，しか

しながらこれから Covid-19の観点からも重要となっている医薬品の物流を紹介していただきました。第7章ではこの本を読まれる大半の読者が予想している「小売業の物流管理」をわかりやすく，また課題も明確に解説し，併せてそのシステムの中核を担う，物流センターの設計を通して，その課題や方策を説明していただいています。第8章からは，個別の業界というよりは，まえがきにもあったように共通の物流インフラ的な内容でそれぞれ輸送・国際輸送・MH機器などの各業界に共通の内容をまとめていただき，これからの持続的な社会を構築するためのヒントも含めて紹介させていただきました。また第11章はこの教科書で唯一の「人財」に直接関係している内容であり，「現場管理」の物流版ということで，製造現場と同じような管理が求められているということを実感として分かっていただいたと思います。

　最後に本書の共編者でもある，李先生から物流と産業の適合性に関する解説をいただいて本書を締めくくらせていただきました。今回は紙面の関係で，本書に紹介した以外の産業界の物流管理に関して紹介できなかったのは心残りですが，今後の物流管理に関して，より内容を理解していただく一助となれば幸いです。

　最後になりましたが，本書を執筆するにあたり，お忙しい中ご協力いただきました各執筆者の方々に謝辞を述べさせていただくと共に，このような貴重な機会を与えていただいた，出版社並びに編集者の本田様に感謝させていただきます。

安藤康行

索 引 　*は人名

欧文・数字

3PL（Thind Party Logistics）　29, 48, 110, 111
AGV（Automated Guided Vehicle）　32, 33, 187-189, 193-195, 197, 207, 208, 211
Alert Innovation　208
Alipay　212, 213
BCP（Business Continuity Plan）　29, 109
C2B2M（Consumer to Business to Manufacturing）　212, 213
CAGE　177, 178
CBU（Complete BuildUp）　89
CIF（Cost, Insurance & Freight）　185, 186
CKD（Complete KnockDown）　89
CPFR（Collaborative planning forecasting, and replenishment）　256
CPS（Cyber-Physical System）　214
CSCO（Chief supply chain officer）　244
DC（Distribution Center）　19, 31, 40, 41, 71, 111, 118, 119, 125, 215
ECR（Efficient Consumer Response）　247
EOL 戦略　246, 247
ERP（Enterprise Resource Planning）　183, 187, 188, 209, 214, 215
E コマース　192, 201, 202
FCA（Free Carrier）　185, 186
FL 戦略　246, 247
FOB（Free On Board）　185, 186
G2P（Goods to Person）　203-207, 211
GDP（Good Distribution Practice）　110
GMP（Good Manufacturing Practice）　194
GMS（General Merchandise Store）　134
HACCP（Hazard Analysis Critical Control）　194
Just-In-Time　7, 10
KD（ノックダウン）生産　69, 88-90, 92

KPI（Key Performance Indicator）　51, 187, 218, 219
LSP（Logistics Support Project）　67
MES（Manufacturing Execution System）　214, 215
MOST（Maynard Operation Sequence Technique）　95
MRP（Materials Requirement Planning）　209
O2O（Online to Offline）　202
Off-JT（Off-the-Job Training）　219
OJT（On-the-Job Training）　219, 221
OMO（Online Merge with Offline）　209-214
OTD（Order to Delivery）　179, 180
PC（Process Center）　2, 19
PCC（Pure Car Carrier）　100
PEST 分析　139
POS（販売時点情報管理）　134
PQRST　140, 141
QCD（Quality・Cost・Delivery）　81
QR（Quick Response）　247
RFID（Radio Frequency Identifier）　197
SKD（Semi Knock-Down）　89
SKU（Stock Keeping Unit）　183, 185, 187, 201-206, 211, 213
SOP（Standard Operating Procedure）　182, 187, 189
SPA（Specialty store retailer of Private label Apparel：製造小売業）　132, 137, 138
SQDCM 管理　218
TMS（Transportation Management System）　183, 214, 215
TYM（止める, 呼ぶ, 待つ）　228
VE（Value Engineering）　142
VMI（Vendor managed inventory）　256
VR（Virtual Reality）　33, 34
V-SYS（Vaccination-system）　123

WCS(Warehouse Control System)　208, 209, 214, 215

WeChat Pay　212, 213

WES(Warehouse Execution System)　208, 209, 214, 215

WMS(Warehouse Management System)　183, 208, 209, 214, 215

あ 行

医薬品卸売企業　108-117, 119, 122-124, 239

インターフェース　187, 188, 240, 245

インボイス　182

演繹的アプローチ　142

延期　250-257

　——型サプライチェーン　255-257

応答性指向　246-248

置き配　137, 166, 168

オムニチャネル　202

オリコン　197, 198

か 行

カーボンニュートラル　87, 145, 166

海外ストックサービス　150

外作　84

貨物自動車運送事業法　146, 162

貨物損傷率　218

為替手形　182

完成車物流　2, 79, 80, 99, 101

完全延期戦略　251, 252, 254

完全投機戦略　251, 252, 254

ガントリークレーン　24, 205

管理ボード　219, 224

機械加工工程　81

企業の多国籍化　175, 176

基準時間法　232, 235

技能向上　219-221

　——3-3-3の法則　221

帰納的アプローチ　142

教育計画実施率　219

供給保証　92-94, 98

共同物流　28, 29, 49, 53, 55, 111-113, 122, 238, 254, 257-260

距離の脅威　176, 177, 179

組立工程　80, 81

グリーン物流　151

クリーンルーム　193

クロスドック　55, 71, 85, 87

結果系KPI　218, 219

結果系管理項目　95, 96

欠品率　117

＊ゲマワット，パンカジュ　176, 177

原産地証明書　182

現場管理　4, 44, 55, 141, 217, 219, 220, 222, 224, 241, 245

航空貨物運送状　182

工場生産化(プレハブ工法)　35

工場生産住宅協会　35

構内物流　2, 91-93, 96, 98, 225, 227

　——作業　223

効率性指向　245-248

コールドチェーン　17

国際物流総合研究所　50

誤出荷率　218

固定ロケーション管理　198

梱包資材管理　220

さ 行

在庫管理　31, 66, 103, 104, 119, 121, 122, 180, 186, 208, 209, 211, 220, 240-242, 244, 256

在庫生産型(MTS)　40

最適立地　156, 158, 159

作業観察実施　218

作業時間実測法　231, 237

サテライト型物流センター　210, 211, 214

サプライ・トゥ・オーダー　247-250

サプライ・トゥ・ストック　247-250

3温度帯　27, 28, 210

3点照合　218, 228, 229

三位一体　31, 163

ジェネリック医薬品　110, 112, 113, 117

自主荷役　　8

システム・インテグレーション　　199, 200

実績原単位法　　230

自動倉庫　　42, 192-194, 196-199, 205-208, 211,
　214

　　ガントリー式——　　205

　　シャトル式——　　198, 203, 204

自動棚　　193, 196

＊渋沢栄一　　149

重心法　　157

住宅設備機器　　35-37, 54

受注生産型（MTO）　　40

出荷時刻遵守率　　218

出荷波動　　46, 47

巡回セールスマン　　156

商的流通　　129, 130

仕分け機　　26, 193, 196, 197, 199

新築マーケット　　38

信用状　　182

垂直搬送機　　193, 196, 210, 211

水平的物流統合　　238, 257

スタッカークレーン　　194, 198, 203

スポット庸車　　47

スループット　　255

生産管理　　66, 81-83, 137, 220, 243

生産物流　　2, 40, 79, 80, 85

生産リードタイム　　82, 83

製造延期戦略　　251-254

制約理論　　256

セミ・グローバリゼーション　　175-177, 179

選択と集中　　114

ソーター　　196

た　行

台車系機器　　193

タイム・ベースの経営理念　　255

隊列走行　　165, 166

宅配ボックス　　137, 166

多能工化　　219

多頻度小口配送　　113, 120

鍛造工程　　81

着時間指定　　45, 47, 48, 50, 51

チャネル・ベース戦略　　245, 247, 249

チルトトレイ式　　199

低温物流　　17-21, 24, 26, 28, 30, 31

デジタルタコグラフ　　161

ドア・ツー・ドア　　146

問丸　　148

投機　　250-255

統合　　248, 249, 255-260

塗装工程　　80

トレーサビリティ　　109

トレードオフ　　11, 87, 158, 182, 238, 240-244,
　249, 259

ドローン　　165, 167, 193, 211-213

な　行

内作　　84

7つの「R」　　147

日本マテリアル・ハンドリング（MH）協会　　192

日本ロジスティクスシステム協会（JILS）　　15, 193

納期遵守率　　218

納品代行事業者　　132

納品物流　　132, 134, 135, 138, 255

ノルウェーのオートストア　　206

は　行

バーコード　　197, 210, 211

　　——リーダ　　197

πコンテナ　　258, 259

配車管理　　220

爆買い　　132

馬借　　148

働き方改革法案　　163

パッキングリスト　　182

ハブ・アンド・スポーク方式　　258

バルク品　　153, 155

パレタイザ／デパレタイザ　　192, 193, 196

ハンガー式コンベヤ　　194

ハンディターミナル　　26, 31, 197, 198, 210

ピースピッキング　198, 212
引き取り物流　84, 85, 87, 256
非接触給電方式　193
ピッキング系機器　193, 196
ビッグデータ　207, 210, 212, 215
標準作業順守率　218
フィジカル・インターネット　258, 259
フィンランドのシムコープ　205
物的流通　129, 130, 145
物流
　——延期戦略　251, 253, 254
　——活動の統合　238, 243
　——規程　44, 48
　——子会社　7, 10, 14, 75, 257
　——5大機能　145
　——サービス　1, 7-10, 48, 53, 110, 113, 117, 257
　——システム機器　193
　——設備管理　220
　——センター設計　138-142
　——段階論　241
　——二法　162
　——のDX化　13
　——標準化　50, 52, 53, 225, 259
　——標準時間　228, 229, 230, 237
船荷証券　182
フランスのEXOTEC　208
＊フリードマン　176
フリーロケーション管理　198
フルフィルメントセンター　137, 209-211, 214
プレス工程　80
プロセスの同期化　255
プロセス・ベース戦略　246, 247, 249
プロダクトアウト　66, 71
米Kiva Systems　206
ベルトキャリア式　199
保険証券　182
補修部品物流　79, 80, 101
保税運送　23, 25
ホワイト物流　46, 55, 164

　——推進運動　49, 164
　——宣言　13
ボングローバル　175

ま　行

マーケットイン　66, 71, 101
マーケット・ベース戦略　247, 249
＊マー，ジャック　209, 212
マイクロ・フルフィルメントセンター　210
マスカスタマイゼーション　213, 250, 252, 260
マテハン機器　133, 192-197, 199, 208-210, 213, 214
マルチモーダル　146
ミルクラン　55, 84, 256
メーカー系列化　116
毛細血管型　117

や　行

薬価　110, 112
薬機法　110
輸送エネルギー　157-159
輸送計画システム　159, 161
ユニットロード化　8, 50, 52, 74, 153, 154
要因系KPI　218, 219
要因系管理項目　95, 96
容器管理　220
要求レベル　220, 221
溶接工程　80

ら　行

ラウンド（往復）輸送　153, 239
ラストワンマイル　212
力量評価　220
リフォームマーケット　38
＊レヴィット　176
ロケーション管理　119, 197, 198, 225, 226
ロジスティクス戦略　139, 245-247, 249, 259
ロット　4, 12, 99, 185, 197, 240, 241, 248-250, 252, 253, 256

《執筆者紹介》執筆順　＊は編著者

＊李　　瑞雪 （り・ずいせつ）はしがき・第12章
　　　　編著者紹介欄参照

＊安藤康行 （あんどう・やすゆき）第1章・あとがき
　　　　編著者紹介欄参照

　北川倫太郎 （きたがわ・りんたろう）第2章
　　　　株式会社ニチレイロジグループ本社　執行役員業務統括部長

　鎌内浩司 （かまうち・ひろし）第3章
　　　　株式会社LIXIL LWT-Japan 営業本部　物流担当部長

　岩﨑　稔 （いわさき・みのる）第4章
　　　　YKK AP 株式会社　執行役員　ロジスティクス部長

　本山　格 （もとやま・いたる）第5章
　　　　本田技研工業株式会社　参与　サプライチェーン購買統括部
　　　　購買統括部　購買企画部　グローバル生産管理ヘッド

　金　　艶華 （きん・えんか）第6章
　　　　羽衣国際大学現代社会学部　講師

　青木規明 （あおき・のりあき）第7章
　　　　生産ロジスティクス研究所　代表　技術士（経営工学、総合技術監理）

　石渡教雄 （いしわたり・のりお）第8章
　　　　山九株式会社　ロジスティクス・ソリューション事業本部　企画部部長

　樫山峰久 （かしやま・たかひさ）第9章
　　　　Y.T.マネジメント　代表

　根尾佳珠機 （ねお・かずき）第10章
　　　　村田機械株式会社　L&A 事業部　営業企画室長

　仙石惠一 （せんごく・けいいち）第11章
　　　　Kein 物流改善研究所　代表

《編著者紹介》

李　瑞雪（り・ずいせつ）

2004年名古屋大学国際開発研究科博士後期課程修了。博士（学術，名古屋大学）。
現在法政大学経営学部教授。著者に『中国製造業の基盤形成──金型産業の発展メカニズム』（共著）白桃書房、2015年、『中国物流産業論──高度化の軌跡とメカニズム』白桃書房、2014年、『変わる中国　変わらない中国』（共編著）全日出版、2004年等がある。

安藤康行（あんどう・やすゆき）

1977年日産自動車に入社。物流・SCM 部門に配属され、2012年 SCM 部門の副本部長を最後に2016年に退職。現在 J-SCI コンサルティング代表。国際物流総合研究所のシニアフェローも務め、「モノつくりの視点からの物流効率化」に関するコンサルティングを手掛けている。

業界別 物流管理と SCM の実践

2022年5月15日　初版第1刷発行　　　　　　　〈検印省略〉

定価はカバーに
表示しています

編　著　者	李		瑞	雪
	安	藤	康	行
発　行　者	杉	田	啓	三
印　刷　者	藤	森	英	夫

発行所　株式会社　ミネルヴァ書房
607-8494　京都市山科区日ノ岡堤谷町1
電話代表　(075)581-5191
振替口座　01020-0-8076

ⓒ李，安藤ほか，2022　　　　　亜細亜印刷・藤沢製本

ISBN978-4-623-09375-5

Printed in Japan

大浦裕二／佐藤和憲 編著
フードビジネス論
A 5 ・200頁
本体2,400円

齋藤雅通／佐久間英俊 編著
グローバル競争と流通・マーケティング
A 5 ・264頁
本体2,800円

「よくわかる現代経営」編集委員会 編
よくわかる現代経営［第6版］
B 5 ・244頁
本体2,700円

近藤宏一／守屋貴司 編著
はじめの一歩　経営学［第2版］
A 5 ・256頁
本体2,400円

神戸大学経済経営学会 編
ハンドブック経営学［改訂版］
A 5 ・472頁
本体3,500円

大森　勉 著
経営戦略リスクマネジメント
四六・244頁
本体2,500円

岩井善弘／齊藤　聡 著
先人たちに学ぶマネジメント
四六・328頁
本体2,400円

内平直志 著
戦略的IoT マネジメント
四六・304頁
本体2,200円

井原久光 編著
経営学入門キーコンセプト
A 5 ・296頁
本体2,500円

風間信隆 編著
よくわかるコーポレート・ガバナンス
B 5 ・248頁
本体2,600円

ミネルヴァ書房
http://www.minervashobo.co.jp/